长三角区域创新百强机构数据画像研究

Research on Data Portrait of Top 100 Innovation
Institutions in the Yangtze River Delta Region

杨耀武　郝莹莹　主编

科学技术文献出版社
SCIENTIFIC AND TECHNICAL DOCUMENTATION PRESS
·北京·

图书在版编目（CIP）数据

长三角区域创新百强机构数据画像研究 = Research on Data Portrait of Top 100 Innovation Institutions in the Yangtze River Delta Region / 杨耀武，郝莹莹主编. —北京：科学技术文献出版社，2023.3
ISBN 978-7-5235-0084-2

Ⅰ.①长… Ⅱ.①杨… ②郝… Ⅲ.①长江三角洲—技术革新—研究 Ⅳ.① F124.3

中国国家版本馆 CIP 数据核字（2023）第 041593 号

长三角区域创新百强机构数据画像研究

策划编辑：郝迎聪 陈梅琼 责任编辑：王 培 责任校对：王瑞瑞 责任出版：张志平

出 版 者	科学技术文献出版社	
地 址	北京市复兴路15号 邮编 100038	
编 务 部	(010) 58882938，58882087（传真）	
发 行 部	(010) 58882868，58882870（传真）	
邮 购 部	(010) 58882873	
官 方 网 址	www.stdp.com.cn	
发 行 者	科学技术文献出版社发行 全国各地新华书店经销	
印 刷 者	北京时尚印佳彩色印刷有限公司	
版 次	2023 年 3 月第 1 版 2023 年 3 月第 1 次印刷	
开 本	889×1194 1/16	
字 数	383千	
印 张	13.75	
书 号	ISBN 978-7-5235-0084-2	
审 图 号	GS京（2023）0654号	
定 价	128.00元	

创新发展呼唤主体建设
（代序）

　　创新主体是创新发展之源。有源之水，川流不息，有本之木，生长不止。主体兴则创新兴，主体强则创新强。科研机构、高等院校、创新企业、科技社团——中国科技创新主体"群英谱"正在涌现。

　　实施创新驱动发展战略、建设世界科技强国的根本在于打造世界一流创新机构，关键在于创新机构主体建设，既要注重提高创新机构的主体意识和能力，也要注重促进创新机构成为市场主体、发展主体等。

　　毋庸讳言，当前中国科技创新机构改革相对滞后，仍存在创新主位缺位、优势特色缺乏、能力影响缺失、资源配置分散等现象和问题，制约了院所自主权的落实，束缚了主观能动性的发挥，弱化了自主创新的抉择，降低了可持续创新的能级，以致创新驱动发展的机构内动力仍然不足，关键核心技术竞争力和影响力仍然较低。

　　为创新者画像，为领跑者导航。未来科技创新形势紧迫，机遇与挑战并存。中国科技创新主体建设知方位、明方向、有方法，既要有评价"坐标系"和"晴雨表"，也要有发展路线图和服务网。

　　创新主体的建设发展，特别凸显四大关键词。

　　更高质量：科技创新当前面临的核心问题并非数量增长，而是如何更高质量地发展。在新发展阶段，"质量"在某种程度上重于"数量"，打造一流机构、培育一流人才、产出原创成果更为重要。

　　面向国际：当今，世界科技创新已经愈加开放，面向国际既是创新发展本身规律的需要，也是中国科技创新发展的必然选择。真正有价值的成果，其在国际化方面必将有所布局，也应成为标引机构创新能力的重要维度。

　　效果导向：应用重于拥有。一项好的成果，无论是专利还是论文，都必然有被使用或被引用的需求。无论是基础研究还是应用研究，衡量成果的关键因素都是其被引用实施的情况，从而体现机构创新的价值。

协同创新：若使创新系统有效，既需要国家区域整体创新产业链共同建设打造，也与适度的差异化区域竞合分工息息相关。合纵连横，统筹协调，结合整合融合，梯次错位链接，建设创新发展共同体，机构创新合力张力才能倍增。

深化政府"放管服"改革，落实院所自主权，明确创新主体定位，激发创新主体活力，放权松绑，以人为本，弘扬主人翁精神，解放科技创新人才，健全现代科研院所制度，改革科技资源配置方式，推进国家创新治理体系和治理能力现代化，等等。主体建设将带来机构改革的新跃升，也将带来创新发展的新跨越。

《科技中国》2020 年第 2 期　卷首语
上海科学技术政策研究所　杨耀武

目　录

第一篇　区域创新与机构评估

第二篇　机构图谱与省市特征

第三篇 百强画像与机构导航

第一篇
区域创新与机构评估

第一章 区域创新机构画像场景建构

　　随着区域创新机构的发展，数据画像能够对标其前进方向，标识其坐标方位，优选其路径方法。本章重点围绕区域创新机构在国家层面、区域层面、地方层面的系统部署，数据画像机构图谱理论方法实践动态，评估机构"评什么""谁来评""怎么评""怎么用"等展开研究。体现以评估促发展的研究目标，凸显大数据画像与知识图谱方法等评估特征，搭建区域创新机构发展评估框架。

1.1 区域创新机构发展战略愿景

　　创新战略指引机构发展之路。创新机构是打造科技强国的关键力量，瞄准 2025 年和 2035 年远景目标，国家层面、区域层面、地方层面均出台相应政策举措，为创新机构发展进一步指明方向。

1.1.1 国家创新发展战略导向

　　国家层面不断出台各类政策，进一步明确创新机构发展目标，强调关键技术突破与体制机制改革，重点强调投入机制、机构组织建设、成果评价、成果转化等方面。

　　在发展目标方面，强化打造战略科技力量，建设世界一流的高校院所。《中华人民共和国国民经济和社会发展第十四个五年规划和 2035 年远景目标纲要》提出，要做大、做强、做优国家重点实验室，提升承担和完成国家重大科技任务的能力；发展新型研究型大学，提升基础研究能力；建设一流科研院所。2022 年 1 月，教育部、财政部、国家发展改革委印发《关于深入推进世界一流大学和一流学科建设的若干意见》，强调服务国家战略需求、争创世界一流的导向，对科研创新能力、基础研究与应用基础研究、服务区域和行业发展提出更高要求。《加强"从 0 到 1"基础研究工作方案》提出，高等学校与科研机构要结合国际一流科研机构、世界一流大学和一流学科的建设，遵循科研活动规律，自主布局基础研究，切实解决我国基础研究缺少"从 0 到 1"原创性成果的问题。

在政策支持方式方面，突出体制机制改革，试点更为灵活高效开放的支持方式。在竞争性项目方面，《中华人民共和国国民经济和社会发展第十四个五年规划和 2035 年远景目标纲要》提出改进科技项目组织管理方式，实行"揭榜挂帅""赛马"等制度；加大研发投入，健全社会多渠道投入机制，加大对基础前沿研究的支持；设立面向全球的科学研究基金。2021 年 4 月，发展改革委、科技部印发《关于深入推进全面创新改革工作的通知》，提出鼓励社会以捐赠和建立基金等方式多渠道投入基础研究，全面创新改革借鉴"揭榜挂帅"，采取任务清单方式推进。

在机构组织建设方面，深化体制机制改革，探索国家技术创新中心、新型研发机构等新型组织模式。2021 年 2 月，科技部、财政部印发《国家技术创新中心建设运行管理办法（暂行）》，围绕实现从科学到技术的转化、促进重大基础研究成果产业化的目标，进一步规范国家技术创新中心建设和运行，针对不同领域竞争态势和创新规律，探索不同类型的组建模式。2019 年 9 月，科技部印发《关于促进新型研发机构发展的指导意见》，针对如何促进新型研发机构的发展，该意见明确指出，要突出体制机制创新，强化政策引导保障，注重激励约束并举，调动社会各方参与。

在评价导向方面，突出质量优先，破除"唯论文、唯职称、唯学历、唯奖项"问题（简称"'四唯'问题"）。2021 年 8 月，国务院办公厅印发《关于完善科技成果评价机制的指导意见》，提出要坚持以科技创新质量、绩效、贡献为核心的评价导向，坚决破除科技成果评价中的"四唯"问题。2022 年 3 月，教育部、国家知识产权局、科技部联合印发了《关于提升高等学校专利质量促进转化运用的若干意见》，提出与国外高水平大学相比，我国高校专利还存在"重数量轻质量""重申请轻实施"等问题，明确坚持质量优先，突出转化导向、强化政策引导的原则。2021 年 3 月，《国家知识产权局 中国科学院 中国工程院 中国科学技术协会关于推动科研组织知识产权高质量发展的指导意见》（国知发运字〔2021〕7 号）指出，要优化知识产权管理和运营机制，支撑科研组织高质量发展。

在成果转化方面，加大对科研人员的成果转化奖励力度，加快建设技术要素市场。2020 年 5 月，科技部等 9 个部门联合印发《赋予科研人员职务科技成果所有权或长期使用权试点实施方案》，分领域选择 40 家高等院校和科研机构开展试点，进一步激发科研人员创新积极性，促进科技成果转移转化。2020 年 5 月，科技部、教育部印发《关于进一步推进高等学校专业化技术转移机构建设发展的实施意见》，提出进一步完善高校科技成果转化体系，强化高校科技成果转移转化能力建设，促进科技成果高水平创造和高效率转化。2021 年 2 月，人力资源社会保障部、财政部、科技部印发了《关于事业单位科研人员职务科技成果转化现金奖励纳入绩效工资管理有关问题的通知》，落实国务院"放管服"改革要求，进一步简化审批程序，规定职务科技成果转化后，由科技成果完成单位，按规定对完成、转化该项科技成果做出重要贡献的人员，发放现金奖励。

2021 年 1 月，中共中央办公厅、国务院办公厅印发了《建设高标准市场体系行动方案》，提出发展知识、技术和数据要素市场，创新促进科技成果转化机制，健全职务科技成果产权制度，设立知识产权和科技成果产权交易机构（表 1–1）。

表 1–1　国家层面高校、科研机构创新发展的政策文件

时间	名称	发文机构	政策要点
2019 年 9 月 12 日	《科技部印发〈关于促进新型研发机构发展的指导意见〉的通知》（国科发政〔2019〕313 号）	科技部	该意见对于新型研发机构的定义：聚焦科技创新需求，主要从事科学研究、技术创新和研发服务，投资主体多元化、管理制度现代化、运行机制市场化、用人机制灵活的独立法人机构。针对促进新型研发机构的发展，该意见明确指出要突出体制机制创新，强化政策引导保障，注重激励约束并举，调动社会各方参与
2020 年 1 月 21 日	《科技部　发展改革委　教育部　中科院　自然科学基金委关于印发〈加强"从 0 到 1"基础研究工作方案〉的通知》（国科发基〔2020〕46 号）	科技部、发展改革委、教育部、中科院、自然科学基金委	从优化原始创新环境、强化国家科技计划原创导向、加强基础研究人才培养、创新科学研究方法手段、强化国家重点实验室原始创新、提升企业自主创新能力、加强管理服务等 7 个方面提出具体措施。该方案提出，支持高校、科研机构自主布局基础研究，扩大高校与科研机构学科布局和科研选题自主权
2020 年 2 月 19 日	《教育部　国家知识产权局　科技部关于提升高等学校专利质量　促进转化运用的若干意见》（教科技〔2020〕1 号）	教育部、国家知识产权局、科技部	提出与国外高水平大学相比，我国高校专利还存在"重数量轻质量""重申请轻实施"等问题。明确坚持质量优先，突出转化导向、强化政策引导的原则。提出到 2025 年，高校专利质量明显提升，专利运营能力显著增强，部分高校专利授权率和实施率达到世界一流高校水平
2020 年 3 月 30 日	《关于构建更加完善的要素市场化配置体制机制的意见》	中共中央、国务院	提出加快发展技术要素市场。健全职务科技成果产权制度，完善科技创新资源配置方式，培育发展技术转移机构和技术经理人，促进技术要素与资本要素融合发展，支持国际科技创新合作
2020 年 5 月 9 日	《科技部等 9 部门印发〈赋予科研人员职务科技成果所有权或长期使用权试点实施方案〉的通知》（国科发区〔2020〕128 号）	科技部、发展改革委、教育部、工业和信息化部、财政部、人力资源社会保障部、商务部、知识产权局、中科院	分领域选择 40 家高等院校和科研机构开展试点，探索建立赋予科研人员职务科技成果所有权或长期使用权的机制和模式，形成可复制、可推广的经验和做法，推动完善相关法律法规和政策措施，进一步激发科研人员创新积极性，促进科技成果转移转化
2020 年 5 月 13 日	《科技部　教育部印发〈关于进一步推进高等学校专业化技术转移机构建设发展的实施意见〉的通知》（国科发区〔2020〕133 号）	科技部、教育部	提出"十四五"期间，全国创新能力强、科技成果多的高校普遍建立技术转移机构，体制机制落实到位，有效运行并发挥作用。高校科技成果转移转化能力显著增强，技术交易额大幅提升，高校成果转移转化体系基本完善。培育建设 100 家左右示范性、专业化国家技术转移中心。提出建立技术转移机构、提升专业服务能力等 6 个方面的任务

续表

时间	名称	发文机构	政策要点
2020 年 6 月 4 日	《科技部办公厅关于加快推动国家科技成果转移转化示范区建设发展的通知》（国科办区〔2020〕50 号）	科技部办公厅	健全以转化应用为导向的科技成果评价机制。探索知识产权证券化，有序建设知识产权和科技成果产权交易中心，完善科技成果转化公开交易与监管机制。在高等学校中开展国家技术转移中心建设试点，培育发展一批专业化技术转移机构
2021 年 2 月 10 日	《科技部　财政部印发〈国家技术创新中心建设运行管理办法（暂行）〉的通知》（国科发区〔2021〕17 号）	科技部、财政部	根据该办法，创新中心分为综合类和领域类。综合类创新中心的建设布局应符合京津冀协同发展、长三角区域一体化发展、粤港澳大湾区建设等，开展跨区域、跨领域、跨学科协同创新与开放合作，使之成为国家技术创新体系的战略节点。领域类创新中心围绕落实国家科技创新重大战略任务部署，梳理出"卡脖子"和"长板"技术，提出明确的技术创新目标和攻关任务，为行业内企业提供技术创新与成果转化服务
2021 年 3 月 12 日	《中华人民共和国国民经济和社会发展第十四个五年规划和 2035 年远景目标纲要》	十三届全国人大四次会议通过	深化科技管理体制改革，实行"揭榜挂帅""赛马"等制度。健全知识产权保护运用体制，优化专利资助奖励政策和考核评价机制，更好地保护和激励高价值专利，培育专利密集型产业。改革国有知识产权归属和权益分配机制，扩大科研机构和高等院校知识产权处置自主权。积极促进科技开放合作，更加主动地融入全球创新网络
2021 年 3 月 31 日	《国家知识产权局　中国科学院　中国工程院　中国科学技术协会关于推动科研组织知识产权高质量发展的指导意见》（国知发运字〔2021〕7 号）	国家知识产权局、中国科学院、中国工程院和中国科学技术协会	该指导意见的主要内容包括 4 个方面 12 条任务，涵盖知识产权创造、保护、运用、管理和服务全链条，聚焦知识产权保护，强化知识产权转化运用，提升知识产权风险防控能力，优化知识产权管理和运营机制，推动科研组织高质量发展
2021 年 4 月	《国家发展改革委　科技部关于深入推进全面创新改革工作的通知》（发改高技〔2021〕484 号）	国家发展改革委、科技部	构建高效运行的科研体系，鼓励社会以捐赠和建立基金等方式多渠道投入基础研究，建立支持新型研发机构发展的体制机制等。打好关键核心技术攻坚战，改革重大科技项目立项和组织管理方式，实行关键核心技术"揭榜挂帅"和"赛马"等制度，推动技术总师负责制，组建创新联合体
2021 年 7 月 16 日	《国务院办公厅关于完善科技成果评价机制的指导意见》（国办发〔2021〕26 号）	国务院办公厅	提出要坚持以科技创新质量、绩效、贡献为核心的评价导向。充分发挥科技成果评价的"指挥棒"作用，全面准确地反映成果创新水平、转化应用绩效和对经济社会发展的实际贡献，着力强化成果高质量供给与转化应用。引导规范科技成果第三方评价。发挥行业协会、学会、研究会、专业化评估机构等在科技成果评价中的作用

续表

时间	名称	发文机构	政策要点
2021 年 9 月	《中共中央　国务院印发〈知识产权强国建设纲要（2021—2035 年）〉》	中共中央、国务院	提出到 2025 年知识产权强国建设取得明显成效，到 2035 年具有中国特色、世界水平的知识产权强国基本建成的发展目标。该纲要围绕提升知识产权整体质量效益、创造高质量高价值知识产权，提出了建立激励创新发展的知识产权市场运行机制等新举措
2022 年 1 月	《教育部　财政部　国家发展改革委关于深入推进世界一流大学和一流学科建设的若干意见》（教研〔2022〕1 号）	教育部、财政部、国家发展改革委	提出坚持服务国家战略需求，瞄准科技前沿和关键领域，优化学科专业和人才培养布局，率先推进学科专业调整，夯实基础学科建设，加强应用学科与行业产业、区域发展的对接联动。提出深化科教融合，支撑高水平科技自立自强，深入推进"高等学校基础研究珠峰计划"，加强关键领域核心技术攻关

1.1.2　跨区域协同战略导向

长三角地区是我国创新资源最集聚的区域之一，协同创新是国家重要战略布局，也是区域发展自身需求。围绕跨区域协同创新，出台系列相关文件，长三角区域一体化发展战略日益清晰，重点强调在推进原始创新能力、协同科技成果转化、共建创新载体平台、强化政策协同及加强各类要素集聚共享等方面加快布局。

①联合攻关提升原始创新能力，着力突破核心关键技术。2022 年 7 月，由科技部、上海市人民政府、江苏省人民政府、浙江省人民政府、安徽省人民政府共同制定的《长三角科技创新共同体联合攻关合作机制》正式发布后，沪苏浙皖三省一市通过建立多项科技创新联合攻关机制，努力建成具有全球影响力的科技创新共同体。《长江三角洲区域一体化发展规划纲要》明确指出，要联合提升原始创新能力，加强科技创新前瞻布局和资源共享，集中突破一批"卡脖子"核心关键技术，加强上海张江、安徽合肥综合性国家科学中心建设，健全开放共享合作机制。《长三角科技创新共同体建设发展规划》明确指出，要协同提升自主创新能力建设，共建一批长三角高水平创新基地，共同打造重点科技基础设施集群；联合开展重点科技攻关。

②加速技术、人才、资本等要素集聚，推动区域内资源流动共享与开放。《长江三角洲区域一体化发展规划纲要》提出，要发挥长三角技术交易市场联盟作用，推动技术交易市场互联互通。2020 年 7 月，长三角生态绿色一体化发展示范区执委会联合沪苏浙两省一市科技外专部门，联合发布《长三角生态绿色一体化发展示范区外国高端人才工作许可互认实施方案》，在外国高端人才要素流动领域一体化制度创新上取得新进展。《长三角科技创新共同体建设发展规划》提出共建长三角创业融资服务平台，依托长三角资本市场服务基地，为长三角科技创新企业提供多层次融资服务。

③协同开展科技成果转移转化，打造科创产业创新高地，推进科技惠民。《长江三角洲区域一体化发展规划纲要》提出，要充分发挥市场和政府作用，推动科技成果跨区域转化；加强原始创新成果转化，构建开放、协同、高效的共性技术研发平台，实施科技成果应用示范和科技惠民工程。《长三角科技创新共同体建设发展规划》提出，联合实施科技成果惠民工程，聚焦公共安全、生态环境、智慧城市等社会发展领域，优化区域科研力量布局；构建一体化科技成果转移转化体系。

④共建各类创新载体平台，打造试点示范承载区。2019年，国务院批复同意《长三角生态绿色一体化发展示范区总体方案》；2021年5月，《长三角生态绿色一体化发展示范区重大建设项目三年行动计划（2021—2023年）》发布，明确包括产业创新等方面的重点任务；2021年1月，《关于开展长三角科技创新券通用通兑试点的通知》发布，在示范区内开展创新券通用通兑，促进科技资源高效共享；2020年10月，科技部、国家发展改革委等6个部门联合发布《长三角G60科创走廊建设方案》，提出4个方面18条具体措施，提出到2025年，基本建成具有国际影响力的科创走廊（表1-2）。

表1-2　长三角区域协同创新发展的相关政策文件

时间	名称	发文机构	政策要点
2019年10月25日	《国务院关于长三角生态绿色一体化发展示范区总体方案的批复》（国函〔2019〕99号）	国务院	原则同意《长三角生态绿色一体化发展示范区总体方案》，提出发挥中央和地方两个积极性，加大改革创新力度，集中落实、系统集成重大改革举措，进一步提升服务水平和核心竞争力，实现绿色经济、高品质生活、可持续发展有机统一，走出一条跨行政区域共建共享、生态文明与经济社会发展相得益彰的新路径
2019年12月1日	《中共中央　国务院印发〈长江三角洲区域一体化发展规划纲要〉》	中共中央、国务院	加强协同创新产业体系建设，构建区域创新共同体，联合提升原始创新能力，协同推进科技成果转移转化，共建产业创新大平台，强化协同创新政策支撑。推动产业与创新深度融合，加强创新链与产业链跨区域协同，共同培育新技术、新业态、新模式
2020年7月23日	《关于印发〈长三角生态绿色一体化发展示范区外国高端人才工作许可互认实施方案〉的通知》（示范区执委会发〔2020〕10号）	长三角生态绿色一体化发展示范区执行委员会、上海市科学技术委员会、江苏省科学技术厅、浙江省科学技术厅	针对符合《外国人来华工作分类标准（试行）》中的"外国高端人才（A类）"人员，一体化示范区按照三地最优、统一标准的要求，在符合法律法规和相关规定的前提下，给予外国高端人才最长5年的工作许可期限。搭建"一窗式受理、一站式审批、一门式服务"的审批服务模式，将办理时间从原来的39个工作日缩短至5个工作日

续表

时间	名称	发文机构	政策要点
2020 年 10 月 27 日	《科技部 国家发展改革委 工业和信息化部 人民银行 银保监会 证监会关于印发〈长三角 G60 科创走廊建设方案〉的通知》（国科发规〔2020〕287 号）	科技部、国家发展改革委、工业和信息化部、人民银行、银保监会、证监会	该方案的建设目标是到 2025 年，基本建成具有国际影响力的科创走廊。围绕 4 个方面的内容，提出了 18 条针对性举措。强化区域联动发展，共同打造世界级产业集群；加强区域协同创新，共同打造科技创新策源地；聚焦产业和城市一体化发展，共同打造产城融合宜居典范；着眼于深化改革和优化服务，共同打造一流营商环境
2020 年 12 月 20 日	《科技部关于印发〈长三角科技创新共同体建设发展规划〉的通知》（国科发规〔2020〕352 号）	科技部	该规划秉承战略协同、高地共建、开放共赢、成果共享的基本原则，从协同提升自主创新能力、构建开放融合的创新生态环境、聚力打造高质量发展先行区、共同推进开放创新等 4 个方面提出具体措施，明确到 2025 年形成现代化、国际化的科技创新共同体，到 2035 年全面建成全球领先的科技创新共同体
2021 年 1 月 9 日	《关于开展长三角科技创新券通用通兑试点的通知》（沪科合〔2020〕31 号）	上海市科学技术委员会、江苏省科学技术厅、浙江省科学技术厅、安徽省科学技术厅、长三角生态绿色一体化发展示范区执委会	长三角科技创新券将在上海市青浦区、江苏省苏州市吴江区、浙江省嘉兴市嘉善县、安徽省马鞍山市试点通用通兑。这意味着，试点区域的长三角企业在科技创新过程中"用券"可购买技术研发、技术转移、检验检测等服务。4 个试点区域每家企业每年使用创新券的额度不超过 30 万元
2021 年 5 月 13 日	《长三角生态绿色一体化发展示范区重大建设项目三年行动计划（2021—2023 年）》	上海市、江苏省、浙江省两省一市发展改革部门，苏州市、嘉兴市人民政府	明确了长三角一体化示范区近期重大建设项目的任务书和时间表。其中，共推出了"一厅三片"集中示范和生态环保、设施互通、产业创新、民生服务 4 个方面分类示范五大板块、18 项主要行动
2022 年 7 月 24 日	《科技部 上海市人民政府 江苏省人民政府 浙江省人民政府 安徽省人民政府关于印发〈长三角科技创新共同体联合攻关合作机制〉的通知》（国科发规〔2022〕201 号）	科技部、上海市人民政府、江苏省人民政府、浙江省人民政府、安徽省人民政府	联合突破一批关键核心技术，推动重点产业链关键核心技术自主可控；联合构建跨学科、跨领域、跨区域的若干创新联合体，实现项目、人才、基地、资金一体化配置，促进产业基础高级化和产业链现代化；探索建立跨区域协同创新的合作机制，形成一批可复制、可推广的经验

续表

时间	名称	发文机构	政策要点
2022年8月22日	《关于印发〈三省一市共建长三角科技创新共同体行动方案（2022—2025年）〉的通知》（沪科合〔2022〕18号）	上海市科学技术委员会、江苏省科学技术厅、浙江省科学技术厅、安徽省科学技术厅	到2025年，长三角科技创新共同体创新策源能力全面提升。强化国家战略科技力量，共建高水平国家实验室体系。共同打造一批高能级的科研机构，共同提升高水平研究型大学基础研究和成果转化能力。打造示范引领创新平台，共建重大创新基地平台，共同推动新型研发机构建设

1.1.3　区域优势特色战略导向

三省一市结合自身发展实际，分别从立法层面、规划层面、政策层面出台相关战略制度文件，强调推进创新机构建设。聚焦科技创新建设，三省一市分别出台相关文件。

上海以立法形式出台了《上海市推进科技创新中心建设条例》，明确提出要着力激发和保障各类创新主体的活力和动力，构建长三角区域创新共同体。2022年3月，上海市人民政府办公厅印发《关于本市推进长三角国家技术创新中心建设的实施意见》，加快重点载体平台建设。

江苏、浙江、安徽分别出台"十四五"规划，强调高校、科研机构创新能力建设。例如，浙江省发布《浙江省科技创新发展"十四五"规划》，提出加快推进高水平高校和科研机构建设。聚焦聚力做强特色学科。支持行业特色高校面向地方需求开展应用技术研究。支持清华长三角研究院、中科院宁波材料所等机构的建设。

同时，三省一市均出台围绕大学基础研究能力建设的文件，但名称不尽相同：《上海市加快推进世界一流大学和一流学科建设实施方案（2021—2025年）》《江苏高水平大学建设方案（2021—2025年）》《浙江省高等学校基础能力建设"十四五"规划》《安徽省高等学校高峰学科建设五年规划（2020—2024年）》，分别强调高水平、基础研究、高峰学科等能力建设（表1-3至表1-6）。

表1-3　上海促进高等院校、科研机构创新发展的政策文件

时间	名称	发文机构	政策要点
2020年1月20日	《上海市推进科技创新中心建设条例》	上海市第十五届人民代表大会第三次会议通过	共9章59条，从法律层面确定了科技创新中心的基本框架，为相关配套制度的制定和实施提供依据，加快形成制度保障体系。着力激发和保障各类创新主体的活力和动力，为科研事业单位放权松绑，扩大科研事业单位选人用人、科研立项、成果处置等方面的自主权，着力培育新型研发机构。构建长三角区域创新共同体，鼓励相关创新主体组织或者参与国际大科学计划和大科学工程，积极融入全球科技创新网络

续表

时间	名称	发文机构	政策要点
2020 年 4 月 29 日	《关于强化知识产权保护的实施方案》	中共上海市委办公厅、上海市人民政府办公厅	聚焦打造国际知识产权保护高地目标，围绕知识产权严保护、大保护、快保护、同保护关键环节，提出了一系列具体举措
2020 年 10 月 27 日	《中共上海市委办公厅　上海市人民政府办公厅印发〈关于加快推进我市大学科技园高质量发展的指导意见〉的通知》（沪委办〔2020〕47 号）	中共上海市委办公厅、上海市人民政府办公厅	引导大学科技园增强"创业孵化、成果转化、人才培养、辐射带动"功能。使大学科技园成为高校科技成果转化"首站"和区域创新创业"核心孵化园"
2021 年 5 月 28 日	《上海市人民政府办公厅关于印发〈上海市促进科技成果转移转化行动方案（2021—2023 年）〉的通知》（沪府办规〔2021〕7 号）	上海市人民政府办公厅	明确"一个核心"，即建设高标准技术市场体系。提出"三个原则"，即市场配置、政府引导，全球视野、上海特色，问题导向、提质增效。提出 4 个方面 11 项任务。从成果供给侧，提升高校院所和医疗机构成果转化运用能力，包括建立成果全周期管理制度，加强技术转移运营机构建设两个方面。从技术市场生态方面，提升技术要素市场化配置能力，包括夯实交易场所功能等
2021 年 6 月 24 日	《上海市教育委员会、上海市财政局、上海市发展和改革委员会关于印发〈上海市加快推进世界一流大学和一流学科建设实施方案（2021—2025 年）〉的通知》（沪教委科〔2021〕21 号）	上海市教育委员会、上海市财政局、上海市发展和改革委员会	提出推动更多高水平大学和学科进入世界一流行列或前列，服务国家创新驱动发展战略，支撑上海经济社会发展；在前沿科学领域取得重大原创性成果，助力关键核心技术取得重要进展，创新策源能力显著提升
2022 年 3 月 24 日	《上海市人民政府办公厅关于本市推进长三角国家技术创新中心建设的实施意见》（沪府办〔2022〕17 号）	上海市人民政府办公厅	着力推动实现长三角国家技术创新中心的技术转化功能，促进创新要素在更大范围畅通流动，组织共性技术研发和关键核心技术攻关，加强科技型中小企业孵化培育，构建产学研用深度融合的创新体系，助力长三角科技创新一体化发展

表 1-4　江苏促进高等院校、科研机构创新发展的政策文件

时间	名称	发文机构	政策要点
2020 年 12 月 19 日	《江苏省人民政府办公厅关于印发江苏省"产业强链"三年行动计划（2021—2023 年）的通知》（苏政办发〔2020〕82 号）	江苏省人民政府办公厅	加快新型研发机构产业链布局。积极促进国内外一流大学技术创新成果产业化中心布局重点产业链。加强长三角区域产业链协作配套，鼓励支持企业建立跨国、跨省市、跨产业链合作机制和合作模式，稳定供应链、提升价值链。提升产业链国际合作水平
2021 年 2 月 5 日	《省政府关于印发江苏高水平大学建设方案（2021—2025 年）的通知》（苏政发〔2021〕14 号）	江苏省人民政府	到 2025 年，江苏更多高校进入国家层面开展的一流大学和一流学科建设行列。大力推进科研组织模式创新，发挥高校、科研机构、企业等主体优势，开展协同合作。发挥高校学科集群优势，服务重点产业发展需求。推动高品质国际合作交流。推进江苏高校优势学科建设工程、江苏高校品牌专业建设工程、江苏高校协同创新计划、江苏特聘教授计划"四大专项"建设
2021 年 3 月 1 日	《江苏省国民经济和社会发展第十四个五年规划和二〇三五年远景目标纲要》（苏政发〔2021〕18 号）	江苏省人民政府	推动科技成果评价的社会化、市场化和规范化，大幅提高科技成果转移转化效率。加强高校院所技术转移平台建设，支持企业与高校院所合作共建技术转化与产业化基地。进一步完善专利制度，实施高价值专利培育升级工程，深入推进重点产业专利导航
2021 年 8 月 27 日	《省政府办公厅关于印发江苏省"十四五"知识产权发展规划的通知》（苏政办发〔2021〕58 号）	江苏省人民政府办公厅	提出到 2025 年，知识产权创造质量显著提高。万人高价值发明专利拥有量达 17 件，新增海外发明专利授权量达 2 万件。在战略性新兴产业、先进制造业等关键技术领域和重点产业领域，形成一批高价值知识产权。支持高校、科研机构产出一批具有世界领先水平的原创性、基础性专利。到 2025 年，建设升级高价值专利培育示范中心 100 个

表 1-5　浙江促进高等院校、科研机构创新发展的政策文件

时间	名称	发文机构	政策要点
2019 年 12 月 27 日	《浙江省技术转移体系建设实施方案》（浙科发成〔2019〕114 号）	浙江省科学技术厅	鼓励和支持高校院所依托自身优势，深耕专业领域，发展专业化技术转移机构，加快转移本单位和该专业领域的科技成果。探索长三角技术转移组织和技术转移人才标准互认。探索 G60 科创走廊（浙江段）沿线城市技术转移促进机制，破除技术转移壁垒。推广"一院一园一基金"模式，完善孵化器、技术市场、技术转移组织、技术经理人和产业基金等要素配置。加强与海外高校、企业、科研机构及国际技术转移机构合作，形成链接全球的网络体系

续表

时间	名称	发文机构	政策要点
2021 年 3 月 1 日	《浙江省人民政府办公厅关于加强技术创新中心体系建设的实施意见》（浙政办发〔2021〕12 号）	浙江省人民政府办公厅	到 2025 年，争取综合类国家技术创新中心在浙江布点，争创领域类国家技术创新中心 1～2 家。依托创新能力突出的领军企业、高校和科研机构，整合产业链上下游优势创新资源，布局建设综合性或专业化的省技术创新中心。争取长三角国家技术创新中心在浙江布点，与长三角其他省市共同打造具有全球影响力的综合类国家技术创新中心。抢占一批前沿技术制高点，布局一批国内外高价值发明专利
2021 年 3 月 31 日	《浙江省高等学校基础能力建设"十四五"规划》	浙江省发展和改革委员会、浙江省教育厅	提出结合全省各市、各新区和各大科创走廊的主导产业体系需求，针对性引进 15 所左右的高水平高校或科研机构开展合作办学。加强开放合作，推动构建长三角一体化高等教育协同发展机制。推动构建长三角优质高等教育资源共享平台
2021 年 5 月 27 日	《省发展改革委省市场监管局关于印发〈浙江省知识产权发展"十四五"规划〉的通知》（浙发改规划〔2021〕211 号）	浙江省发展和改革委员会、浙江省市场监督管理局	提出争取设立中国知识产权长三角公共服务平台，持续完善"三省一市"电子商务领域知识产权监管协作。强化高质量知识产权培育和前瞻布局。率先在浙江大学等国家知识产权试点示范高校完善知识产权管理制度。优化高校、科研机构等知识产权高质量创造评价激励，完善知识产权收益分配机制，加大职务发明激励力度。完善知识产权赋能产业机制。组建一批知识产权联盟，打通从高质量专利到专利密集型产品、专利密集型产业的转化通道。促进知识产权成果交易转化，打造以专利开放许可和知识产权交易为重点的服务平台
2021 年 6 月 2 日	《浙江省科学技术厅等 5 部门印发〈关于加强高校院所科技成果转化的实施意见〉的通知》（浙科发成〔2021〕20 号）	浙江省科学技术厅、浙江省教育厅、浙江省财政厅等五部门	到 2025 年，全省高校院所输出技术成交额实现倍增，以转让、许可、作价投资方式转化科技成果的合同项目增长 50%，与企业开展的产学研合作项目增长 20%。高校院所承担单个横向项目实际到账总金额 300 万元及以上且通过自主验收合格的，可视同省重点研发计划项目。发挥高校院所技术转移联盟作用
2021 年 6 月 11 日	《浙江省科技创新发展"十四五"规划》（浙政发〔2021〕17 号）	浙江省人民政府	加快推进高水平高校和科研机构建设。聚焦聚力做强特色学科。支持行业特色高校面向地方需求开展应用技术研究。支持科研院所深化改革，加强基础研究与应用基础研究能力建设。大力引进培育高水平新型研发机构。支持清华长三角研究院、中科院宁波材料所等机构的建设。加快长三角科创共同体建设，推进长三角优势力量和资源协同

表1-6 安徽促进高等院校、科研机构创新发展的政策文件

时间	名称	发文机构	政策要点
2020年6月5日	《安徽省教育厅关于印发安徽省高校协同创新项目管理暂行办法的通知》（皖教科〔2020〕6号）	安徽省教育厅	按照"创新引领、需求导向、开放共享、深度融合"的原则，设置征集类项目、整合类项目、遴选类项目等3种类型项目。征集类项目为企业牵头，高校参与。整合类项目重点依托重点实验室等，开展联合研究
2020年7月22日	《安徽省人民政府办公厅关于印发安徽省高等学校高峰学科建设五年规划（2020—2024年）的通知》（皖政办〔2020〕11号）	安徽省人民政府办公厅	提出建设Ⅰ、Ⅱ、Ⅲ 3个层次高峰学科的要求。在建设举措中提出，要立足发展特色，以服务地方特色产业为目标，整合学科优势资源和技术力量。提出要推进协同创新，加强高校协同创新联盟建设，强化科技与经济、创新项目与现实生产力、创新成果与产业对接
2021年2月20日	《安徽省人民政府关于印发安徽省国民经济和社会发展第十四个五年规划和2035年远景目标纲要的通知》（皖政〔2021〕16号）	安徽省人民政府	支持中国科学技术大学牵头联合有实力的高校院所，创建国家基础学科研究中心。把握国家重点实验室优化重组机遇，整合省内高校院所、企业等优势力量，创建更多"国字号"创新平台。加快推进科技成果转化。强化需求导向的科技成果供给。完善"创新成果＋园区＋基金＋'三重一创'"科技成果转化"四融模式"

1.2 区域创新机构发展现状扫描

1.2.1 现状进展

高等院校、科研机构、各类企业是目前我国最主要的创新主体，其中高等院校、科研机构承担了更多的基础研究和应用基础研究，企业则更加侧重于产业技术开发。本研究重点分析高等院校、科研机构的表现。近年来，我国高等院校、科研机构聚焦国家战略，推进体制机制改革持续深化，创新投入和产出能力不断提升。

高等院校、科研机构加快研发投入力度，R&D经费投入占全国比重保持在21%左右（图1-1）。2021年全国高等院校R&D经费投入达到2180.5亿元，约是2016年的2倍；科研机构R&D经费投入为3717.9亿元，约是2016年的1.6倍。高等院校、科研机构的创新产出能力也较强，从发明专利授权数量来看，2021年国内高等院校发明专利授权数量约为14.6万件，占全国的25.0%；科研机构约为4万件，占全国的6.9%；两者2021年的数量均较2016年有较大幅的增长，合计占比为31.9%（图1-2）。

图 1-1 我国高等院校、科研机构 R&D 经费投入情况

（数据来源：根据《全国科技经费投入统计公报》整理）

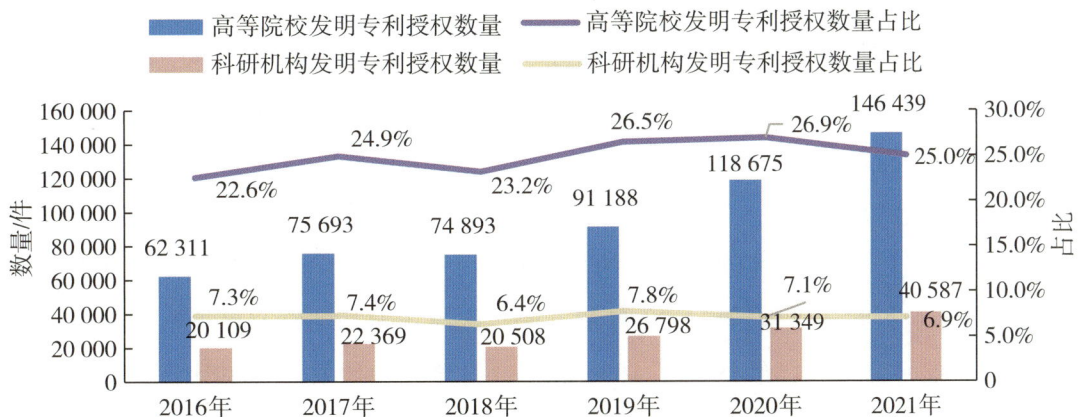

图 1-2 我国高等院校、科研机构发明专利授权情况

（数据来源：根据国家知识产权局发布的《知识产权统计年报》整理）

高等院校创新平台设施更加完善，不断取得丰硕成果。据统计，截至 2021 年年底，全国高校牵头建设了 60% 以上的学科类国家重点实验室、30% 的国家工程（技术）研究中心；建设了 25 个前沿科学中心、14 个关键领域核心技术集成攻关大平台、38 个国家级协同创新中心。"双一流"大学建设全面启动，42 所大学加快建设世界一流大学，95 所大学加快建设世界一流学科，高等院校基础研究和人才培养能力显著提升。

科研机构立足于国家战略需求，科研水平不断提升。中国科学院是国有科研机构的中坚力量，近 10 年来，在面向国家重大需求、面向世界科技前沿、面向经济主战场和面向人民生命健康方面发挥了重要的作用（樊春良 等，2022），在载人航天与探月工程方面、北斗卫星导航系统方面加快科研布局，有力支撑了国家战略任务，在农业科技、新药创制、资源生态环境、防灾减灾等方面取得一批重大科技成果，取得显著经济效益和社会效益。中国科学院"率先行动"计划第一阶段目标任务全面完成，解决了一大批事关国家全局的重大科技问题，突破了一大批制约发展的关键核心技术，取得了一大批一流水平的原创成果。

1.2.2　问题挑战

"十四五"时期，全球百年未有之大变局加速演进，国际力量对比深刻调整，创新成为影响和改变全球竞争格局的关键变量。面向新的发展形势，我国高等院校、科研机构的创新发展仍面临诸多挑战。

（1）具备世界一流水平的创新机构总体数量不足

打造国家战略科技力量，需要培育建设具备世界一流水平的高等院校、科研机构。面向国家战略需求，需要进一步发挥高等院校、科研机构在国家战略科技力量中的作用（陈劲 等，2021）。与国际一流科研机构相比，我国高等院校、科研机构的综合创新实力仍然不足。除了个别机构步入世界一流机构行列，多数高等院校、科研机构在创新成果产出、成果影响力等方面仍然难以与世界一流机构相匹配。在国家"十四五"规划中，也提出培育世界一流机构的目标，亟待审视自身薄弱环节，着力打造国家战略科技力量，形成能够体现国家意志、服务国家需求、代表国家水平的创新机构。

（2）高质量创新产出不足

目前，高等院校、科研机构创新成果的质量仍然有待提升。面向产业发展的"卡脖子"技术仍待突破，其影响了我国产业链的安全自主可控，这与我国基础研究投入不足相关。据统计，2021年我国的基础研究投入已经达到了1696亿元，占全社会研发投入的比例已经达到6.09%，但与发达国家普遍15%以上的水平相比差距仍然较大（贾宝余 等，2021）。WIPO统计数据显示，中国有两大知识产权质量关键指标与主要制造强国差距明显：从发明专利有效量与申请量（累计）之比来看，2019年中国仅为0.26，而韩国0.52、美国0.55、日本0.63；发明专利平均维持期限短。2018年，中国国内发明专利平均维持年限6.3年，美国、欧洲国家、日本等国家来华发明专利平均维持年限约9.7年。

（3）成果转化效率不足

面向国家战略需求，我国高等院校、科研机构成果转化的程度还有待提升，专利在价值转化的过程中还存在相当程度的问题，"不能转""不好转""不愿转"现象突出，导致专利面临价值转化率仍然较低的尴尬处境。根据国家知识产权局发布的《2020年中国专利调查报告》，我国有效发明专利产业化率为34.7%，其中高等院校仅为3.8%，科研单位为11.3%。专利的质量与欧美发达国家相比仍有很大的差距（杨华 等，2022）。

（4）国际影响力不足

国际化是世界一流科研机构的重要特征，目前我国高等院校、科研机构的国际影响力仍然有限。THE 和 QS 两大排行榜都关注了高等院校的国际化情况。THE 排名包含国际教师比例、国际学生比例、国际合作论文比例 3 个指标，3 个指标合计权重为 7.5%。从 THE 排行榜中我国一流大学建设高校得分情况来看，我国高校平均得分逐年上升，这表明我国高校国际化水平不断提升，国际影响力不断提高，但是平均得分与世界百强高校差距较大，国际化水平仍然需要进一步提高（乔增伟 等，2020）。

1.2.3　形势需求

机构评估是引导机构发展的重要指挥棒。2016 年 5 月 30 日，习近平总书记在"科技三会"上指出："要改革科技评价制度，建立以科技创新质量、贡献、绩效为导向的分类评价体系，正确评价科技创新成果的科学价值、技术价值、经济价值、社会价值、文化价值。"2020 年 2 月，《教育部　国家知识产权局　科技部关于提升高等学校专利质量　促进转化运用的若干意见》（教科技〔2020〕1 号）提出，坚持质量优先、突出转化导向，全面提升高校专利创造质量、运用效益、管理水平和服务能力，开展专利申请前评估。我国历来重视科技评估工作，相关科技评估工作始于 20 世纪 70 年代末期，随着科技评估与奖励政策、晋升制度的挂钩，SCI 量化评估指标逐渐上升，"唯论文"的现象逐步凸显（黄崇江 等，2018）。这些方针政策为完善机构评估指明了方向，积极用好机构评估，推进创新机构高质量发展，已经成为当前的重要工作之一。面向新时期发展战略需求，创新机构评估需要更加突出评价机构创新质量、对产业发展的支撑效率及相应的服务水平。亟待进一步理清创新机构评估的维度，建立更加符合战略导向需求的评价指标体系。

1.3　区域创新机构发展评估框架

百强机构数据画像图谱，实际上是数字化转型新时代推进科技机构发展评估的新形态，开展科研机构决策咨询的新路径。大数据、可视化、跨区域、公共性、导航式等，是区域创新机构发展"群英谱"跟踪评估的趋势特征。评估促进发展，评估重在参与，评估基于数据，评估嵌入管理，其是区域创新机构发展评估的价值取向。

1.3.1　"评什么"：评估目标及内容

创新发展呼唤主体建设。实施创新驱动发展战略、建设世界科技创新强国的根本在于打造世界一流创新机构，关键在于创新机构主体建设。既要注重提高创新机构的主体意识和能力，也要注重促进创新机构成为市场主体、发展主体等。在长三角区域创新"一体化、高质量"发展新阶段，科研机构、高等院校、创新企业、科技社团等主体建设及改革开放，至关重要。

长三角区域创新主体建设，存在区域"之内、之间、之外、之上"的协同创新行为，也存在跨区域规划实施主体特别是跨区域创新发展主体缺位、错位和越位等问题。因此，区域创新主体建设需要特别重视以下几个方面：更高质量——着力推进机构建设从"数量型"向"质量型"转变；面向国际——加强国际化发展前瞻布局，抢占学科前沿热点和国际科技制高点；效果导向——应用重于拥有，加快科技成果转移转化，强化区域科技创新价值实现；系统创新——深化政府"放管服"改革，扩大高校和科研机构科研自主权，健全现代科研院所制度，实现结合整合融合，梯次错位链接，建设区域协同创新共同体，提升区域创新治理能力等。

评估要促进发展。聚焦长三角区域创新主体建设，科技评估具有越来越重要的决策支撑、管理服务和监督保障功能。2018年中共中央办公厅、国务院办公厅印发的《关于深化项目评审、人才评价、机构评估改革的意见》等文件提出，构建科学、规范、高效、诚信的科技评价体系，营造潜心研究、追求卓越、风清气正的科研生态环境，促进科技事业健康可持续发展，为建设世界科技强国提供有力支撑，也明确了破旧唯、立新标的总体评价改革发展方向。同时，针对科研机构在职能定位、法人自主权、机构管理等方面存在的问题，在完善科研机构评估制度方面，该意见也创新性地提出在科研机构全面推行章程管理制度，建立以科技创新绩效为核心的中长期绩效评估制度，并对完善科技创新基地评价考核体系一并做出制度安排，强调加快建立以科技创新质量、贡献、绩效为导向的分类评价体系。当前，全国区域创新发展形势紧迫，机遇与挑战并存，区域创新主体建设知方位、明方向、有方法，科技机构评估大有可为。

1.3.2 "谁来评"：评估主体及客体

科技评估过程涉及科技评估委托者、科技评估机构和人员、科技评估专家和咨询专家、科技评估对象、科技评估用户、科技评估利益相关者等。从社会建构论的角度出发，技术是社会形成的，科技创新已进入系统创新阶段并具有强烈的竞争合作特征，开放科学、开放创新逐渐兴起。因此，科技评估过程中多元主体、多样表现、多重因素交织，评估结论的达成越来越趋向于对话沟通协调取得共识的过程。从一定程度来看，科技智库支撑、社会公众参与及第三方评估也逐渐成为科技评估专门机构新的辅助力量，科技评估过程收益也往往大于结果收益。

评估要重在参与。前瞻中国科技创新之"立"与"强"的愿景方向，把握区域科技创新之"态"与"势"的坐标方位，思考科技机构建设之"谋"与"行"的路径方法，京津冀、长三角、粤港澳"三大区域"国家战略规划落实落地，既是凝聚思想愿望共识，更是实践行动共建。因此，针对长三角区域创新机构评估，我们认为，应该强化创新淡化规范，强化社会参与淡化行政干预，强化开放公开淡化内部封闭，强化"群英谱"淡化排行榜，强化本质规律淡化现象表现等。特别重视在评估过程中做好评估"召集人""见证人"角色，与利益相关方互动交流，集成多方意见建议，既见树木也见森林，达成思想和行动共识。

1.3.3 "怎么评"：评估方式与方法

科技评估指遵循一定的原则和标准，运用规范的程序和方法，对科技活动及其有关行为和要素所开展的专业化评价与咨询活动。中国科技评估秉承独立、客观、公正、科学的原则，推动科技评估规范化、专业化和社会化加速发展，科技评估政策、规范、标准基本建立健全，科技评估业务能力和行业服务体系平台逐步配套完善，科技评估方式与方法也日益定型成熟。最近几年，科技部科技评估中心制定并正式实施《科技评估基本术语》《科技评估基本准则》等多项评估标准，制定提出《国家重点实验室评估规则》《企业科技创新系统能力评价规范》《中央级科研事业单位绩效评价暂行办法》等多项机构评估案例经验，具有重要的指导作用和参考价值。

评估要基于数据。科技评估过程也是循证决策过程。围绕评估内容采集的科技评估信息，支撑评估结论分析研究的科技评估证据，做出评估判断的政策文件资料的科技评估依据，以及作为科技活动对象对标对表比较参照标准的科技评估基准等，一起构成机构评估的数据集和证据链。在大数据时代，长三角区域创新机构评估仍然存在质量影响难以测度、不确定性增强、因果关系复杂、数据多源多样等问题。因此，需要充分了解评估对象，科学设计指标体系，坚持定性定量相结合，重视应用区域创新机构评估现有的成熟指标和数据，也要积极推动开发应用数据画像、创新图谱、技术预见、专利地图、技术路线图、国际对标对表分析、国内外在线平台软件数据资源等，探索并保持科技评估方式方法与时俱进。

1.3.4 "怎么用"：评估结果与运用

评估要嵌入管理。没有评估就没有管理。伴随国家创新治理体系和治理能力现代化进程，科技评估正在加快延伸到科研管理活动全过程。科技评估主要考察各类科技活动的必要性、合理性、规范性和有效性，有利于实事求是、扬长避短、优势互补、找准定位，能够为政府和社会各方提供服务，为优化科技管理和决策、合理配置资源、加强引导激励和监督问责、提高科技活动实施效果提供参考和依据。

强化评估结果的使用。评估结果的扩散与应用是评估嵌入管理真正发挥评估功能的关键环节。将评估结果真正作为科技机构建设绩效及资源配置的重要依据，仍需面向区域创新发展战略规划目标，针对科研机构行为的同质化、短期化、行政化等问题，建立科研机构发展监测评估的相关制度等。当前，为了适应跨区域创新体系建设及公共管理服务形势要求，我们认为区域创新机构评估既要重视内部要素诊断式管理评估，也要重视提供区域创新发展评估的公共产品及服务。

创新主体是创新发展之源。"十四五"时期，全国科技创新区域化部署及建设进程仍将处于加速发展期，区域经济社会发展处于关键的转型升级期，地方与区域科技体制改革也将处于突破完善期。加快建设科技强国，实现高水平科技自立自强，区域创新发展主体建设正当其时。主体建设将带来机构改革的新跃升，也将带来创新发展的新跨越。为创新者画像，为领跑者导航，数据画像区域创新机构评估任重道远。

第二章　区域创新机构画像前沿动态

数据画像机构创新图谱基于机构信息数据的集成、抽象表达方式，其核心是为机构建立各类标签，并为各类数据建立关联关系，便于开展数据挖掘和数据分析。本章重点从学科扫描角度，对机构评估管理制度、机构画像数据特征、机构画像主要方法、机构画像典型成果等进行学科性的梳理研究，立体展现机构评估的研究进展和趋势特征。

2.1　机构评估管理制度

美国、英国、德国等科技发达国家建立并完善了机构评估管理制度，积累了大量经验，发挥了评价指挥棒作用。我国也进行了积极有益的探索，对推进长三角区域机构评估，制定科学合理评价标准都有较强的借鉴意义。

2.1.1　国外机构评估制度

形成以法律为基石的评估体系。例如，美国在 1993 年针对联邦机构绩效评估出台专门法案——《政府绩效与成果法案》（GPRA），引入在私营部门比较成型的绩效管理方法。2010 年，为进一步完善 GPRA 绩效评估体系，出台了《政府绩效与成果现代化法案》。再如，韩国科研机构职能和运营方式由法律法规确定，实行财团法人制度。机构内部采取理事会制度进行管理，理事会是最高议事决定机构。

引入第三方机构，注重同行评议。例如，德国科研评价的公信力依托独立于政府部门之外的权威的第三方专业机构——德国科学委员会，其开展部分科研机构评价工作。德国科学委员会统领科研机构绩效评价。四大研究组织（马普学会、亥姆霍兹联合会、莱布尼茨学会和弗朗霍夫协会）对其下属研究所进行有针对性的同行评价。再如，英国生物技术与生物科学研究理事会每 5

年开展一次研究所评估，并形成对未来政策制定和资助决策的支撑，从而确保英国生物技术与生物科学研究理事会经费的投入符合问责性。

注重不同类型机构的分类评价。例如，德国科学委员会于 2011 年通过《关于科研绩效评价与监管办法的建议》，将科研机构按照其业务类型分为科研类和服务类。其中，科研类主要评价项目、论文、专利等科研产出情况；服务类主要考察客户满意度、社会效应等服务质量情况。

评估指标体系注重定量与定性的结合。例如，英国的科研卓越框架（Research Excellence Framework，REF）是英国于 2014 年起面向全英高校实施的科研评估体系，评估目的在于掌握英国高校各个学科的科研水平，并形成高等教育拨款委员会向高校进行年度"机构式"拨款的依据。2021 年，REF 对科研产出、科研影响力、科研环境这 3 个评估维度的权重进行调整：科研产出权重为 65%，科研影响力权重为 20%，科研环境权重为 15%。

评估指标体系重视项目规划及绩效管理。例如，美国 GPRA 绩效评估体系主要流程为：一是各联邦机构以 5 年为周期编订战略计划书；二是对项目活动进行绩效规划，每年制订年度绩效计划；三是根据年度绩效计划完成情况，联邦机构每年提交年度绩效报告并公开发布。韩国科研机构评估流程包括：确立评估计划、机构开展自评、专家现场评价、报告制作等。绩效评价组由国家科学技术研究会设立，分为综合评价小组、组织经营评价小组和研发评价小组。从 2013 年起将综合评估周期从每年 1 次延长至每 3 年 1 次。

建立评价标准，全面评估科研机构工作。例如，荷兰科教界评价科研机构工作根据"标准评价协议 2009—2015"（Standard Evaluation Protocol 2009–2015，SEP 2009–2015）进行。SEP 2009–2015 具有 3 个特征：一是同是评价机构的两个层面，即机构整体层面（研究院所、学院、学部）和专业层面；二是评价科研机构 3 项重点任务，即生产学术成果、产出社会成果和教育培训下一代研究者；三是采用 4 个一级指标，即质量、生产力、相关性和生命力。

2.1.2　国内机构评价制度

建立机构分类评价体系。我国科技评价制度以量化评价手段为主，建立了以论文数量、专利数量、科技项目数量和科研经费数量等为主要指标的科技评价体系。这种评价制度和评价体系为我国实现科技追赶与超越起到了一定的积极作用。为满足新形势下深化科技评价制度改革的需求，科技部、财政部、人力资源社会保障部于 2017 年联合印发《中央级科研事业单位绩效评价暂行办法》，提出将中央级科研事业单位分为基础前沿研究、公益性研究、应用技术研发等三类进行评价，建立包括综合评价、年度抽查评价等评价类型的科研事业单位绩效评价长效机制。

构建中央级科研事业单位绩效评价长效机制。2018 年 7 月，中共中央办公厅、国务院办公厅印发了《关于深化项目评审、人才评价、机构评估改革的意见》，并发出通知指出完善科研机构评估制度。具体来看：一是实行章程管理。推动中央级科研事业单位制定实施章程，确立章程在单位管理运行中的基础性制度地位，实现"一院（所）一章程"和依章程管理。章程要明确规定单位的宗旨目标、功能定位、业务范围、领导体制、运行管理机制等，确保机构运行中各项事务有章可循。二是落实法人自主权。中央级科研事业单位主管部门要加快推进政事分开、管办分离，赋予科研事业单位充分自主权，对章程中明确赋予科研事业单位管理权限的事务，由单位自主独立决策、科学有效管理，少干预或不干预。坚持权责一致原则，细化自主权的行使规则与监督制度，明确重大管理决策事项的基本规则、决策程序、监督机制、责任机制，形成完善的内控机制，保障科研事业单位依法合规管理运行。三是建立中长期绩效评价制度。根据科研机构从事的科研活动类型，分类建立相应的评价指标和评价方式。建立综合评价与年度抽查评价相结合的中央级科研事业单位绩效评价长效机制。以 5 年为评价周期，对科研事业单位开展综合评价，涵盖职责定位、科技产出、创新效益等方面。

重点破除"唯论文"评价导向。进一步从科研评价源头解决评价"一刀切"问题，破除 SCI（《科学引文索引》）至上，走出"唯论文"困局。科技部、教育部等部门根据 2018 年"三评"文件要求，在 2018 年 10 月联合在全国开展"四唯"清理专项行动，破除"唯论文"难题。2020 年，科技部与财政部出台《关于破除科技评价中"唯论文"不良导向的若干措施（试行）》，会同教育部发布《关于规范高等学校 SCI 论文相关指标使用树立正确评价导向的若干措施》，进一步破除科技评价中"唯论文"的不良导向。2018 年以来，各级政府和科研机构、社会各界对科技评价改革的认识进一步提高，科技评价政策体系不断完善，科研项目评审管理机制持续优化，科技人才评价改革扎实开展，科研机构评估制度逐步落地。

2.2 机构画像数据特征

机构画像可以真实、全面、准确、动态地描绘一家或多家机构的特征。通过自动采集与人工采集相结合的方式获取机构各类指标数据，构建评价模型，对各类型数据进行处理，并通过可视化方法、数据展示方法形成机构画像，刻画出机构各项基本特征和发展现状。

2.2.1 机构画像数据类型

机构画像的数据资源可分为机构基本信息数据、机构科研特征数据，以及第三方评价数据。机构基本信息数据包括机构名称、创立时间、科研平台、地理位置、组织架构等。机构科研特征数据和第三方评价数据，包括科技论文、知识产权、科研项目、科技奖项、同行机构信息、ESI 学科排名和自然指数排行等。具体数据源主要包括以下几个方面，一是购买的商业数据库，如文献数据库、科学指标数据库、专利数据库；二是自建数据库，如科技奖励数据库、机构信息库、人才数据库；三是公开的信息来源，如机构主页、统计年鉴、第三方评价报告；四是机构管理部门提供的数据，如科研管理部门、人事部门、统计部门提供的内部数据。

2.2.2 机构画像数据采集

数据采集方式分为自动采集与人工采集。具体信息采集方式有以下几个方面，一是通过统计年鉴、机构主页采集基本信息数据，如机构名称、成立时间、学科领域、地理位置、高端科技人才等；二是通过文献数据库、专利数据库、公开政府网页采集数据，如科技论文、科研项目、科技奖项、高被引论文、高被引科学家等数据；三是通过第三方评价机构获取相关数据，如自然指数排名、大学和科研机构排行榜等。

2.2.3 机构画像数据模型

机构画像数据模型主要包括数据源层、底层数据层、数据加工层、画像展示层和知识服务层。具体来看，数据源层是机构画像数据的原始数据来源渠道，遴选的数据源能够保证数据质量和数据可持续获得。底层数据层是构建机构画像的数据基础，需重点考虑数据对于机构全貌展示的重要性、价值度及数据完整性。数据加工层包括数据采集、数据审核、数据清洗、标签分类等。通过文本挖掘等方式采集静态和动态数据后，经过数据审核、数据清洗，构建机构画像数据标签模型，形成机构基本信息静态画像数据库和科研动态特征画像数据库。利用数据提取、数据统计、数据挖掘等对各类型数据进行处理。知识服务层是机构画像的延伸层，利用机构画像开展机构科技信息统计与分析、评估评价支撑服务、机构发展态势分析等知识服务。

2.3 机构画像主要方法

在获取机构画像数据的基础上，要想机构画像可以反映机构基本特征和科研全貌，就要结合机构评估需求，通过科学计量学、大数据方法、知识图谱、专利地图等分析方法构建机构评估体系，为机构画像在机构评估中的应用提供新的路径。

2.3.1 科学计量学

科学计量学是以社会环境为背景，运用数学方法计量科学研究成果，描述科学的体系结构，分析科学系统的内在运行机制，揭示科学发展的时空特征，探索整个科学活动定量规律的一门学科。21世纪以来，信息技术呈飞跃式发展，主要体现在两个方面。一方面，使得数据产生方式、体量、速度、类型均大幅提高；另一方面，数据处理能力显著提升，在科学计量学领域内体现在各种分析方法的出现与成长。科学计量学能够依托数理统计原理，借助计算机的分析手段对相关文献的作者、研究机构、关键词等相应信息进行处理，进一步揭示学科的内在发展规律。美国德雷塞尔大学陈超美团队开发的 CiteSpace 是一款在科学文献中具有识别与可视化新趋势与新动态的 Java 应用程序，已成为信息分析领域中影响力较大的信息可视化软件，可基于寻径网络算法和共引分析理论对某一特定领域的文献进行科学计量。

2.3.2　大数据方法

2007 年，图灵奖获得者 Jim Gray 提出了新的科学研究方法，即数据密集型科学发现，由此拉开了大数据时代的序幕。2008 年，著名的 *Nature* 杂志推出了大数据专刊 *Big Data*，从互联网技术、超级计算、环境科学等多个方面探讨与大数据处理相关的技术问题和面临的挑战。2011 年，*Science* 也出版了一期数据处理专刊 *Dealing with Data*，指出了如何能够充分利用海量的数据。2020 年 3 月，数据首次被纳入生产要素范围，成为继土地、劳动力、资本和技术之外的第五大生产要素。2022 年，孙晨霞、施羽暇在《近年来大数据技术前沿与热点研究——基于 2015—2021 年 VOS viewer 相关文献的高频术语可视化分析》一文中提出大数据的基础技术是基于云计算对数据进行存储、管理、挖掘和分析，核心技术包括数据采集、机器学习、数据预处理、数据库等。大数据技术意味着数字化进程的新阶段，推动社会生产格局的调整。目前，各国着力研究大数据捕捉与分布式存储技术、大数据管理平台搭建技术、数据挖掘与分析技术、数据集成与融合技术、数据可视化技术等，并迅速开展大数据在国防、商业、城市交通、环境、健康医疗、社交媒体等领域的应用实践。

2.3.3　知识图谱

知识图谱研究始于 20 世纪 70 年代，2012 年，谷歌提出了知识图谱的概念。近年来，随着 SCI 引文索引的推广、网络技术的普及应用和图像处理、信息技术的深入发展，知识图谱研究得到了快速发展。目前，研究集中在知识图谱实现的理论探讨、具体学科的应用研究、方法和算法研究、工具和软件的引进与研发。21 世纪以来，此研究领域包括以下 3 个方面：一是知识可视化的理论与方法分析；二是知识可视化软件的介绍与开发；三是学科知识可视化的实证分析。近年来，知识图谱研究受到其他学科学者的关注，其中大连理工大学刘则渊教授的研究团队引人注目，其研究的内容包括知识图谱的基础理论，以及对管理学、科学学、科学计量学、引文分析等领域知识图谱的研究。2019 年，黄恒琪、于娟等发表《知识图谱研究综述》，在文中提到知识图谱是以图的形式表现客观世界中的概念和实体及其之间关系的知识库，是语义搜索、智能问答、决策支持等智能服务的基础技术之一。表明科学知识图谱无论对科学技术研究，还是对企业技术创新，都是一种有效的知识管理工具。

2.3.4　专利地图

专利地图是对专利文献结构及内容进行归纳分析，并将其整理后得出的各种各样可以让人们参考、分析、决策辅助的图表。一方面，专利地图可视为对专利文献中的信息进行数据化展示的图形表格，具有简单直观性；另一方面，专利地图将专利信息内容进行深层次挖掘，并将具有关联性的数据呈现在可视化的地形图中，但不局限于地形图的表达方式，通过多种方法进行专利文献数据的信息资源表达，具有动态实时性。近年来，根据场景功能和分析目标等不同方面，可将专利地图划分为专利管理地图、专利技术地图、专利权利地图和专利引证地图。随着计算机技术的发展与数据库的完善，在专利地图领域，出现了较成熟的形式化方法和分析软件，能够将大量复杂的专利文献自动归类成不同的主题，并以二维或三维的图形直观显示，提高了分析的客观性与科学性，为分析标准与专利的关系提供了有效的方法支撑。

2.4　机构画像典型成果

现阶段，根据不同的指标体系、指标赋权、评价模型，形成了一系列机构画像成果。下文从高等院校、科研机构、创新机构等几类不同主体介绍主要的机构画像代表成果。

2.4.1　THE 世界大学排名

THE 世界大学排名是由《泰晤士高等教育》发布的用以检验世界一流大学在教学、研究、引文、国际化及行业收入等方面建设情况的高校排名。2004—2009 年，《泰晤士高等教育》一直与国际高等教育研究机构合作，进行大学排行榜的发布。从 2010 年起，与汤森路透合作，由汤森路透负责收集和分析所有与排名相关的数据，对独立设定指标排列发布的年度前 500 所世界大学进行排名。从 2011 年起，THE 世界大学排名的指标体系基本保持稳定，观测点的设置包含 5 个一级指标和 13 个二级指标，兼顾了学生的学习行为、学习效果、学习环境和雇主评价等方面的评估，能够较为全面地反映高校的办学质量。

2.4.2　QS 世界大学排名

QS 世界大学排名是由英国国际高等教育研究机构 QS（Quacquarelli Symonds）所发表的年度世界大学排名。QS 最初与《泰晤士高等教育》合作，共同推出"THE-QS 世界大学排名"，首次发布于 2004 年，是相对较早的全球大学排名。从 2010 年起，QS 和 THE 终止合作，两者开始发布各自的世界大学排名。QS 一般每年夏季会进行排名更新。QS 世界大学排名在 2010 年得到了大学排名国际专家组（IREG）建立的"IREG—学术排名与卓越国际协会"的承认，是参与机构最多、世界影响范围最广的排名之一。相较于其他世界大学排名，QS 世界大学排名的指标设置更为全面，评价维度也更广，更能够综合反映高校的办学质量和办学实力。其下设 4 个一级评价指标和 6 个二级评价指标，能够在一定程度上反映学生的学业和职业发展状况。2022 年 6 月 9 日，QS 正式发布 2023 年世界大学排名，共有来自世界不同国家和地区的 1418 所院校上榜。

2.4.3　US News 世界大学排名

US News 世界大学排名是由《美国新闻与世界报道》(*U.S. News & World Report*) 发布的全球大学排名。该排名为满足世界各地考生在全球范围内选择理想大学的需要，《美国新闻与世界报道》在 2014 年首次推出，共排出全球前 500 所大学。US News 世界大学排名评价指标在其观测点设置体系中，下设了 3 个一级指标和 12 个二级指标，通过学术声誉和各类论文发表情况，能够相对客观综合地反映出高校的学术水平。2021 年 10 月 26 日，《美国新闻与世界报道》正式发布 2022 最佳全球院校排名，此次排名包括了来自全球 90 多个国家的 1750 所顶尖大学。

2.4.4　软科世界大学学术排名

上海交通大学高等教育研究院创办的软科世界大学学术排名，作为国内唯一在世界大学排名中有一定影响力的排名，旨在寻找中国顶级大学和世界一流大学的差距，为建设世界一流大学提供参考。2003 年，该排名由上海交通大学高等教育研究院世界一流大学研究中心首次发布。从 2009 年开始，改为由上海软科教育信息咨询有限公司发布并保留所有权。整体指标设置和评价体系更为关注高校在学术领域的办学成就，以评价方法客观、透明稳定为特点反映高校的学术水平，受到业内的广泛关注和认可。软科世界大学学术排名下设 4 个一级指标和 6 个二级指标，主要以国际上具有可比性的科研成果和学术绩效作为评价指标，能够更为全面客观地评估一所高校的学术实力与发展潜力。2021 年 8 月 15 日，"2021 软科世界大学学术排名"正式发布，排名展示了全球领先的 1000 所研究型大学。

2.4.5　科研机构评价或排名

国内外对世界科研机构评价或排名比较有影响力的为 3 类评价体系：一是汤森路透发布的"TOP 25 全球最具创新力的政府研究机构榜单"，其排行榜评价指标以专利指标为主，辅以论文指标；二是自然杂志出版集团《自然指数》中关于全球大学和科研机构的排名，是采用自然指数方法基于论文指标的排名；三是武汉大学中国科学评价研究中心发布的世界一流大学与科研机构竞争力评价，是以基本科学指标数据库 (ESI) 和德温特专利数据库为数据来源，对世界主要大学与科研机构开展竞争力评价研究和综合分析。这 3 类评价体系采用的指标主要由科研生产力（收录论文数）、科研影响力（论文被引次数、高被引论文数）、科研创新力（发明专利数、热门论文数）、科研发展力（高被引论文占有率）和网络影响力 5 个部分组成。

2.4.6　基于专利信息进行创新排名

科睿唯安每年发布的《中国大陆创新企业百强》，主要基于 4 个指标进行计算：专利数量、专利授权率、PCT 数量与专利数量之比、专利被引量。同时，从 2012 年以来，每年发布《全球百强创新机构》年度报告。《全球百强创新机构》年度报告通过衡量专利实力及创新文化，遴选出全球创新能力最强的 100 家机构。与道琼斯工业指数和标准普尔 500 指数相比，连续 10 年入选创新百强的机构在 2014 年 10 月至 2020 年 10 月始终保持更快的市值增长，市值平均增长近 2.5 倍。

2.5　机构画像参考借鉴

创新机构评估方法丰富，国内外相关研究成果也颇多，总体来看形成了较为规范的评估制度，凸显了论文、专利等定量指标在评估中的重要作用，注重分类、分级评价。但同时也存在部分评估研究表现出商业运营的特征，呈现商业应用的取向。基于公共属性、重在发现创新机构特征、引导机构与产业更好地匹配联动的评估研究成果仍然不多，有待加强。

2.5.1　形成规范的评估制度

需要进一步向规范化的评估制度迈进。国内外机构评估均注重形成规范的评估制度，从而为更好地指引评估工作提供参考。美国、韩国出台了专门的机构评估法案，引入了绩效管理方法，以完善评估体系。德国注重通过引入第三方机构，开展公平公正的评估工作。我国也出台了面向科研事业单位的绩效评价方法，提出了针对基础前沿、公益性、应用技术研发等不同方面的评价机制。总体来看，国内外对科研机构的评估均逐步向规范化方向发展。

2.5.2　注重专利指标的使用

在机构评估中，重视使用专利指标。我国更加重视高价值专利概念，鼓励各类创新机构申请高价值专利。需要进一步深化专利评价这一指挥棒对于研发活动的实际影响，进一步改进专利评价方法。需要推动统计监测关口前移，进一步纳入衡量专利质量的统计数据，收集更加深入、准确、全面的专利信息。尽可能选择产出而非投入的指标来进行评价。投入指标可以反映一家机构的一般情况，而且也较容易获得；产出指标则能提供对机构或专业的声望和质量更为精确的评价。为确保每项排名的可靠性，负责数据搜集、使用和进行实地访问的评价者须尽可能客观、公正。尽可能地使用审核过的、可以核实的数据，确保各类机构之间具有可比性、一致性。

2.5.3　强化机构分类评价

我国的分类评价研究近十几年来发展迅速，体现了国家对这一科学评价思想的重视。现有的机构分类评价研究只是片面覆盖了评价过程的一部分，只进行理论阐释，或是只提出指标体系，缺少具体而全面的研究结果。通过建立机构分类评价指标体系，能够反映出各类创新机构在实现目标过程中各个方面的相互依存关系，充分考核创新机构的功能定位和工作特点，体现机构的核心竞争力。除选取产出数量、质量指标以外，加大对国际化科研产出的分析，促进机构确定适合自身实际情况和发展阶段的国际化模式，参与全球范围竞争。

2.5.4　突出分级呈现的结果

绝大部分机构排名都采用将指标分数平均或简单相加的方式计算总分，再以总分由高到低的排名的形式呈现结果。这种结果呈现方式使得每一个指标在数值上的微小差异都会在最终结果中显示出巨大的差距，某个指标数值的微弱变化不可避免地会遭遇夸大或误读的风险，而排名位置之间不大的差距也很难反映出学校质量之间的实质差异。

2.5.5　重视机构的社会贡献

在世界大学排名中，对教师队伍的规模、质量、学术水平设置了观测指标，为一流大学建设提供了有益指导。同时，对社会贡献的重视是世界一流大学建设的重要内涵，也是世界一流大学获得广泛社会影响力的主要原因。同时，在评价中不能简单地将论文数量、教师数量、办学面积等同于学校的办学质量，因为这种评价体系忽略了机构产出成果推动国家和产业发展的重要作用。应引入产出指标作为评价指标，在机构评价机制中坚持科技是第一生产力。专利产出越多，意味着技术垄断优势越明显，从而获得更多的经济利益，进而促进技术创新、发展生产力。反之，仍以论文数量对机构进行评价，必然造成"重论文、轻专利，重成果鉴定、轻专利申请"的不利局面，不利于机构的可持续科技创新能力的培育与提高，也不利于与国际科技创新制度接轨。

第三章　长三角区域创新百强机构画像模板

长三角区域是我国高等院校、科研机构最为集聚的区域，是区域创新机构发展的重要实践场所。创新机构的建设需要清晰、客观公正的画像，坚持公益性、非营利的评估原则，凸显定量指标的科学评估指标体系，为服务机构发展、推进区域创新、促进产学研匹配提供机构"坐标系"和发展"晴雨表"。本章基于国家战略需求导向，结合国内外相关研究成果，构建长三角区域创新百强机构画像模板，重点分析评估对象筛选、评估指标数据、画像方法选择及画像结果呈现。

3.1　评估对象筛选

根据国家统计局印发的《研究与试验发展（R&D）投入统计规范（试行）》（国统字〔2019〕47号），我国研发活动执行主体可分为4类：企业、研究机构、高等院校、其他。从各类研发投入数据来看，企业、研究机构、高等院校是投入最多的3类主体。本研究重点选择高等院校、研究机构作为研究对象，通过专利数据构建基于硬科技产业导向的机构图谱。评选对象有"入库＋入围＋入选"3层结构。

第一是"入库对象"，这是最基础的机构研究对象，包括长三角区域三省一市（上海市、江苏省、浙江省、安徽省）的高等院校、研究机构。研究对象为独立法人事业单位，单位信息以政府网站和机构官网发布信息为准，机构名称以专利申请人名称为准。单位所属基地平台或分支机构（地方分校、国家重点实验室、国家工程技术中心等）进行统一归并。同时，职业技术院校类，有保密性质的军工、军校类机构暂不进入名单。综合参考国家科技奖励及所在省市科技统计信息等进行整理。具体来看，《2019长三角区域创新机构发展研究报告》形成806家机构基础名单，《2020长三角区域创新机构发展研究报告》形成913家机构基础名单，《2021长三角区域创新机构发展研究报告》形成916家机构基础名单。

第二是"入围对象"，这是重点采集数据并进行评估分析的对象。基于具有一定实力的机构才能进行更好的比较评估的思路，本书设定了"门槛值"，从而对机构进行"量"的筛选。研究团队对 900 余家"入库对象"进行初步的数据采集，以报告期近 5 年该机构的专利发明总量为横向指标，以 200 件专利发明总量为门槛值。通过数据检索，形成了机构的入围名单。

第三是"入选对象"，这是通过设定不同维度的指标体系，进行测算、评估，最终形成的 100 家入选机构名单。对百家机构进行总量维度、质量维度、影响力维度及产业辐射引领能力的分析。

3.2 评估指标数据

3.2.1 机构数据来源

本书数据主要源自德温特世界专利索引（Derwent World Patents Index™，DWPI）和德温特专利引文索引（Derwent Patents Citation Index™，DPCI）等可公开的数据库。部分机构数据依据科睿唯安相关年份系列报告获得。还有部分数据来源于机构官网。分析和研究工具包括全球领先的科技创新解决方案 Derwent Innovation™。

本书的研究数据基于《长三角区域创新机构发展研究报告》的相关数据。《2019 长三角区域创新机构发展研究报告》采集的是 DWPI 数据库和 DPCI 数据库所收录的，公开日期在 2014—2018 年的专利数据，基础专利数据有近 32 万条。《2020 长三角区域创新机构发展研究报告》采集的是 DWPI 数据库和 DPCI 数据库所收录的，公开日期在 2015—2019 年的专利数据，基础专利数据有 50 余万条。《2021 长三角区域创新机构发展研究报告》采集的是 DWPI 数据库和 DPCI 数据库所收录的，公开日期在 2016—2020 年的专利数据，基础专利数据有 51 万余条。

3.2.2 机构评价指标

在创新机构发展过程中，呈现出发明数量—创新质量—行业影响—区域协同—国际布局的成长路径。因此，指标体系的构建也考虑到 5 个方面的因素。

①发明总量。发明总量是机构评估研究的一个基础因素，创新机构的实力是具备一定体量的创新实力。2021 年发明专利申请总量指将 2016—2020 年作为公开年的发明专利数量。在分析过程中，使用发明专利数量表示发明总量，因为发明专利与技术进步和自主创新能力关系最为密切，能够充分反映一项技术的科技实力。

②发明质量。创新策源能力的提升是推动整体创新实力增强的核心，其内涵更多地体现为质量，而非数量。无论是区域本身的发展，还是区域之间的协同进步，面临的核心问题并非数量增长，而是更高质量的发展。这也是长三角区域一体化发展"更高质量"的重要呈现。基于此，在

机构分析中，我们更加强调了体现质量的比例性指标。采用"专利授权率""专利存活率"指标，表征机构创新质量情况。我们认为，在当前的发展阶段，"质量"在某种程度上要重于"数量"，对于创新发展而言，打造国际一流机构、培育国际一流人才、产出实现"从 0 到 1"突破性的原创成果更为重要。

③成果应用。应用重于拥有。一项好的成果，必然有被使用或被引用的需求。无论是基础学科还是应用学科，其被引用的情况是衡量成果的关键因素之一。基于此，研究着重分析了专利的被引用情况，从而体现创新的价值实现和影响力。为了进一步呈现成果对产业的支撑情况，研究将专利数据与战略性新兴产业及集成电路、人工智能、生物医药等关键领域产业进行匹配分析，从而更好地呈现创新机构对新兴产业的支撑情况。

④协同创新。协同创新是推进"一体化"发展的关键力量，其需要国家区域整体创新产业链共同建设打造，也与适度的差异化区域分工息息相关，需要创新主体的合作研究，也需要产学研的协同创新。基于此，报告采用"合作专利""专利转让率"表征机构合作与产学研协同创新情况，并侧重于差异性分析，以期为更好地引导区域协同发展提供辅助支撑，为落实国家区域创新战略提供参考。

⑤面向国际。开放创新依然是当前重要的战略选择，长三角区域要代表国家参与国际竞争与合作，不仅是国际化的参与者，更要成为领跑者。全球化布局，既是创新发展本身规律的需要，更是面向以国内大循环为主、国内国际双循环相互促进的新发展格局的必然选择。真正有价值的成果，其在国际化方面必将有所布局。基于此，我们特别选择了在欧美日已经获得授权的专利为指标，表征机构的国际化水平。

基于上述内容，本书对机构创新产出——专利情况进行深入分析，从发明总量、发明质量、影响力、协同创新、全球化 5 个维度选取二级指标以对机构做出评估，以发现创新实力较强的机构。具体区域创新机构评价指标体系如表 3-1 所示。

表 3-1　区域创新机构评价指标体系

一级指标	二级指标	指标意义
发明总量	发明专利申请总量	发明专利与技术进步和自主创新能力关系最为密切，充分反映一项技术的科技实力
发明质量	发明专利授权率	已经获得授权的专利具备了新颖性、创造性和实用性
	三年以上授权专利存活率	体现了机构创新持续度和发明专利的有效程度
影响力	专利被引数量占比	某一成果的引证量越多，表示这一成果很可能是一项重要研发，能吸引众多关注并在其基础上进行改进。体现了机构创新影响力

续表

一级指标	二级指标	指标意义
协同创新	专利转让、许可数量占比	体现了机构产学研协同
	合作专利数量占比	体现了机构创新成果的合作研究程度
全球化	欧美日专利累计加总占比	揭示机构为其创新成果在欧美日寻求专利保护的程度，反映机构对该技术的重视程度和所看重的市场地域

3.2.3　机构数据特征

基于上述指标体系，本研究以 200 件专利发明总量为门槛值，发现 2020 年报告期入围机构 205 家，2021 年报告期入围机构 202 家，并对 7 个指标进行数据清洗和筛选，数据特征表现如下。

（1）发明总量维度

2021 年入围机构发明专利数量均值为 1722 件，较上年度增长 9.2%。偏度为 3 以上，说明总量分布具有右偏态，数据位于均值右边的比位于左边的少，直观表现为右边的尾部相对于左边要长，因为有少数变量值很大，使曲线右边尾部拖得很长（表 3-2）。

表 3-2　入围机构发明专利数量指标统计分析

	2021 年报告期	2020 年报告期
机构数 / 家	202	205
最大值 / 件	20 104	18 690
最小值 / 件	200	200
中位数 / 件	659	623
偏度	3.43	3.56

（2）发明质量维度

2021 年报告期发明质量维度下属有两个二级指标，包括发明专利授权率、三年以上授权专利存活率。其中，发明专利授权率是指 2016—2020 年发明专利授权数量与发明总量比值。已经获得授权的专利具备了新颖性、创造性和实用性。三年以上授权专利存活率是指获得授权且持有期限超过 3 年的授权专利与 2016—2017 年作为授权年的发明专利的比值。2016—2017 年公开、授权、有效且持有期限超过 3 年的授权专利，体现了机构创新持续度和发明专利的有效程度。

2020 年报告期发明质量维度下属有两个二级指标，包括发明专利授权率、三年以上授权专存活率。其中，发明专利授权率是指 2015—2019 年发明专利授权数量与发明总量比值。已经获得授权的专利具备了新颖性、创造性和实用性。三年以上授权专利存活率是指获得授权且持有期限超过 3 年的授权专利与 2015—2016 年作为授权年的发明专利的比值。2015—2016 年公开、授权、有效且持有期限超过 3 年的授权专利，体现了机构创新持续度和发明专利的有效程度。

入围机构发明专利授权率偏度均接近 0，说明发明专利授权率分布基本对称（表 3-3）。

表 3-3　入围机构发明专利授权率指标统计分析

	2021 年报告期	2020 年报告期
机构数 / 家	202	205
最大值	63.6%	78.0%
最小值	0	0.3%
中位数	31.4%	30.8%
偏度	−0.25	0.27

2021 年报告期入围机构三年以上授权专利存活率均值为 54.4%，增加 4.6 个百分点。偏度均接近 0，说明三年以上授权专利存活率分布基本对称（表 3-4）。

表 3-4　入围机构三年以上授权专利存活率指标统计分析

	2021 年报告期	2020 年报告期
机构数 / 家	202	205
最大值	100.0%	100.0%
最小值	0	0
中位数	54.1%	48.4%
偏度	−0.10	0.11

（3）影响力维度

发明成果对于后续创新的影响力可以通过其他申请人在专利申请过程中对该发明的引用情况进行考量。某一成果的引证量越多，表示这一成果很可能是一项重要研发，能吸引众多关注并在其基础上进行改进。2021 年报告期专利被引数量占比是指 2016—2020 年机构专利在排除自引后具有施引记录的专利家族数量与该机构德温特专利家族数量的比值，体现了机构创新影响力。

入围机构专利被引数量占比偏度均接近 0，说明专利被引数量占比分布基本对称（表 3-5）。

表 3-5　入围机构专利被引数量占比指标统计分析

	2021 年报告期	2020 年报告期
机构数／家	202	205
最大值	58.9%	49.3%
最小值	0	3.5%
中位数	23.1%	22.2%
偏度	0.18	0.16

（4）协同创新维度

2021 年报告期协同创新下属有两个二级指标，包括合作专利数量占比，专利转让、许可数量占比。合作专利数量占比指将 2016—2020 年作为公开年、具有两家及以上专利权人的机构创新成果数量与德温特专利家族同族专利数量的比值，体现了机构创新成果的合作研究程度。专利转让、许可数量占比指将 2016—2020 年作为公开年的专利中发生转让、许可数量与将 2016—2020 年作为公开年的专利授权数量的比值，体现了机构产学研协同程度。

入围机构合作专利数量占比偏度均为 3 以上，说明合作专利数量占比分布具有右偏态，数据位于均值右边的比位于左边的少，直观表现为右边的尾部相对于左边要长，因为有少数变量值很大，使曲线右边尾部拖得很长（表 3-6）。

表 3-6　入围机构合作专利数量占比指标统计分析

	2021 年报告期	2020 年报告期
机构数／家	202	205
最大值	99.8%	100.0%
最小值	0	0
中位数	6.1%	5.4%
偏度	4.27	3.39

入围机构专利转让、许可数量占比偏度均为 3 以上，说明专利转让、许可数量占比分布具有右偏态，数据位于均值右边的比位于左边的少，直观表现为右边的尾部相对于左边要长，因为有少数变量值很大，使曲线右边尾部拖得很长（表 3-7）。

表 3-7　入围机构专利转让、许可数量占比指标统计分析

	2021 年报告期	2020 年报告期
机构数/家	202	205
最大值	47.4%	49.1%
最小值	0	0
中位数	2.5%	2.3%
偏度	3.80	3.85

（5）全球化维度

创新机构不仅注重创新的质量，也同样注重其创新产出所具备的全球商业化价值。对于能够在全球范围内获得更多商业回报的重要发明，机构需要在多个国家和地区寻求全球化的保护。2021 年报告期欧美日专利累计加总占比是指 2016—2020 年机构在欧美日至少一方获取保护的专利家族数量与同一时期德温特专利家族同族专利数量的比值。2020 年报告期欧美日专利累计加总占比是指 2015—2019 年机构在欧美日至少一方获取保护的专利家族数量与同一时期德温特专利家族同族专利数量的比值。全球化指标通过揭示机构为其创新成果在欧美日寻求专利保护的程度，反映机构对该技术的重视程度和所看重的市场地域。

入围机构欧美日专利累计加总占比偏度均为 6 以上，说明欧美日专利累计加总占比分布具有右偏态，数据位于均值右边的比位于左边的少，直观表现为右边的尾部相对于左边要长，因为有少数变量值很大，使曲线右边尾部拖得很长（表 3-8）。

表 3-8　入围机构欧美日专利累计加总占比指标统计分析

	2021 年报告期	2020 年报告期
机构数/家	202	205
最大值	17.4%	16.3%
最小值	0	0
中位数	0.2%	0.1%
偏度	6.50	6.61

除上述指标外，是否获得国家科学技术奖励是体现机构创新高度、社会经济影响力的重要衡量尺度。机构的创新能力和贡献可以通过机构获得的国家自然科学奖、国家技术发明奖、国家科学技术进步奖人次进行考量。"三大奖"获奖者必须在当代科学技术前沿取得重大突破或者在科学技术发展中有卓越建树；在科学技术创新、科学技术成果转化和高技术产业化中，创造巨大的

经济效益或者社会效益。通过对机构获得国家科学技术奖励情况的分析，完善区域创新机构发展评估框架。

3.3 画像方法选择

本书中分析的《长三角区域创新机构发展研究报告》（2019年、2020年、2021年）结合长三角机构基础名单形成备用名单，根据科技计量学理论和大数据方法，构建评估模型和指标体系，同时结合知识图谱和专利地图方法，形成最终的机构画像报告。数据处理过程包括以下几个方面。

①在提取机构专利信息数据时，对从德温特专利数据库中获取的相应数据进行建模，形成基础数据库，利用Java编写专用的聚类分析算法，对机构特定指标进行提取和聚类运算。

②在机构整体排名中，对入围机构各指标数据采用极值标准化法进行无量纲化处理，并延续科睿唯安评选方法，对各机构5个一级指标数据平均赋权打分，求和汇总，并按各机构总分降序排列。最后，通过对比分析，选取前100家机构形成入选名单。

③在机构百强行业分析中，利用Java设计数据匹配算法，将国民经济行业分类代码与战略性新兴产业建立对应关系，再将国民经济行业分类代码与专利的IPC分类建立对应关系，对两者进行抽取匹配，形成战略性新兴产业与IPC分类的关系数据库。对机构近5年的发明总量进行分析，通过行业匹配展示长三角区域创新百强机构（简称"百强机构"或"创新百强机构"）对战略性新兴产业的技术支撑情况。

3.4 画像结果呈现

本书分析的结果呈现采用了四梯级分布，采用了行业分析、高被引人才分析、科技奖励分析等创新排名方法。

3.4.1 梯级结果排名

在分析中，每25家机构为一个梯级，创新百强机构共4个梯级，同一梯级按所属区域及机构类型分类并按分值排列。以2021年报告第一梯级为例，数据结果呈现为25家机构的分布。首先，评价分数排名居前25位的机构，按三省一市的顺序分4类；其次，在各省市内部，按机构类型分为高等院校、科研机构两类；最后，在机构类别内部，按评价分数由高到低导出最终结果。

3.4.2 重点产业匹配

在整体了解长三角区域创新百强机构专利产出所覆盖的战略性新兴产业类别的基础上，本书分别从发明总量和专利集中度两个方面观察长三角区域三省一市入选机构在对战略性新兴产业研发支撑中各自的特点与差异。同时，对集成电路、人工智能和生物医药这三大上海重点推进的先进产业领域进行了对比分析，展现了上海和南京、杭州、合肥三大省会城市的都市圈中心城市地位，并呈现了对周边城市的辐射带动效应。

3.4.3 机构 3 类画像

为了进一步刻画创新机构的创新表现，本书强化了机构图谱分析，以 2021 年报告期入选的 100 家机构为对象，进行数据画像分析，包括 3 类画像：第一类是机构标准画像，是指该机构 5 个维度（一级指标）的得分按照升序排名后获得 [1，100] 的排名值，排名首位为 100 分，排名末位为 1 分，再按照螺旋图形进行画像。第二类是机构类比画像，将该机构与 3 家国际机构进行比较，3 家国际机构同样按照长三角区域创新百强机构指标体系进行测算。考虑指标的可获得性、可比性及国际代表性，同时考虑到 3 家机构存在数据差异性，选择 3 家机构同类数据的中位值作为该指标的国际对比值。第三类是同比画像，反映了该机构 7 个基础指标与上年度的同比增幅情况。

第二篇
机构图谱与省市特征

第四章　长三角区域创新百强机构：全景图谱

长三角区域是我国创新资源最密集的区域之一，高校、科研机构集聚，成为推进区域创新的关键主体。本章基于前述研究方法，经过对长三角区域 900 余家高校、院所数据进行分析，得到表现突出的 100 家创新机构，并通过两年研究数据的比较，分析百家创新机构的综合表现，从发明总量、发明质量、影响力、协同创新、全球化等5 个维度 7 个基础指标进行横向与纵向分析，并通过对标全球领先机构的表现，分析百家创新机构面临的问题与差距，以便更为细致地刻画机构情况。

4.1 百强机构综合表现

从主体结构来看，百强机构中高校仍居于主要地位，2021 年高校入选数量为 61 家，比上年度减少 1 家；科研机构入选数量为 39 家，比上年度增加 1 家。为了更清晰地比较百强机构内部情况，按照每 25 家机构一个类别，将 100 家机构分成 4 个梯级。从梯级上看，2021 年百强机构中高校数量虽然减少，但处于第一梯级、第二梯级的数量均比上年度增加，均增加了 2 家，表明 2021 年百强机构中，高校表现更为亮眼，创新质量综合上升速度优于科研机构（图 4-1）。在科研机构中，中科院系统所属单位表现仍然亮眼，共有 16 家机构入选，数量与上年度持平，约占所有入选科研机构的 2/5。

在 2021 年的入选机构中，与 2020 年重复的机构为 94 家，其中第一梯级、第二梯级机构均为连续上榜机构，2021 年新增入选机构 6 家，分别位于第三梯级和第四梯级。新增机构中，上海有 3 家，分别为中国船舶集团有限公司第七一一研究所、中国科学院上海营养与健康研究所、中国电子科技集团公司第三十二研究所；安徽有 2 家，分别为安徽工程大学、安徽省农业科学院；浙江有 1 家，为温州医科大学。2021 年长三角区域创新百强机构名单如图 4-2 至图 4-5 所示。

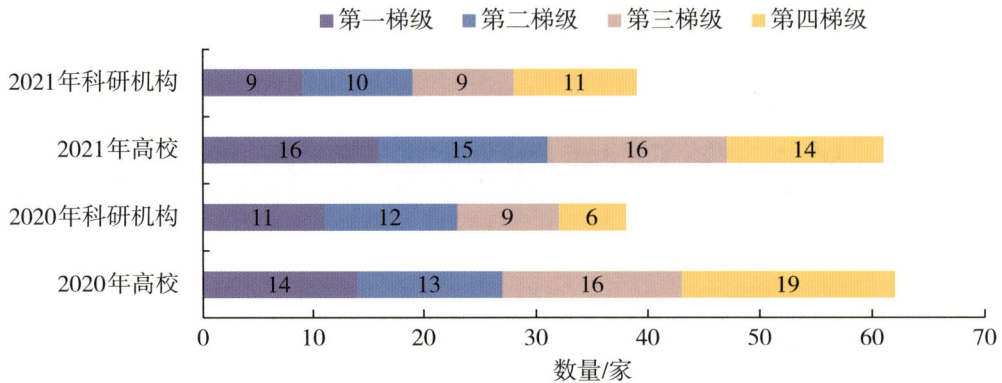

图 4-1　2020 年与 2021 年长三角区域创新百强机构梯级分布

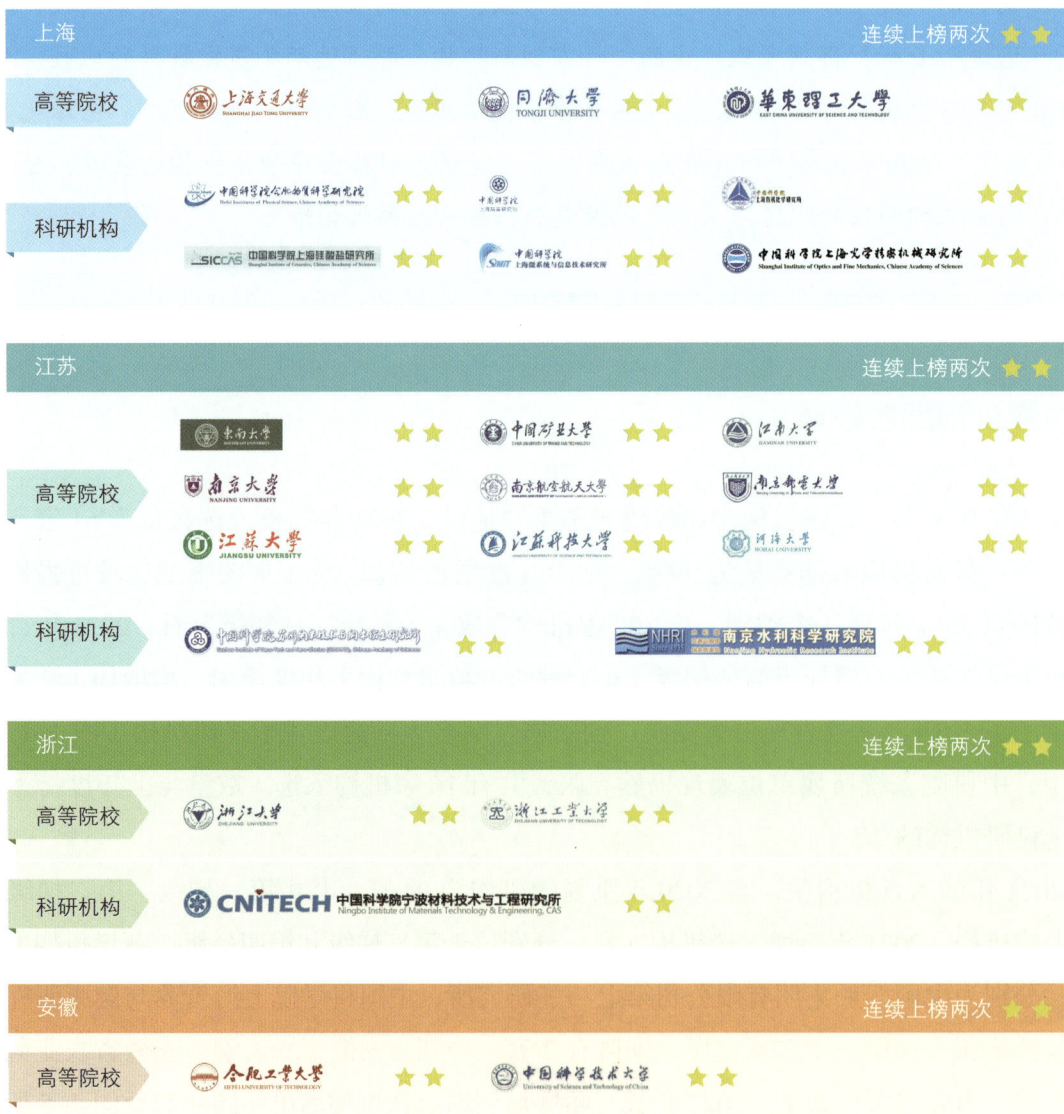

图 4-2　2021 年长三角区域创新百强机构（第一梯级）

上海				连续上榜两次 ★ ★

高等院校　东华大学 ★ ★　　上海大学 ★ ★　　复旦大学 ★ ★

华东师范大学 ★ ★　　上海师范大学 ★ ★

科研机构　microsat 中国科学院小卫星创新研究院 ★ ★　　中国科学院上海应用物理研究所 ★ ★

江苏				连续上榜两次 ★ ★

高等院校　南京理工大学 ★ ★　　苏州大学 ★ ★　　常州大学 ★ ★

江苏海洋大学 ★ ★　　南京林业大学 ★ ★　　南京工业大学 ★ ★

盐城工学院 ★ ★

科研机构　中国科学院南京土壤研究所 ★ ★　　中国科学院苏州生物医学工程技术研究所 ★ ★　　中国林业科学研究院林产化学工业研究所 国家林产化学工程技术研究中心 ★ ★

CETC 中国电子科技集团公司第五十五研究所 ★ ★　　CETC 中国电子科技集团公司第二十八研究所 ★ ★

浙江				连续上榜两次 ★ ★

高等院校　杭州电子科技大学 ★ ★　　浙江理工大学 ★ ★　　浙江工商大学 ★ ★

科研机构　浙江省海洋水产研究所 ★ ★

安徽				连续上榜两次 ★ ★

科研机构　中国科学院合肥物质科学研究院 ★ ★　　CETC 中国电子科技集团公司第四十一研究所 ★ ★

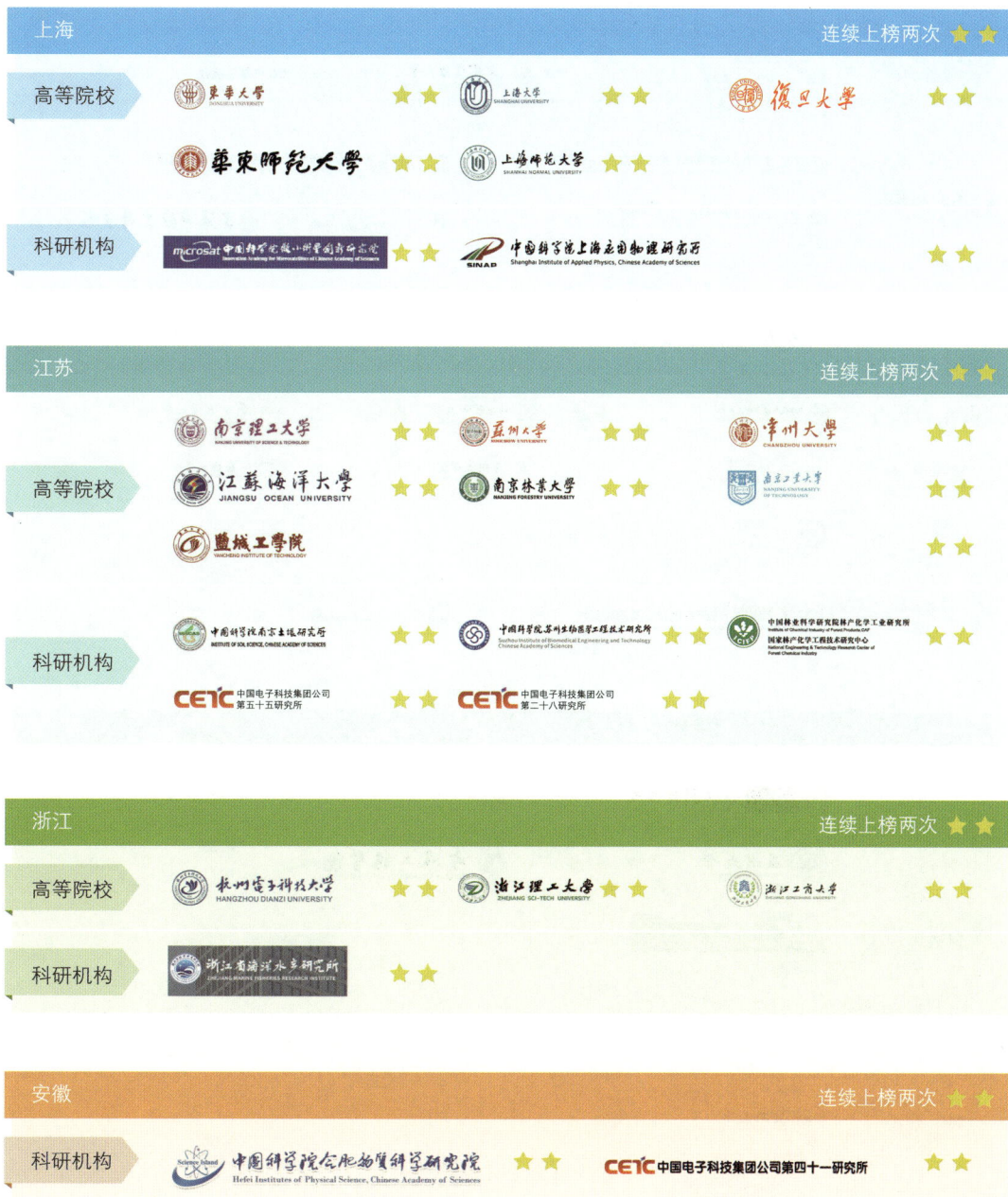

图4-3　2021年长三角区域创新百强机构（第二梯级）

上海		首次上榜 ★ 连续上榜两次 ★ ★

高等院校

上海理工大学 ★ ★　　上海电力大学 ★ ★　　上海中医药大学 Shanghai University Of T.c.m ★ ★

科研机构

CSSC 中国船舶集团有限公司第七一一研究所 SHANGHAI MARINE DIESEL ENGINE RESEARCH INSTITUTE ★　　SINH 中国科学院上海营养与健康研究所 SHANGHAI INSTITUTE OF NUTRITION AND HEALTH, CAS ★

SITP 中国科学院上海技术物理研究所 ★ ★　　上海宇航系统工程研究所 ★ ★　　上海市农业科学院 ★ ★

江苏		连续上榜两次 ★ ★

高等院校

NNU·南京师范大学 NANJING NORMAL UNIVERSITY ★ ★　　中国药科大学 China Pharmaceutical University ★ ★　　南京农业大学 NANJING AGRICULTURAL UNIVERSITY ★ ★

江苏师范大学 JIANGSU NORMAL UNIVERSITY ★ ★　　常州工学院 CHANGZHOU INSTITUTE OF TECHNOLOGY ★ ★　　江苏理工学院 NANJING UNIVERSITY OF TECHNOLOGY ★ ★

南京工程学院 ★ ★

科研机构

NIGLAS 中国科学院南京地理与湖泊研究所 NANJING INSTITUTE OF GEOGRAPHY & LIMNOLOGY CHINESE ACADEMY OF SCIENCES ★ ★　　JAAS 江苏省农业科学院 Jiangsu Academy of Agricultural Sciences ★ ★

浙江		连续上榜两次 ★ ★

高等院校

浙江科技学院 ZHEJIANG UNIVERSITY OF SCIENCE & TECHNOLOGY ★ ★　　杭州师范大学 Hangzhou Normal University ★ ★　　宁波大学 NINGBO UNIVERSITY ★ ★

温州大学 WENZHOU UNIVERSITY ★ ★　　宁波工程学院 NingBo University of Technology ★ ★

科研机构

中国农业科学院茶叶研究所 ★ ★

安徽		连续上榜两次 ★ ★

高等院校

安徽工业大学 ANHUI UNIVERSITY OF TECHNOLOGY ★ ★

科研机构

CETC 中国电子科技集团公司第三十八研究所 ★ ★

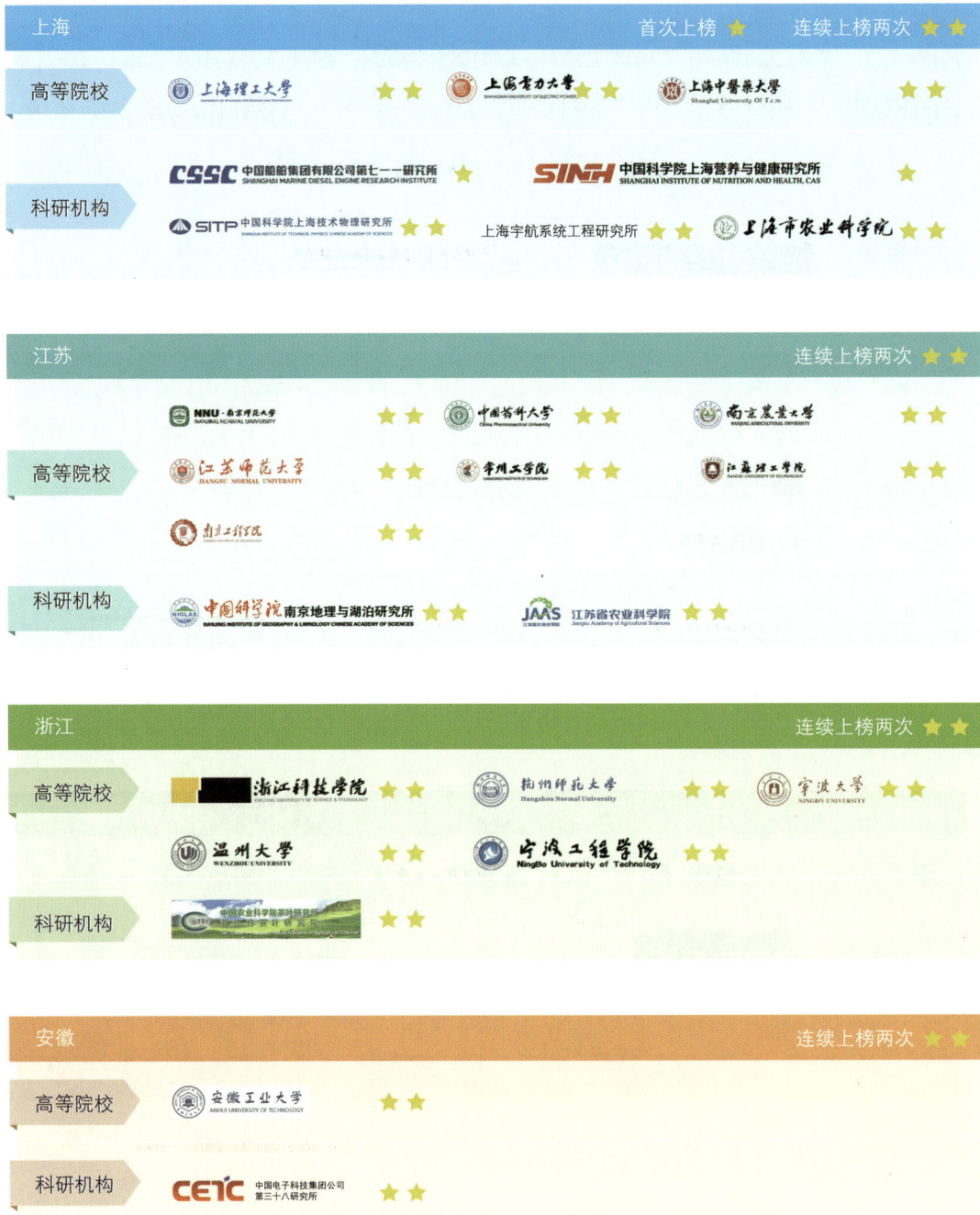

图 4-4　2021 年长三角区域创新百强机构（第三梯级）

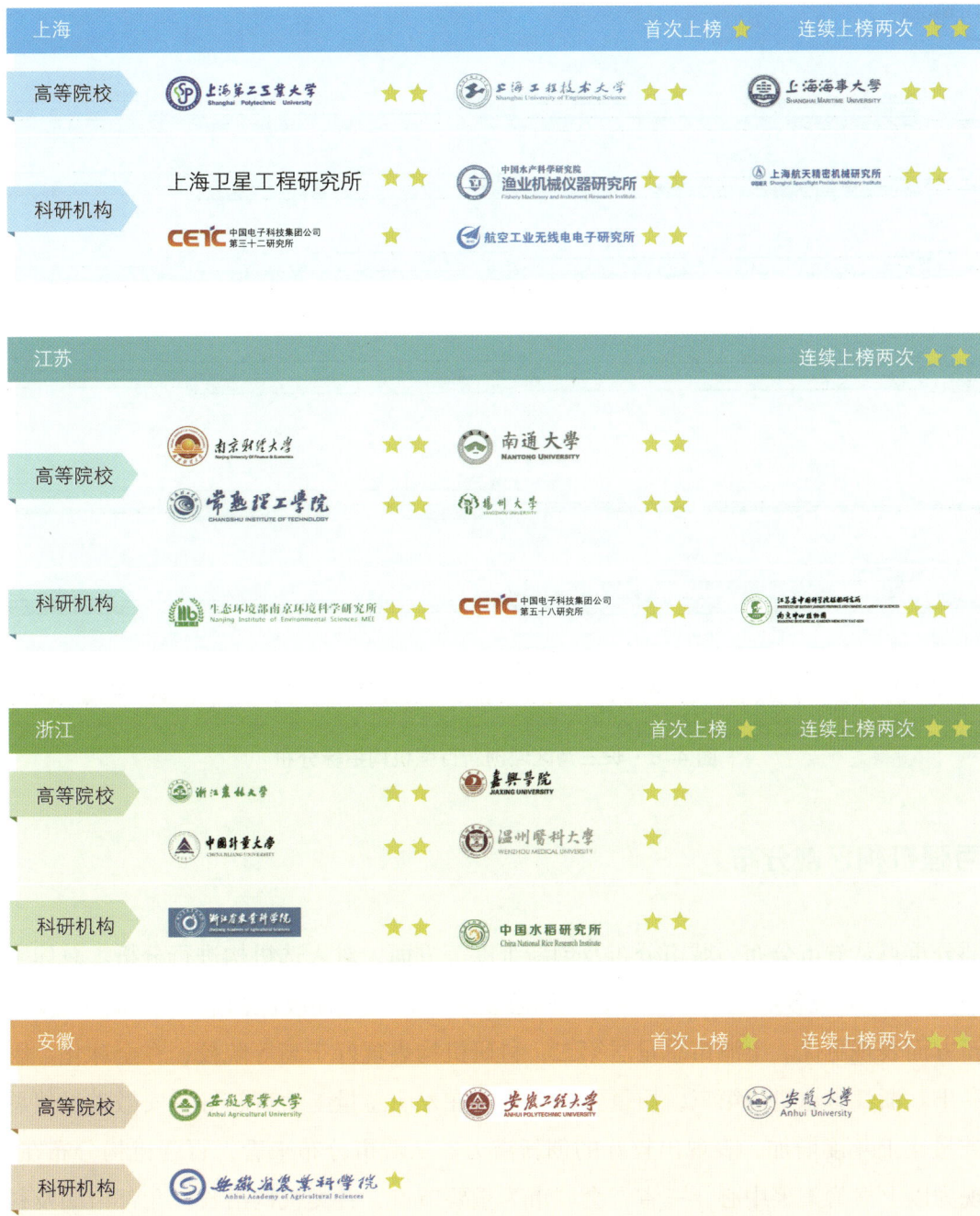

图 4-5　2021 年长三角区域创新百强机构（第四梯级）

　　基于 7 个基本指标，对百强机构按照三省一市进行分布图谱分析，可以更加清晰地展现百强机构的分布状态。通过 Power BI 、Tableau 工具，绘制百强机构数据度量值，以及百强机构 7 个指标的分布图和散点图，将视图叠加在一个图内，便于直观地看到三省一市创新主体在不同维度上的具体表现，这种表现可以同时在不同层次得以呈现（图 4-6）。

华东百强机构7个指标分布

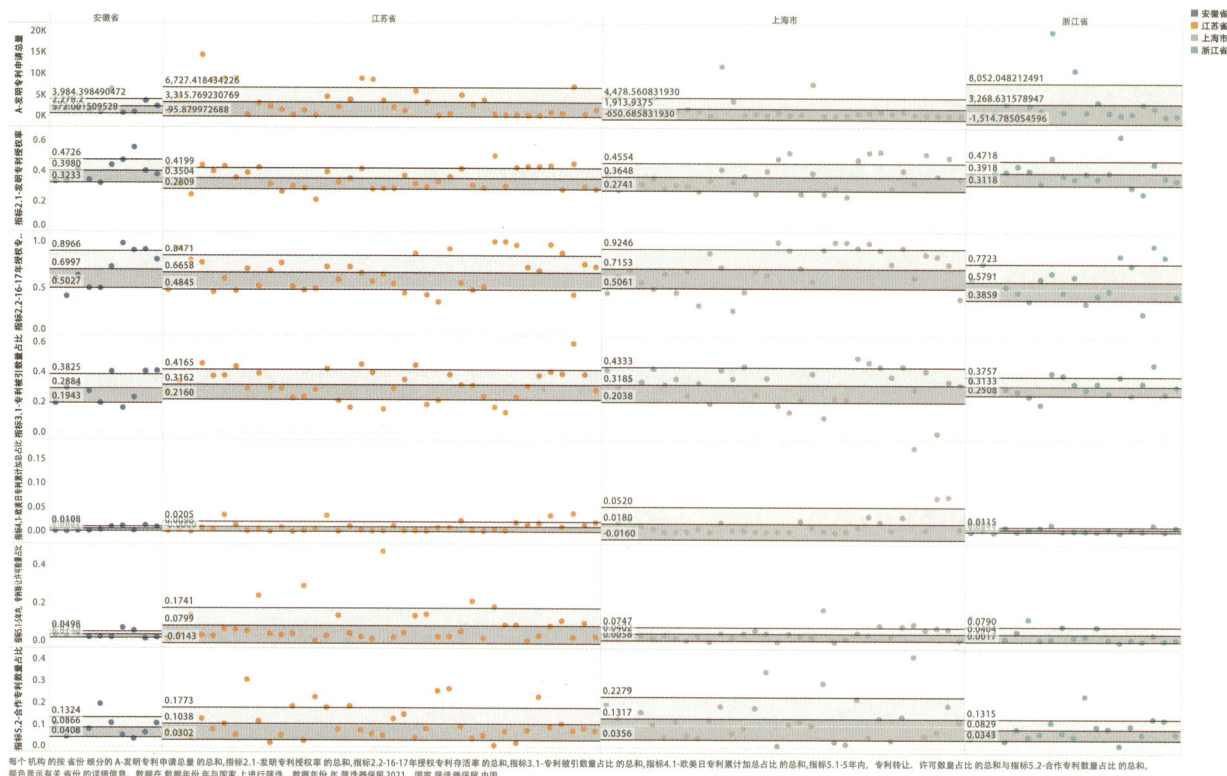

图4-6 长三角区域创新百强机构指标分布

4.2 百强机构区域分布

本部分重点从省市分布、城市分布及创新维度等方面，对入选机构进行分析。总体来看，三省一市2021年度表现各有差异，江苏省机构总量第一，第一梯级机构数量增加，在发明总量、协同创新方面表现更优。上海市总量居第二，科研机构表现好于高等院校，在全球化、影响力方面表现突出。浙江省总量居第三，质量上升，机构在发明总量上表现较好。安徽省虽然总量排第四，但数量比上年度增加，表现出较好的创新潜力。从城市分布来看，百强机构分布在21个城市，表现为以上海为集聚中心，三省省会城市为重要节点，各类机构沿长三角都市圈及科创走廊实现"圈层结构＋连廊布局"相结合的特点。

4.2.1 省市分布

从省市入选机构区域及梯级分布来看，2021年度江苏省有39家，总量排第一，比上年度减少2家；但第一梯级入选机构11家，比上年度新增2家，赶超上海。上海市总量排第二，共32家机构入围，与上年度持平；第一梯级机构9家，较上年度减少1家，上海减少的1家是中国科学院上海生命科学研究院，2020年经过机构改革，该单位拆分成4个研究所。浙江省总量排第三，19家机构入选，总量与上年度持平；第二梯级机构新增2家，质量上升。安徽省虽然总量排第四，但比上年度新增2家，达到10家，新增机构进入第四梯级（图4-7）。

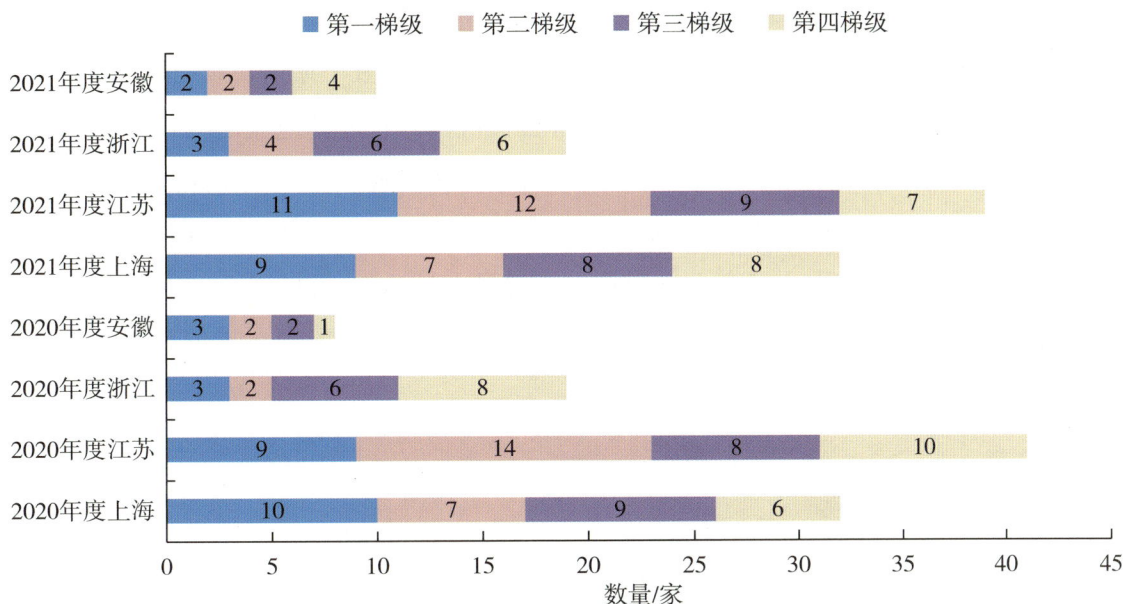

图4-7　长三角区域三省一市创新百强机构区域与梯级分布

从省市入选机构类型来看，上海科研机构表现强劲，创新实力强大，江苏各类入选高等院校数量最多，表现出较强的创新能力。上海32家入选机构中，科研机构有18家，高等院校有14家，也是三省一市中唯一的科研机构入选数量超过高等院校的省市，中科院等单位表现出较强的实力。江苏39家入选机构中，高等院校数量达27家，科研机构有12家，高等院校数量是科研机构的2倍多，说明高等院校对区域创新的带动能力较强。浙江19家入选机构中，高等院校有14家，科研机构有5家，浙江大学表现最为亮眼，呈现出旗舰式的引领趋势。安徽10家入选机构中，高等院校有6家，科研机构有4家（图4-8）。

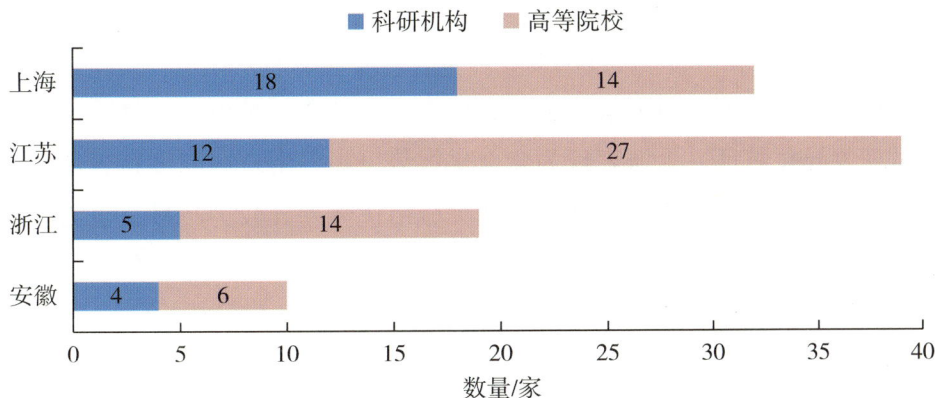

图4-8　长三角区域三省一市创新百强机构区域与机构类型分布

4.2.2 城市分布

从城市分布来看，2021年度长三角区域创新百强机构重点分布在21个城市（图4-9），以上海为集聚中心，三省省会城市为重要节点，沿长三角都市圈及科创走廊呈"之"字形分布，有"圈层分布+连廊分布"相结合的特点。科创走廊集聚度较高，有6个城市集聚百强机构56家。上海与三省省会城市集聚了百强机构73家，三省有百强机构分布的其他城市数量表现为：江苏省有11个城市、浙江省有5个城市、安徽省有4个城市。上海分布32家入选机构，与上年度持平；南京分布22家，比上年度减少2家；杭州分布12家，较上年度减少1家；合肥分布7家，较上年度新增1家。此外，四大中心城市入选机构发明总量合计达20万件以上，发明专利授权量达7万件以上，两者占长三角区域相关指标总量的比值均在70%以上，显示出创新产出在中心城市集聚的特点。

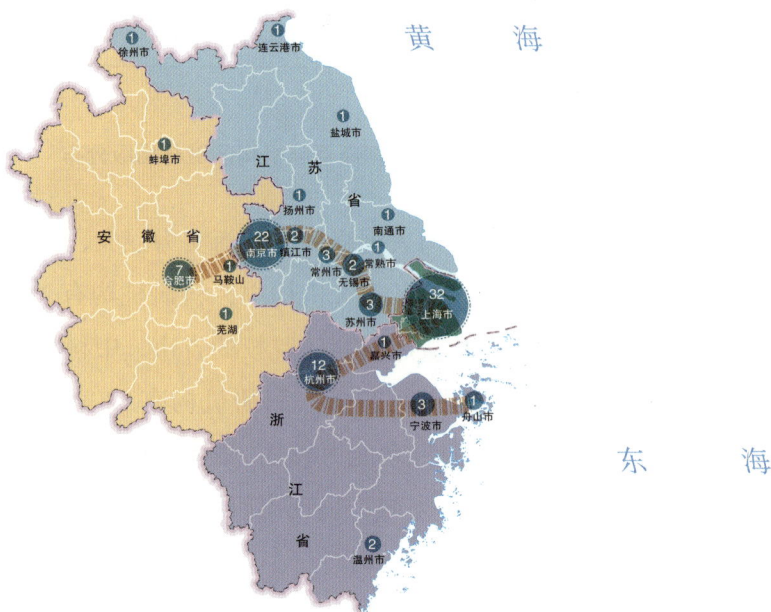

图4-9 2021年度长三角区域创新百强机构的区域分布（单位：家）

按照百强机构的5个维度，对上海、南京、杭州、合肥4个城市进行分析，可以发现四城表现特点明显，呈现差异化特征。上海表现为全球化优势突出，南京协同创新表现突出，杭州为发明总量表现突出，合肥表现为发明质量优势。四大城市优势差异较为凸显，也为区域协同发展奠定了重要基础（图4-10）。

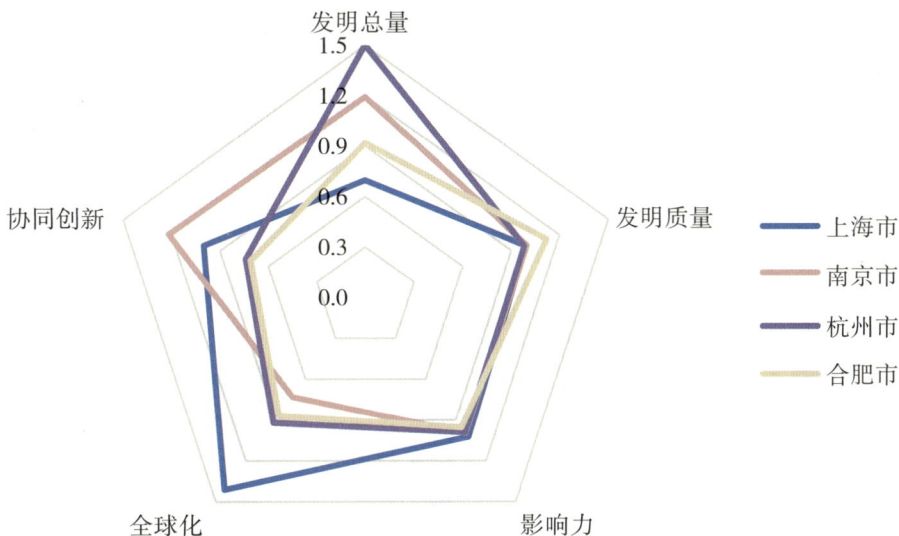

图 4-10　2021 年度"沪宁杭合"长三角区域创新百强机构的表现特征

4.3　百强机构维度特征

2021 年度长三角区域创新百强机构表现出"质、量"齐升的趋势，2021 年度百强机构在发明总量、发明质量、影响力、协同创新、全球化 5 个维度的平均水平较 2020 年全面提升，表明长三角区域创新机构整体水平有所提升，创新质量不断提高。为了进一步探析长三角区域创新机构的创新实力，报告选取了全球领先的 3 家机构作为对标机构，它们分别是法国原子能委员会、德国弗劳恩霍夫协会、中国台湾工业技术研究院。按照同样的数据筛查方法将长三角区域创新机构与对标机构进行比照，从而更加清晰地展现长三角区域创新机构的优势和劣势。分析发现，与全球领先创新机构相比，百强机构在专利转化、专利布局全球化方面差距较为显著，亟待提升。为了对标国家战略需求，打造战略性科技力量，高等院校、科研机构仍需进一步提高成果质量，加快成果转移转化，进一步提升国际影响力。

4.3.1　发明总量

2021 年度百强机构总体表现优于上年度，入选机构五年平均发明总量为 2754 件，较上年度提高 9.2%，表明机构创新数量稳步提升。百强机构发明总量表现优于上年度，仍呈现出以特大型机构为牵引，中型机构、小型机构协调发展的舰队式形态布局。五年累计发明总量万件以上的机构有 4 家，较上年度新增浙江工业大学。中型机构（五年累计发明总量为 2000 ～ 10 000 件）有 36 家，小型机构（五年累计发明总量小于 2000 件）有 60 家。

从对比分析来看，2021 年度长三角区域创新百强机构五年平均发明总量高于中国台湾工业技术研究院，但低于法国原子能委员会和德国弗劳恩霍夫协会，仅分别相当于前两者的 77.5% 和 89.4%，表明长三角区域创新百强机构在关注创新质量的同时，仍然要关注数量的提升，要形成具有国际领先能力的创新机构，仍需要加大力度，扩大创新产出的规模（图 4-11）。

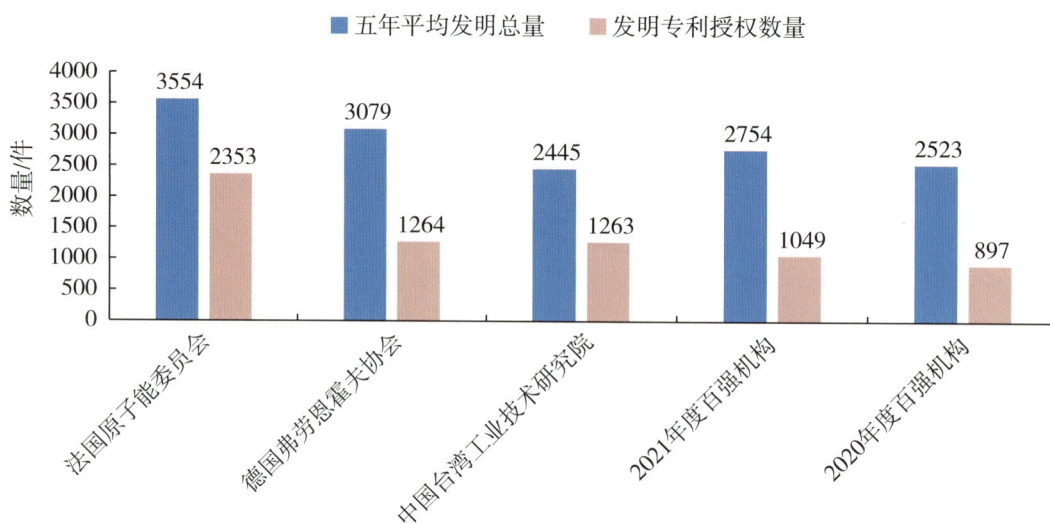

图 4-11 2021 年度长三角区域创新百强机构五年平均发明总量及发明专利授权数量对比

4.3.2 发明质量

2021 年度百强机构的发明质量指标高于上年度，表现为发明专利授权率及三年以上授权专利存活率均比上年度有所增长。百强机构发明专利授权率为 38.1%，较上年度增长了 2.5 个百分点。在三年以上授权专利存活率方面，百强机构三年以上授权专利存活率为 61.8%，比上年度增长 9.0 个百分点；其中有 5 家机构的三年以上授权专利存活率达到 100%，较上年度增加了 4 家，均为科研机构。

从对比分析来看，长三角区域创新百强机构平均发明质量维度指标均低于对标机构。从发明专利授权率来看，法国原子能委员会数值最高，达到 66.2%，2021 年度长三角区域创新百强机构均值仅为 38.1%。从三年以上授权专利存活率来看，法国原子能委员会、德国弗劳恩霍夫协会分别达到 100.0%、87.4%，2021 年度长三角区域创新百强机构均值为 61.8%。这表明长三角区域创新百强机构在创新质量维度上仍与对标机构有较大差距，亟待提升机构产出的质量，保障创新产出是基于实际应有的产出（图 4-12）。

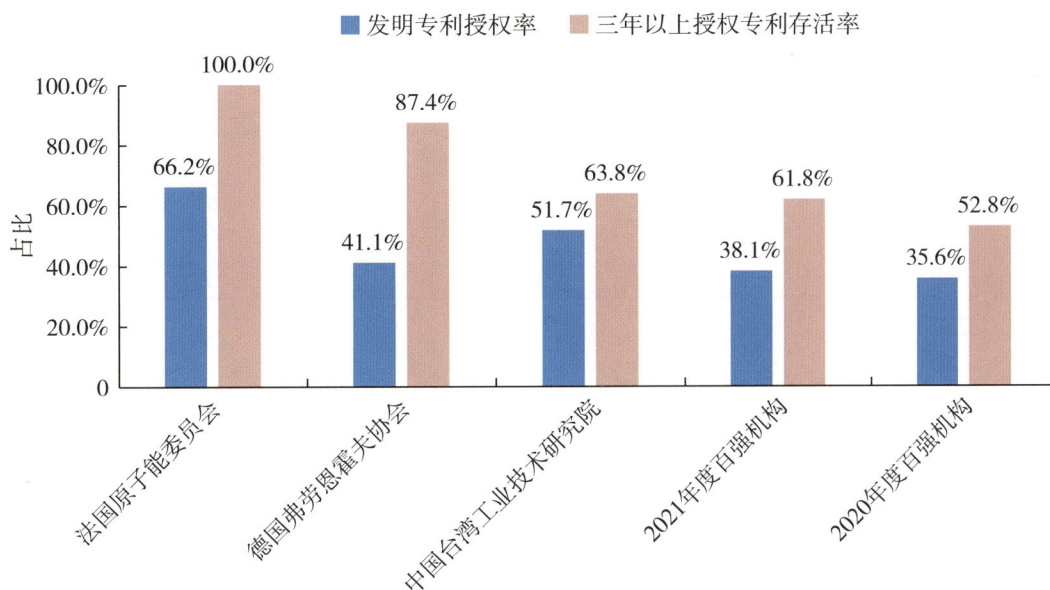

图 4-12　2021 年度长三角区域创新百强机构平均发明质量维度指标对比

4.3.3　影响力

创新百强机构影响力较上年度有较大幅度的提升，高等院校专利被引数量占比指标首次反超科研机构，增长迅速，这说明高等院校专利影响力在逐步扩大。专利被引数量占比指标较上年度增长了 4.8 个百分点，达到 35.2%。排名第一的仍是中国矿业大学，在所有入选机构中其是专利被引数量占比唯一超过 50% 的机构。

从对比分析来看，在专利被引数量占比方面，长三角区域创新百强机构表现较好，2021 年度百强机构均值为 35.2%，虽然低于中国台湾工业技术研究院，但高于法国、德国两家对标机构。该项指标高，也与长三角区域创新百强机构对行业的支持力度有关。同时，由于国内专利总体申请数量较多，也不排除与专利申请数量基础相关（图 4-13）。

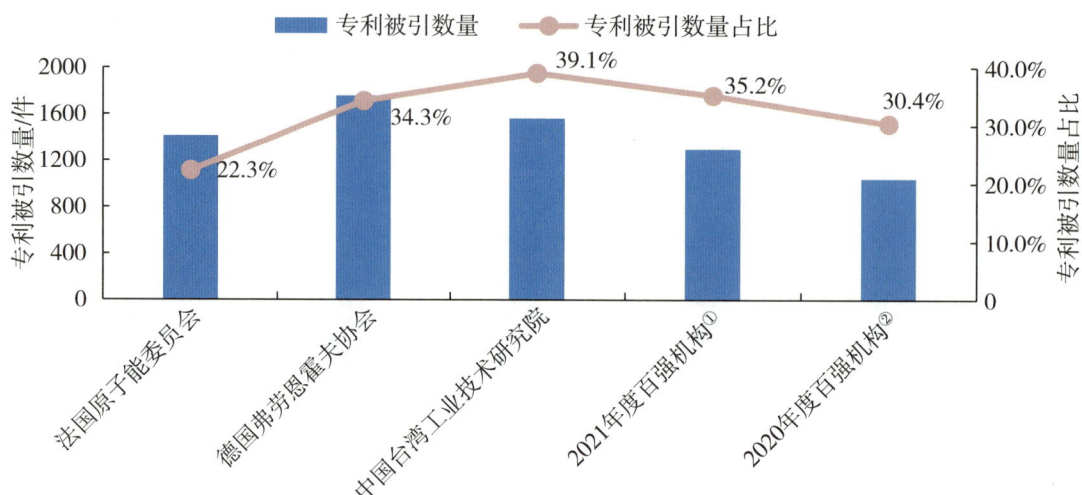

图 4-13　2021 年度长三角区域创新百强机构专利被引数量及占比对比

4.3.4　协同创新

总体来看，入选机构的表现较上年度有所提升，主要表现为合作专利数量占比和专利转让、许可数量占比这两个指标均有所增长。但同时，这两个指标仍不足 10%，说明创新机构在协同创新方面还有进一步发展空间。合作专利数量占比为 9.9%，较上年度增长了 0.9 个百分点。排名第一的仍是中国科学院上海药物研究所，其合作专利数量占比达到 41.5%，比上年度有所提高，是所有入选机构中唯一一家超过 40% 的机构。

2021 年度创新百强机构专利转让、许可数量占比较上年度有所提高，专利转让、许可数量占比为 6.1%，较上年度增长了 1.1 个百分点。排名第一的仍是南京林业大学。高等院校专利转让、许可数量占比指标优于科研机构，尤其是江苏省地方所属高等院校。江苏省 2018—2020 年连续 3 年发布"建设创新名城"一号文件，并推出配套实施细则，其中技术转移奖补政策对江苏省的成果转移转化起到非常重要的促进作用。

从比较分析来看，百强机构在协同创新方面的表现均不理想。在专利转让、许可数量占比方面，2021 年度百强机构均值为 6.1%，虽然比上年度增长了 1.1 个百分点，但相比对标机构而言差距明显。特别是中国台湾工业技术研究院的专利转让、许可数量占比高达 33.7%，表明其在创新协同方面较好，在研发初期注重与产业需求相结合，因而形成的成果更容易被转化、许可。同时，法国、德国两家机构的专利转让、许可数量占比也分别达到了 9.3% 和 22.7%。在合作专利数量占比方面，法国原子能委员会最高，达到了 20.8%；德国弗劳恩霍夫协会也达到了 18.9%，几乎为 2021 年度百强机构均值的 2 倍。这表明长三角区域创新百强机构在协同创新方面仍有极

---

① 指 2021 年度百强机构均值，下同。

② 指 2020 年度百强机构均值，下同。

大的提升空间（图 4-14）。

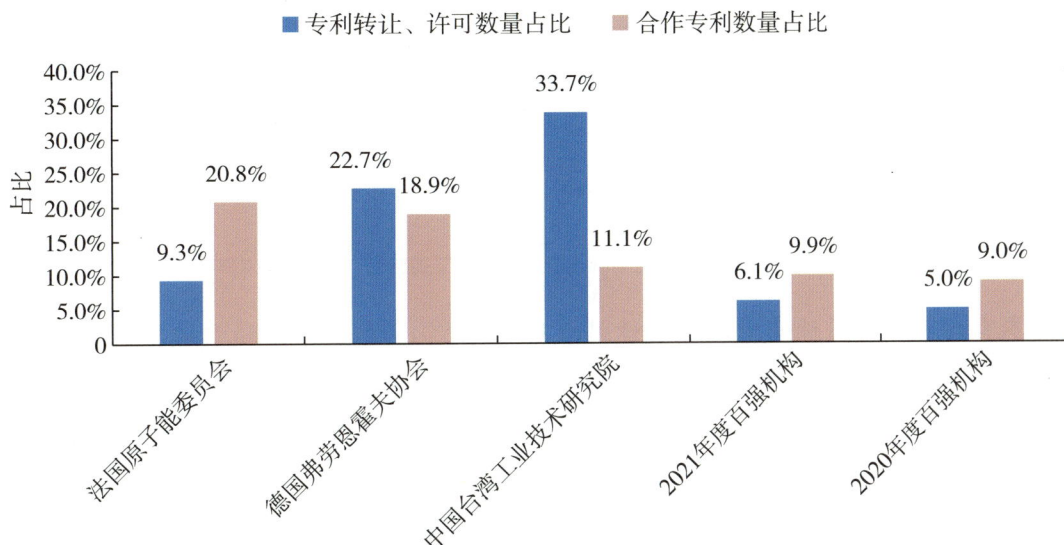

图 4-14　2021 年度长三角区域创新百强机构协同创新维度指标对比

4.3.5　全球化

2021 年度创新百强机构全球化表现较上年度略有提升，但全球重点区域的专利布局仍是短板。创新百强机构欧美日专利累计加总占比为 1.1%，较上年度提升了 0.2 个百分点。科研机构全球化表现与梯级相关度较高，上海市科研机构表现突出，全球化表现前十的机构中有 6 家位于上海市。

从比较分析来看，长三角区域创新百强机构欧美日专利累计加总和占比均远低于对标机构，2021 年度百强机构欧美日专利累计加总仅为 39 件，占全部专利的比重约为 1.1%；同期中国台湾工业技术研究院为 2967 件，占比约为 74.0%（表 4-1）。

表 4-1　2021 年度长三角区域创新百强机构欧美日专利累计加总及占比对比

机构	欧美日专利累计加总 / 件	欧美日专利累计加总占比
法国原子能委员会	5423	85.6%
德国弗劳恩霍夫协会	3659	71.3%
中国台湾工业技术研究院	2967	74.0%
2021 年度百强机构	39	1.1%
2020 年度百强机构	32	0.9%

第五章　长三角区域创新百强机构：高校图谱

本章对长三角区域高等院校进行图谱分析，从高等院校的整体情况、梯级表现、地区分布，特别是五大创新维度和 7 个创新指标等方面，系统梳理高等院校创新情况，重点挖掘高等院校创新特征，为更好地展现高等院校创新策源功能、推动区域创新发展提供参考。

5.1　高等院校综合表现

从入选数量来看，2021 年高等院校入选机构总数为 61 家，较上年度减少 1 家，但仍居于百强机构主要地位；其中居于第一梯级的高等院校为 16 家，较上年度增加 2 家，居于第二、第三、第四梯级的分别有 15 家、16 家、14 家，梯级分布相对均衡。从总体创新指标表现来看，高等院校 5 个维度的 7 个指标较上年度均有所提升，表明长三角地区高等院校综合创新水平全面提升；与百强机构整体创新水平相比，高等院校的发明专利申请总量，专利被引数量占比，专利转让、许可数量占比这 3 个指标的表现优于百强机构，高等院校的发明专利授权率、三年以上授权专利存活率、欧美日专利累计加总占比、合作专利数量占比这 4 个指标略低于百强机构，这表明高等院校在发明总量、影响力和成果转化方面具有相对优势，在发明质量、全球化和协同创新方面相对略有不足（图 5-1 至图 5-3）。

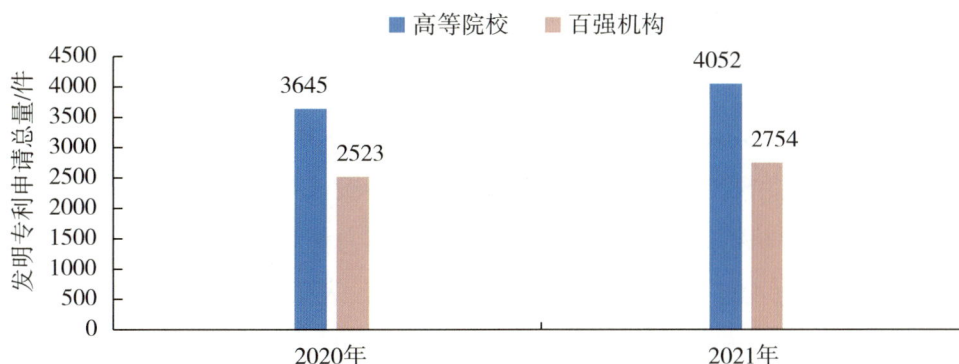

图 5-1　高等院校与长三角区域创新百强机构发明专利申请总量对比

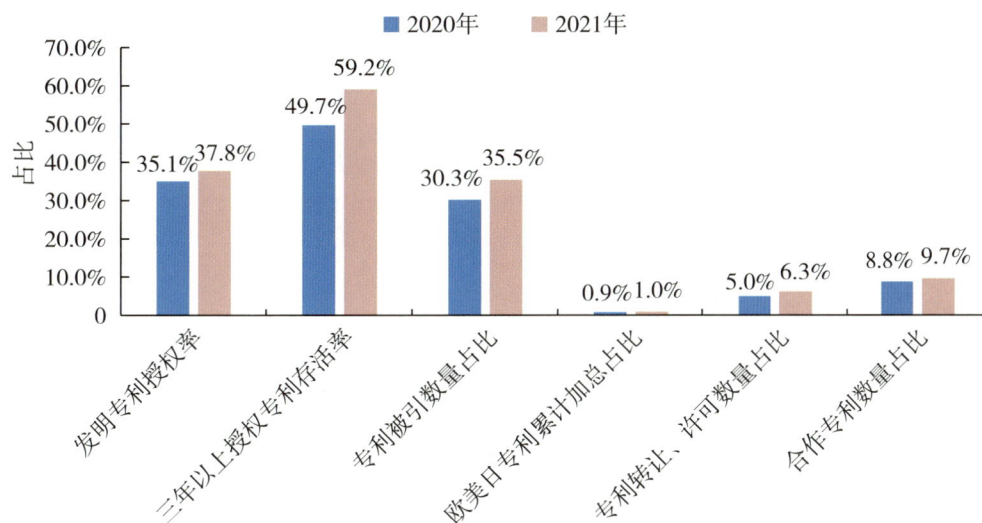

图 5-2　高等院校两年创新指标变化

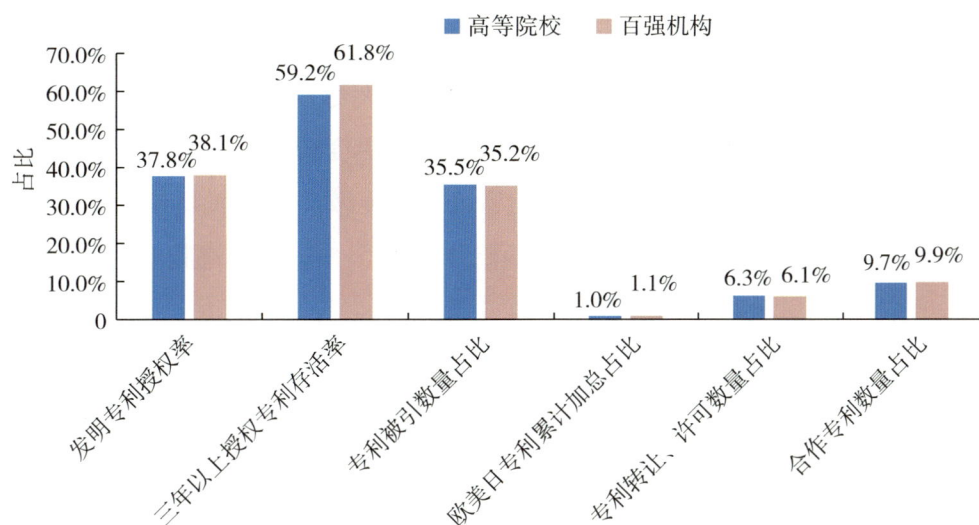

图 5-3　高等院校与长三角区域创新百强机构创新指标对比

5.2 高等院校区域分布

从地区分布来看，2021年长三角区域创新百强机构高等院校中，江苏省入选高等院校27家，上海市和浙江省入选高等院校均为14家，安徽省入选高等院校6家，江苏省高等院校表现亮眼。与2020年相比，三省一市机构数量表现不一，其中江苏省总量仍最多，虽然比2020年减少1家，占全部入围高校的比例为44%；上海市比上年减少2家，表现略微偏弱；浙江省比上年增长1家，四地排名比上年提升一位，与上海持平；安徽省虽然总量不多，但比上年增加1家（表5-1）。

表5-1 2020年、2021年长三角区域创新百强机构高等院校地区分布   单位：家

	上海市	江苏省	浙江省	安徽省	合计
2020年	16	28	13	5	62
2021年	14	27	14	6	61
2021年比上年变化情况	减少2家	减少1家	增加1家	增加1家	减少1家

5.3 高等院校维度特征

5.3.1 发明总量

61家高等院校发明总量表现亮眼，2016—2020年发明总量为24.7万件，平均约为4052件/家，同比增长了11.2%，比科研机构增长得更多。长三角区域创新百强机构发明总量排名前34名的均为高等院校。高等院校中五年发明总量万件以上的机构有4家，分别是浙江大学、东南大学、上海交通大学、浙江工业大学（新增）；其中，浙江大学发明总量超过2万件。高等院校中前10名的发明总量占所有入选机构发明总量的四成，集中度较高。高等院校中仅有7家发明总量未超过1000件。高等院校发明总量的表现与梯级相关度较高，部属高校表现优异，排名前十的高等院校中有90%属于第一梯级，10%属于第二梯级；其中，部属高校有8家（图5-4）。

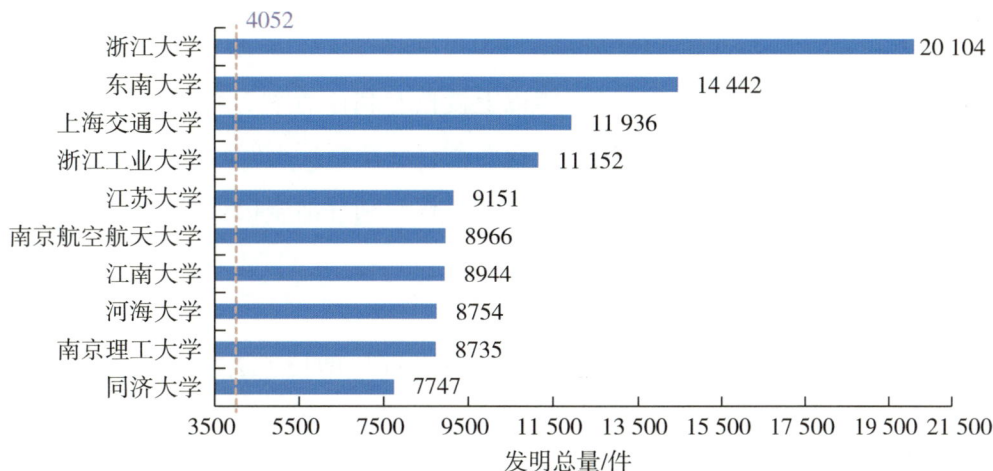

图 5-4　长三角区域创新百强机构高等院校发明总量 Top 10[①]

专栏 5-1：浙江大学——为长三角科创共同体"添砖加瓦"

在长三角科创版图上，浙江大学表现活跃，串起了高校、政府、企业和社会组织等多个主体。浙江大学先后与浙江省人民政府共建之江实验室、与杭州市人民政府共建杭州国际科技创新中心，还发起组建长三角研究型大学联盟，联合区域内"双一流"高校共建重大科技创新载体、共引高层次创新人才。长三角研究型大学联盟聚焦国家和区域重大战略需求，成立一年半以来共同谋划发布了两批 10 个重点合作项目，在不同领域取得了扎实成效。

浙江大学与上海的两个合作项目——浙江大学上海高等研究院和繁星科学基金，体现了学科交叉融合、政产学研高效互动。浙江大学上海高等研究院是浙江大学与上海市人民政府合作共建的一家新型研发机构，研究院以"计算+"为核心使命，旨在推动多学科、多领域、多行业的交叉融合，助力国家人工智能创新发展"上海高地"建设。另外，浙江大学教育基金会和繁星公益基金签署捐赠协议，设立"浙江大学上海高等研究院繁星科学基金"，首期 1 亿美元捐赠资金，将用于"计算+生物医疗""计算+农业食品""先进计算"三个创新实验室的科研项目。以往的基础研究，有赖于政府资金的投入，繁星科学基金则是政府、高校和市场力量合作的产物，体现了政产学研携手推进高水平科技创新的新思路。市场力量的加入，不仅使基础研究得到了更加充足的资金支持，也可以将市场化的理念和手段引入科研的组织管理、经营运作、需求对接等各方面，从而提升研究效率。

资料来源：根据新华每日电讯（http://www.news.zju.edu.cn/2021/0511/c775a2359882/page.htm）整理。

---

① 图中数据统计时间为 2016—2020 年，下同。

5.3.2 发明质量

发明质量维度包括发明专利授权率和三年以上授权专利存活率 2 个指标。整体来看，高等院校的发明质量指标高于上年，其中三年以上授权专利存活率指标增幅较大，表明高等院校维持发明专利持续有效的意愿增大；但高等院校三年以上授权专利存活率仍远低于科研机构。江苏省高等院校发明质量表现优异。

（1）发明专利授权率

高等院校 2016—2020 年发明专利授权率为 37.8%，同比增长了 2.7 个百分点；长三角区域创新百强机构发明专利授权率前 10 名里，高等院校仅有 1 所，为浙江大学，排名第八。发明专利授权率超过 50% 的高等院校没有，仅浙江大学的发明专利授权率接近 50%。发明专利授权率超过 40% 的高等院校有 16 家，占全部高等院校的 26.2%。高等院校发明专利授权率表现与梯级相关度较高，排名前十的高等院校中有 70% 属于第一梯级，30% 属于其他梯级；其中，部属高校有 6 家，位于江苏省的高校有 7 家，江苏省高等院校表现优异（图 5-5）。

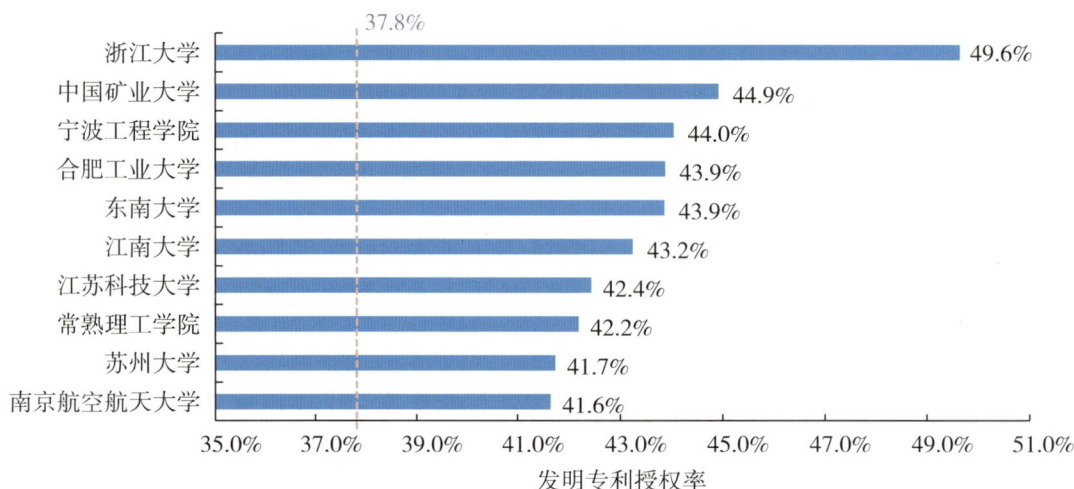

图 5-5　长三角区域创新百强机构高等院校发明专利授权率 Top 10

（2）三年以上授权专利存活率

高等院校三年以上授权专利存活率为 59.2%，同比大幅增长了 9.5 个百分点，但仍低于科研机构。三年以上授权专利存活率最高的高等院校，仅排在长三角区域创新百强机构的第 13 名，为常州大学。三年以上授权专利存活率为 100% 的高等院校没有，仅常州大学和中国科学技术大学的三年以上授权专利存活率超过 90%。高等院校三年以上授权专利存活率表现与梯级相关度一般，排名前十的高等院校中有 50% 属于第一梯级，20% 属于第二梯级，30% 属于第三梯级；其中，部属高校有 5 家，位于江苏省的高校有 7 家，江苏省高等院校表现优异（图 5-6）。

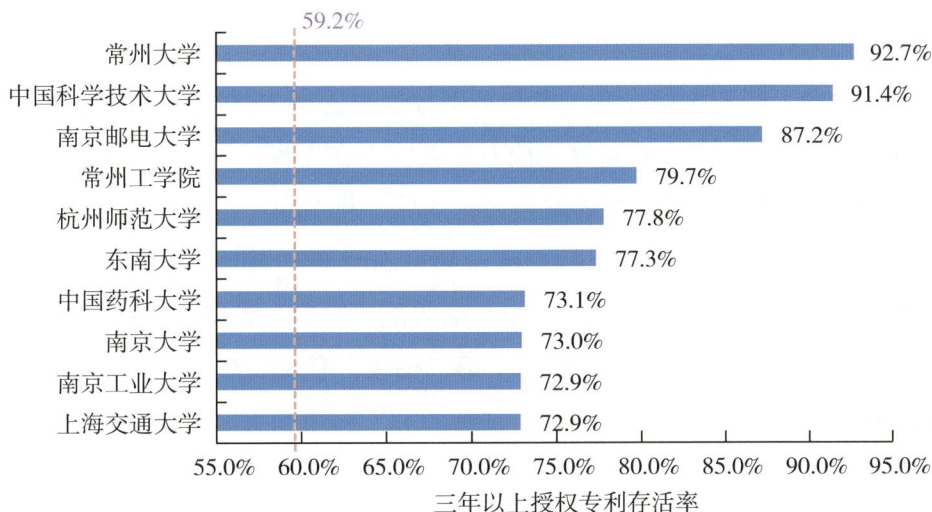

图 5-6 长三角区域创新百强机构高等院校三年以上授权专利存活率 Top 10

专栏 5-2：常州大学——发挥校企合作与校地合作优势，推进特色创新

常州大学作为江苏省人民政府与中石油、中石化、中海油共建的行业特色学校，石油石化特色已成为常州大学的核心竞争力。2021年9月，中石油与常州大学成立创新联合体，共创企校新型"产学研用"科技创新模式；2021年10月，由江苏省中以产业技术研究院和常州大学共同举办的"中以科创学院"正式揭牌成立，旨在为国家全面创新改革贡献江苏智慧、常州方案；2022年6月，中石化南京工程有限公司与常州大学签约战略合作协议，让"学校所能"和"企业所需"实现无缝对接，打造校企合作的"新典范"。学校通过与行政链、产业链等良性互动和同步运作，变服务为支撑，引领产业发展，近年来与国内50余家大型石油石化企业和50多个县区级以上政府建立了全面合作关系，与企业共建省级工程技术中心24个、校企联合研发中心48个、产学研基地536个、校企联盟446个。横向课题到款逐年递增10%以上，2021年学校再次荣获"中国产学研合作创新奖"。

常州大学商学院"蜀姜筑梦"团队，拥有6项发明专利，在川西贫困地区犍为县注册成立了蜀姜生物科技有限公司，以姜黄技术创新项目成功助力四川省犍为县产业精准扶贫，通过新型产学研模式，将高校科研优势与区域产业优势无缝对接，有效提高了高校的科研服务能力和成果转化效率。

资料来源：根据人民日报客户端（https://wap.peopleapp.com/article/rmh29566404/rmh29566404）整理。

5.3.3 影响力

高等院校影响力较上年有大幅提升，专利被引数量占比为 35.5%，首次反超科研机构，较上年快速增长了 5.2 个百分点，这说明高等院校专利影响力在逐步扩大。长三角区域创新百强机构专利被引数量占比指标前 10 名里，高等院校占据 5 席。排名第一的仍是中国矿业大学，其专利被引数量占比是长三角区域创新百强机构中唯一超过 50% 的机构。专利被引数量占比超过 40% 的高等院校有 13 家，占全部高等院校的 21.3%。高等院校影响力表现与梯级相关度较高，排名前十的高等院校中有 70% 属于第一梯级，30% 属于第二梯级；有 60% 位于江苏省，40% 位于上海市；其中，部属高校有 6 家。部属高校表现较好，江苏省和上海市高等院校排名靠前（图 5-7）。

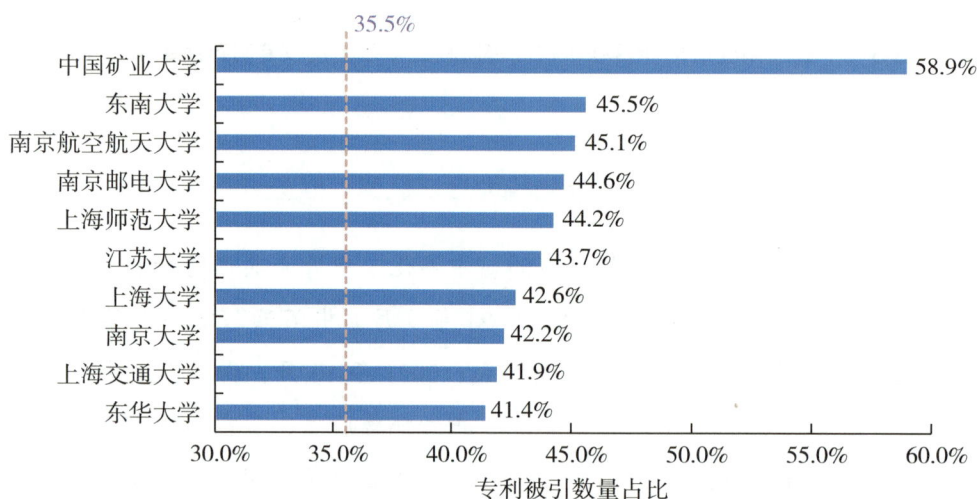

图 5-7 长三角区域创新百强机构高等院校专利被引数量占比 Top 10

专栏 5-3：中国矿业大学——重视知识产权布局，增强国际竞争力

中国矿业大学是教育部与江苏省人民政府、国家安全生产监督管理总局共建高校，入选"2020 年度国家知识产权示范高校"，这也是 2020 年被国家知识产权局、教育部联合认定为"国家知识产权信息服务中心"，被教育部认定为"高等学校科技成果转化和技术转移基地"之后，连续第三次被国家部委认定为科技成果管理及转化方面的平台。

长期以来，中国矿业大学一直高度重视知识产权工作、稳定有效的资助政策，在做好国内发明专利申请的同时，重点围绕矿业、安全、机械、电气等学科，加强海外专利布局，增强了相关领域在国际上的竞争力。

"十三五"期间，中国矿业大学国内发明专利授权量一直列全国前 30 名左右，PCT 申请公开数量连续四年进入全球教育机构前 20 名、中国高校前 10 名。2018 年，PCT 专利申请排前 50 名的教育机构涵盖了 10 个国家，其中中国高校入围 10 所，包括中国矿业大学在内的 4 所中国高校首次晋级全球前十，前 10 名高校中，有 5 所来自美国，4 所来自中国。

资料来源：根据科教头条（https://baijiahao.baidu.com/s?id=1681761314869530281&wfr=spider&for=pc）整理。

5.3.4 协同创新

协同创新维度包括合作专利数量占比和专利转让、许可数量占比 2 个指标。整体来看，高等院校的协同创新维度指标均有所增长，但都不足 10%，这说明高等院校在协同创新方面还有进一步的发展空间。高等院校的专利转让、许可数量占比指标表现较好，尤其是地方高等院校。在地方高等院校中，江苏省所属高等院校的专利转让、许可数量占比情况表现较好。

（1）合作专利数量占比

高等院校合作专利数量占比为 9.7%，较上年增长了 0.9 个百分点，但仍低于科研机构。所有高等院校均有合作申请专利的记录，长三角区域创新百强机构中合作专利数量占比前 10 名里，高等院校占 4 席，最高排名是第 3 名。高等院校中合作专利数量占比排名第一的是江苏海洋大学，其是唯一一个合作专利数量占比超过 30% 的高等院校。高等院校合作专利数量占比与梯级相关度不高，排名前十的高等院校中有 30% 属于第一梯级，40% 属于第二梯级，20% 属于第三梯级，10% 属于第四梯级；其中，部属高校有 5 家，位于江苏省的高校有 5 家，江苏省高等院校表现优异（图 5-8）。

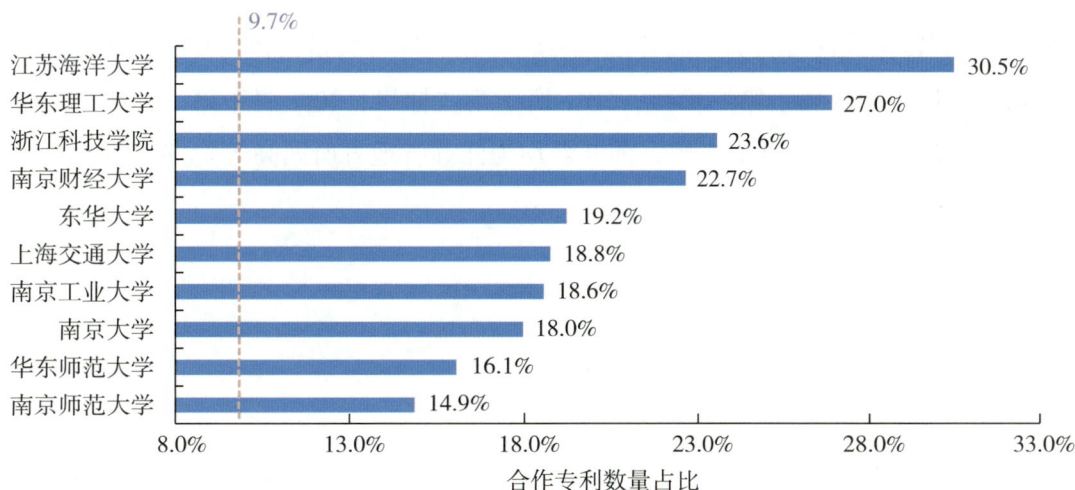

图 5-8　长三角区域创新百强机构高等院校合作专利数量占比 Top 10

专栏 5-4：江苏海洋大学——加强与本地中小企业产学研合作

江苏海洋大学作为连云港市赣榆区的高校，与赣榆区建立了紧密的全面战略合作关系，对赣榆区科技创新工作给予了广泛的支持，取得了丰硕的成果。2021 年以来，赣榆区与江苏海洋大学共举办产学研对接会 26 场次，取得 40 项产学研合作成果。2022 年 5 月，为贯彻连云港市人民政府"纾困解难，服务发展"第二届"中小企业服务月"活动主题，在新召开的产学研对接会上，江苏海洋大学专家学者与赣榆区企业深入交流、共商合作，组织线上线下产学研活动，并现场组织各位专家按产业技术领域分组到企业现场考察后与赣榆高新开发区技术产业园内 10 家企业达成合作协议，进行现场签约，帮助科技型中小企业梳理研发课题和科技成果转化项目，建立完善研发机构，培育高新技术企业，引进科技人才，提高企业技术创新能力，助力企业转型升级。多次举办的产学研对接交流活动，是校地双方深化合作、互惠共赢的重要体现。

资料来源：根据网易号（https://www.163.com/dy/article/H8T1KHHA0532JTM3.html）整理。

（2）专利转让、许可数量占比

高等院校专利转让、许可数量占比为 6.3%，较上年增长了 1.3 个百分点，高于科研机构。长三角区域创新百强机构专利转让、许可数量占比前 10 名里，高等院校占 8 席，排名第一的仍是南京林业大学，其专利转让、许可数量占比达到 47.4%，比上年略有降低，但仍远超整体平均水平。专利转让、许可数量占比超过 20% 的 4 家机构全部为高等院校。高等院校中仅有 1 家 5 年内没有进行过专利转让或许可行为。高等院校专利转让、许可数量占比与梯级相关度较低，排名前十的高等院校中有 20% 属于第一梯级，30% 属于第二梯级，40% 属于第三梯级，10% 属于第四梯级；其中，没有一家属于部属高校，前 8 名均为江苏省地方所属高等院校（图 5-9）。

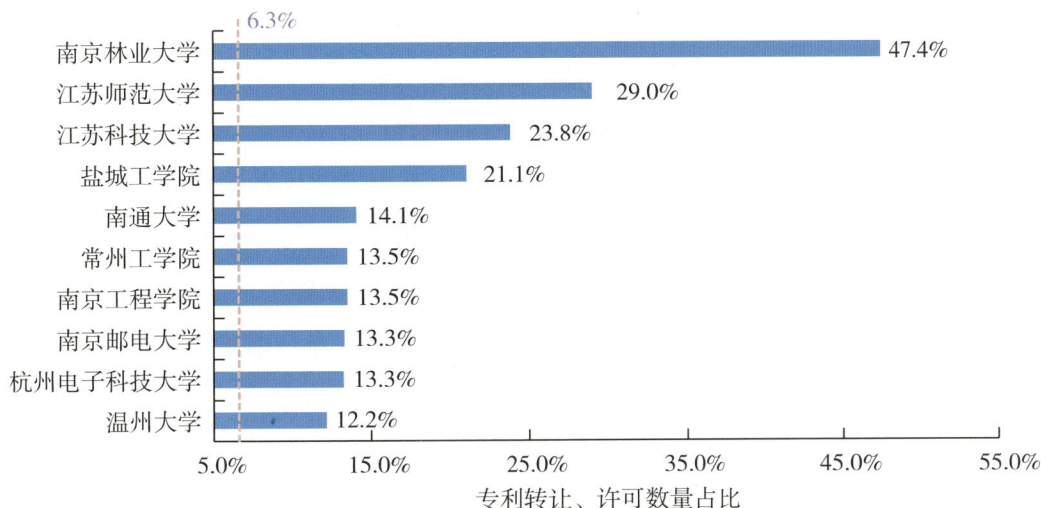

图 5-9　长三角区域创新百强机构高等院校专利转让、许可数量占比 Top 10

专栏 5-5：南京林业大学——科技推广之路

　　自 20 世纪 70 年代以来，南京林业大学通过完善科研管理与成果转化的体制机制等举措，开展科技成果转化与推广，在助推林业生态建设和产业发展方面取得了重要成就，产生了巨大的经济效益和社会效益。南京林业大学开展科技推广特别关注 3 项内容：学校上下达成共识——科技服务在增强学校社会影响力方面发挥着重要作用；科技部门积极指导，发挥好桥梁纽带作用；改进完善机制，调动科技人员服务社会的积极性。

　　一是依托传统基地，持续进行科技推广。自 20 世纪 80 年代开始，南京林业大学一批专家学者先后在多地建立起科研试验与成果推广基地并取得成功。例如，以王明麻院士领衔的科研团队在苏北泗阳等地建立杨树试验基地，30 多年来持续发挥杨树新品种试验和推广作用。在原有基础上，建成了亚洲最大的美洲黑杨种质资源库和国家级杨树良种基地，先后选育推广杨木新品种 10 余个，并形成了杨树资源培育和加工一体化的产业链，成为我国平原林业和林业产业发展的典范。

　　二是校地（企）合作，推进科技成果转化。南京林业大学通过与地方政府或企业合作，以共建研发基地或提供技术服务等形式，促进学校科技成果向生产实践转化。近年来，南京林业大学先后与内蒙古、广西等 40 余个地方政府或企业签订了全面合作协议，与 400 余家企业建立了校企联盟，在相互合作中成功实现了科技成果转化。例如，施季森教授带领的研究团队以细胞工程种苗繁育技术与福建金森林业股份有限公司合作，建成了年产 2000 万株的鹅掌楸苗木生产基地，成为国内首个应用细胞工程技术实现林木种苗产业化最大规模的生产项目，也是林业资源培育企业转化先进科技成果的典型，生产的苗木在福建、江苏、江西等地速生丰产林建设和城市绿化中得到广泛应用。

三是建设示范工程，带动科技成果转移推广，让科技成果尽快转变成实实在在的生产力。例如，张齐生院士带领的研究团队，成功研发了不外加能源和任何催化剂，实现林农加工剩余物经热解气化电、炭、肥、热等联产的"林农生物质气化多联产技术"，这是一项既经济又环保的技术。为使成果得到推广应用，研究团队在河北建立示范点，以此宣传带动成果的进一步推广，在河北承德华净活性炭有限公司以杏仁壳为原料建立了"3兆瓦杏壳发电联产活性炭、热、肥综合利用示范工程"，这是世界首创采用热解气化发电联产活性炭、肥、热工业化项目。项目每年发电2.1万度，生产活性炭0.6吨、热水20万吨、液体肥约1.5吨，总产值达1.5亿元。项目显现的巨大经济效益和生态效益，产生了良好的示范效应。随后该技术在湖南、江西、浙江等省份，以及捷克、安哥拉、孟加拉国、刚果（金）等国家得到运用。目前在国内外已建成20余条生产线。

南京林业大学取得的一批重要专利成果，为我国林业和生态文明建设做出了应有的贡献，先后获农业农村部"全国农牧渔业丰收奖"，连续多年获江苏省"挂县强农富民工程突出贡献单位"称号，获广东省中山市、安徽省黄山市产学研合作奖，学校技术转移中心成为省级技术转移中心和国家技术转移示范机构。

资料来源：根据中国林业新闻网（http://www.greentimes.com/green/news/kejiao../gxzd/content/ 2017-09/01/content_365043.htm）整理。

5.3.5 全球化

高等院校全球化表现较上年略有提升，但全球重点区域专利布局仍是短板。高等院校欧美日专利累计加总占比为1.0%，较上年略微增长了0.1个百分点。长三角区域创新百强机构欧美日专利累计加总占比指标前10名里，高等院校占4席，最高排名是第4位。欧美日专利累计加总占比排名第一的高等院校为中国矿业大学，未超过5%。有3家高等院校没有进行过全球专利布局，该占比较上年有所减少。高等院校全球化表现与梯级相关度较高，部属高校表现突出，排名前十的高等院校中有60%属于第一梯级，20%属于第二梯级，20%属于第三梯级；其中，部属高校有8家，位于江苏省的高校有5家（图5-10）。

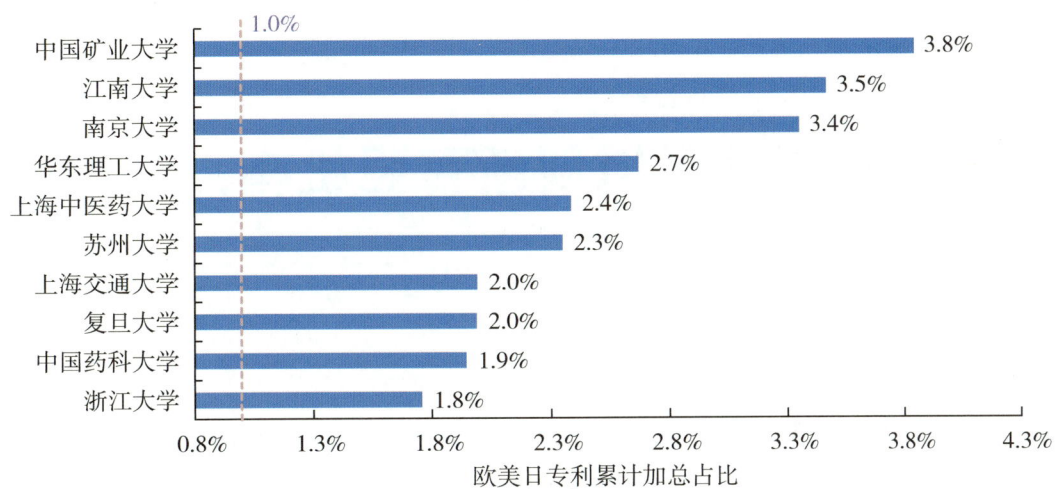

图 5-10　长三角区域创新百强机构高等院校欧美日专利累计加总占比 Top 10

第六章 长三角区域创新百强机构：院所图谱

本章对长三角区域科研机构进行图谱分析，从科研机构的整体情况、梯级表现、地区分布，特别是五大创新维度和 7 个创新指标等方面，系统梳理科研机构创新情况，重点挖掘科研机构创新特征，为更好地发挥科研机构推动创新作用，强化长三角区域科技创新供给提供参考。

6.1 科研机构综合表现

从入选数量来看，科研机构入选机构总数为 39 家，较上年增加 1 家；其中包含 16 家中国科学院所属科研机构，数量与上年持平，占所有入选科研机构的 41%。居于第一梯级的科研机构为 9 家，较上年减少 2 家；居于第二、第三、第四梯级的分别有 10 家、9 家、11 家，梯级分布相对均衡。从总体创新指标表现来看，科研机构 5 个维度的 7 个指标较上年均有所提升，表明长三角地区科研机构综合创新水平全面提升；与百强机构整体创新水平相比，科研机构的发明专利授权率、三年以上授权专利存活率、欧美日专利累计加总占比、合作专利数量占比这 4 个指标表现优于百强机构，科研机构的发明专利申请总量，专利被引数量占比，专利转让、许可数量占比这 3 个指标表现略低于百强机构，表明科研机构在发明质量、全球化和协同创新方面具有相对优势，在发明总量、影响力和成果转化方面相对略有差距（图 6-1 至图 6-3）。

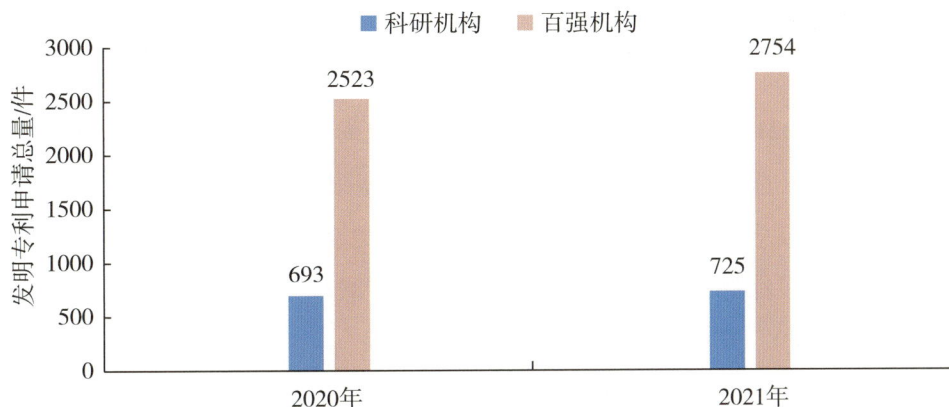

图 6-1　科研机构与长三角区域创新百强机构发明专利申请总量对比

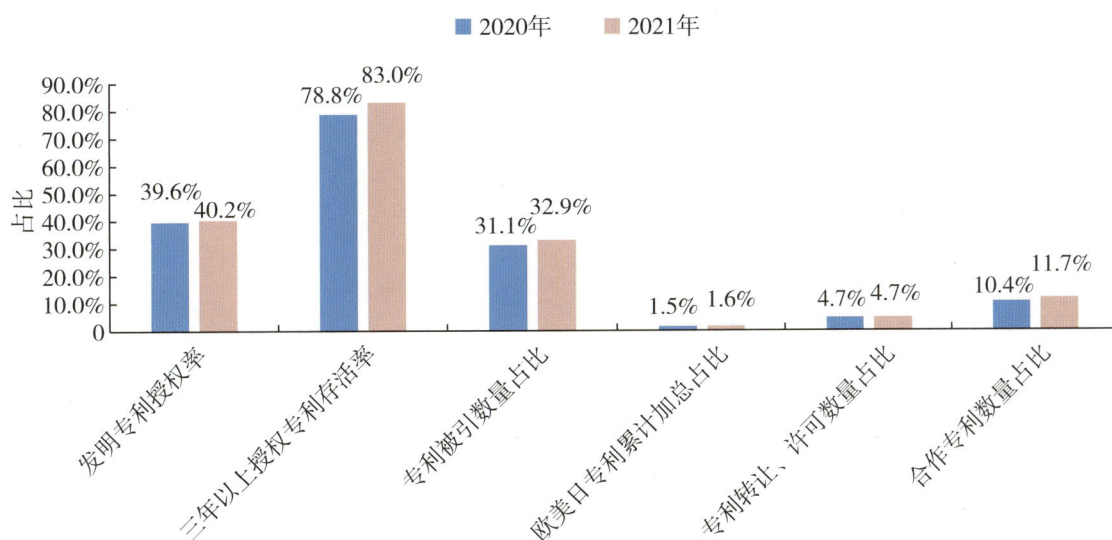

图 6-2　科研机构两年创新指标变化

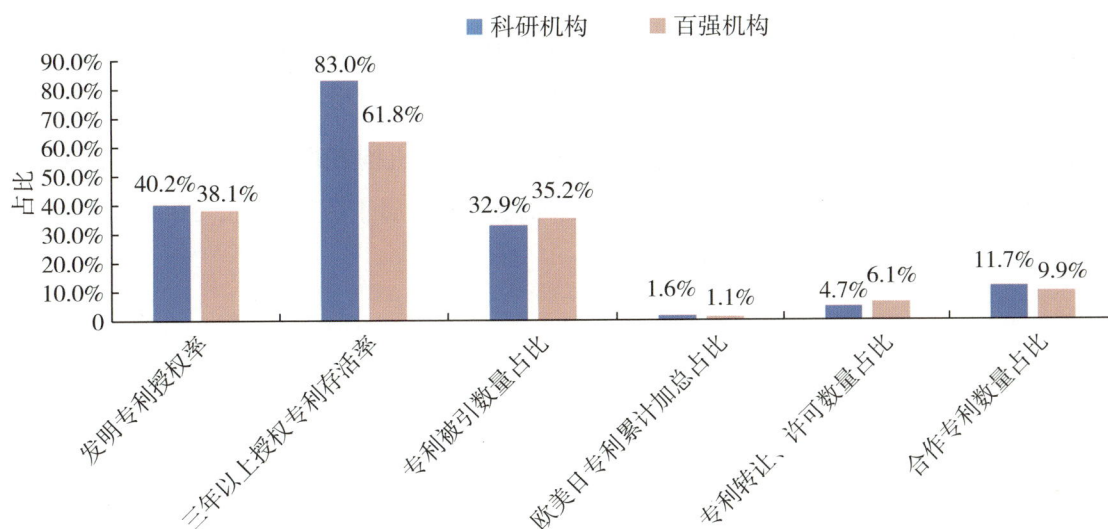

图 6-3　科研机构与长三角区域创新百强机构创新指标对比

6.2 科研机构区域分布

从地区分布来看，2021 年长三角区域创新百强机构上海市入选 18 家，江苏省入选 12 家，浙江省入选 5 家，安徽省入选 4 家，上海市科研机构表现亮眼。与 2020 年相比，三省一市机构数量表现不一，其中上海市总量仍最多，且比 2020 年增加 2 家，占全部入围科研机构的 46%；江苏省比上年度减少 1 家，表现略微偏弱；浙江省比上年度减少 1 家；安徽省虽然总量不多，但比上年度增加 1 家（表 6-1）。

表 6-1　2020 年、2021 年长三角区域创新百强机构科研机构地区分布　　　　单位：家

	上海市	江苏省	浙江省	安徽省	合计
2020 年	16	13	6	3	38
2021 年	18	12	5	4	39
2021 年比上年变化情况	增加 2 家	减少 1 家	减少 1 家	增加 1 家	增加 1 家

6.3 科研机构维度特征

6.3.1 发明总量

39 家科研机构 2016—2020 年发明总量约为 2.8 万件，平均约为 725 件/家，同比增长了 4.6%，显著低于高等院校；发明总量最多的科研机构——中国科学院合肥物质科学研究院，发明总量为 2434 件，仍低于长三角区域创新百强机构发明总量平均值，在长三角区域创新百强机构中排名第 35 位。科研机构中发明总量 1000 件以上的机构有 9 家，和上年数量持平；其中，中国科学院所属机构有 6 家。发明总量超过 2000 件的科研机构仅有 2 家，均为中国科学院所属机构。科研机构发明总量表现与梯级相关度一般，中国科学院所属机构表现优异。发明总量排名前十的科研机构中有 50% 属于第一梯级，20% 属于第二梯级，10% 属于第三梯级，20% 属于第四梯级；其中，中国科学院所属机构有 6 家（图 6-4）。

图6-4　长三角区域创新百强机构科研机构发明总量 Top 10

中国科学院合肥物质科学研究院　2434
中国科学院宁波材料技术与工程研究所　2237
江苏省农业科学院　1573
中国科学院上海微系统与信息技术研究所　1279
中国科学院上海硅酸盐研究所　1236
中国科学院苏州纳米技术与纳米仿生研究所　1103
上海卫星工程研究所　1085
中国科学院上海光学精密机械研究所　1036
中国电子科技集团公司第四十一研究所　1024
安徽省农业科学院　965

725

500　700　900　1100　1300　1500　1700　1900　2100　2300　2500
发明总量/件

专栏 6-1：中国科学院合肥物质科学研究院——院地合作共建新型研发机构

　　中国科学院合肥物质科学研究院与合肥市人民政府共建了新型研发机构——中科合肥技术创新工程院（以下简称"合肥创新院"），积极探索打造产业链创新链"双链"协同模式，推动科技"势能"转化为产业发展"动能"。先后获批建设国家级平台8个、省级平台12个、市级平台8个。聚焦新能源汽车和智能网联汽车、工业互联网、精准肿瘤医疗产业等合肥市战新产业，建立产业关键共性技术研发中心、工程实验室14个，培育孵化科技型企业300多家，其中国家高新技术企业43家，合肥市高成长企业8家。

　　合肥创新院在市场化薪酬、成果转化奖励、多元股权投资、人才引进机制等方面创新改革，成功入选2018年国家发展改革委《全面创新改革试验百佳案例》，是安徽省唯一入选的成果转化案例。围绕科技成果转化，构建"技术孵化—技术转化—企业孵化—创业投资"四位一体的创新机制，初步形成了创新链、产业链、人才链、资本链、服务链五大要素紧密融合的"科创＋产业"生态体系。

　　合肥创新院打造合肥市科技成果转化中试基地等创新服务平台，围绕新能源汽车和智能网联汽车产业，组建了中德合作新能源汽车高压零部件检测实验室，搭建起国家工业互联网标识解析二级节点，孵化了中科美络、中科海奥、中科中涣、中科智驰等充电设施、电池能源、应用场景、检测认证产业链领军企业；围绕精准肿瘤医疗产业，成功组建安徽省精准肿瘤医疗装备创新中心，孵化了中科普瑞昇、中科金臻、中科易康达、中科本元、中科爱生等肿瘤"预防早筛、精准诊断、精准治疗、康复治疗"的产业链领军企业。

　　合肥创新院建立从关键技术研发中心、众创空间、孵化器到加速器的科技成果转化链条，打造产业情报中心、知识产权与标准化运营中心、测试认证中心、管理咨询中心、科技成果评价中心等公共服务平台，搭建合肥重点产业与中科院系统创新资源协同发展桥梁，现已成为全市数字经济与生命健康领域科技创新发展的综合枢纽。

资料来源：根据《潇湘晨报》（https://baijiahao.baidu.com/s?id=1736240144140890559&wfr = spider&for=pc）整理。

6.3.2 发明质量

发明质量维度包括发明专利授权率和三年以上授权专利存活率 2 个指标。整体来看，科研机构的发明质量指标高于上年，其中三年以上授权专利存活率指标增长更多；科研机构发明质量维度的指标均好于高等院校，符合科研机构发明体量小、质量高的特征。

（1）发明专利授权率

科研机构 2016—2020 年发明专利授权率为 40.2%，同比增长了 0.6 个百分点，比高等院校高 2.4 个百分点。长三角区域创新百强机构发明专利授权率前 10 名里，科研机构占据 9 席。有 7 家科研机构的发明专利授权率超过 50%，排名第一的仍是浙江省海洋水产研究所，其发明专利授权率达到 63.6%，比上年有所提高。发明专利授权率超过 40% 的科研机构有 18 家，占全部科研机构的 46.2%。科研机构发明专利授权率的表现与梯级相关度一般，排名前十的科研机构中有 40% 属于第一梯级，40% 属于第二梯级，10% 属于第三梯级，10% 属于第四梯级；其中，中国科学院所属科研机构有 5 家，位于上海市的科研机构有 7 家（图 6-5）。中国科学院所属机构表现较好，上海市科研机构表现优异。

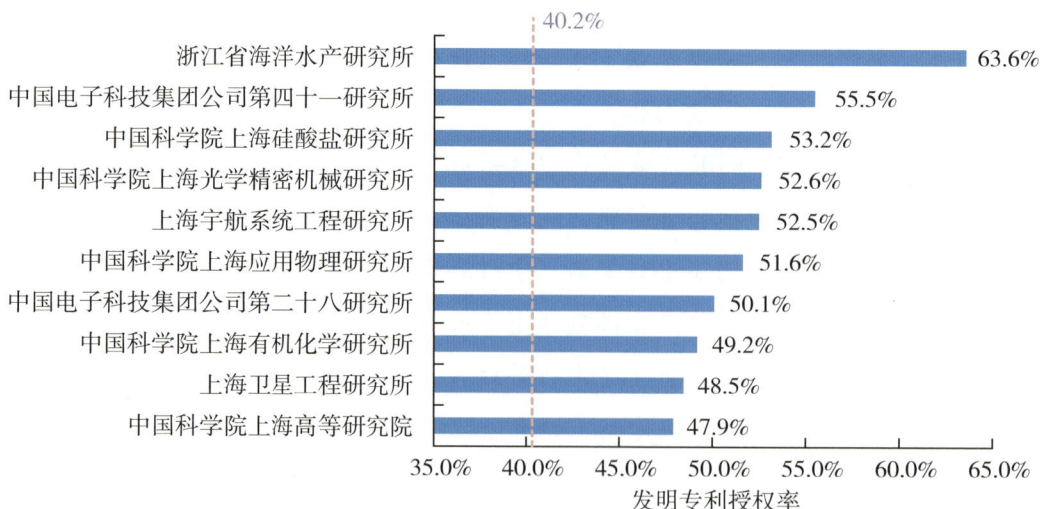

图 6-5　长三角区域创新百强机构科研机构发明专利授权率 Top 10

（2）三年以上授权专利存活率

科研机构三年以上授权专利存活率为 83.0%，同比增长了 4.2 个百分点，比高等院校高 23.8 个百分点。在长三角区域创新百强机构中，三年以上授权专利存活率前 10 名均为科研机构。有 5 家科研机构的三年以上授权专利存活率达到 100%，其中，中国电子科技集团公司所属机构有 3 家，上海市科研机构有 3 家。有 17 家科研机构的三年以上授权专利存活率超过 90%，占全部科研机构的 43.6%。科研机构三年以上授权专利存活率表现与梯级相关度较低，排名前十的科研机构中有 30% 属于第一梯级，20% 属于第二梯级，10% 属于第三梯级，40% 属于第四梯级；其中，中国科学院所属科研机构有 3 家，中国电子科技集团公司所属科研机构有 5 家；上海市和江苏省科研机构各有 4 家（图 6-6）。中国电子科技集团公司所属科研机构表现优异。

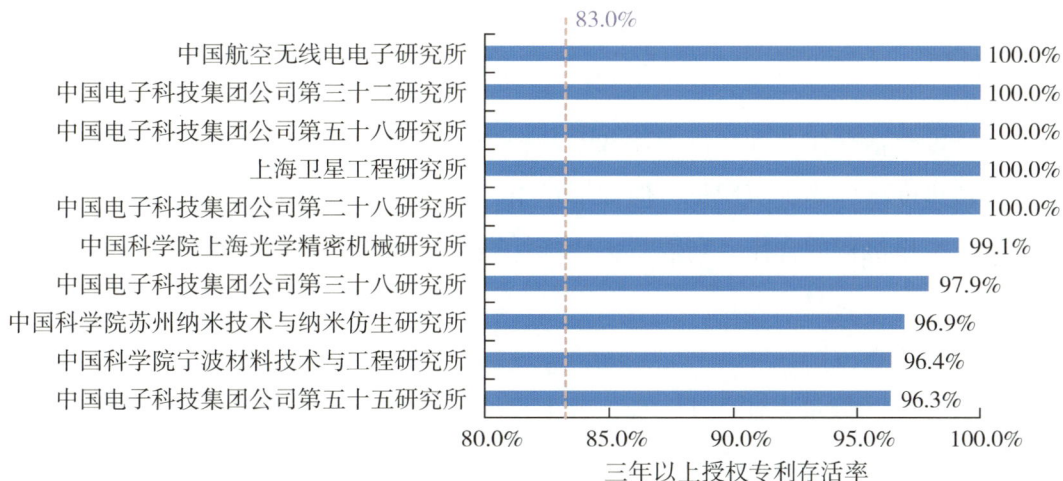

图 6-6 长三角区域创新百强机构科研机构三年以上授权专利存活率 Top 10

6.3.3 影响力

科研机构影响力较上年有所提升，但提升幅度不如高等院校。科研机构专利被引数量占比为 32.9%，较上年增长了 1.8 个百分点，比高等院校低 2.6 个百分点。长三角区域创新百强机构专利被引数量占比指标前 10 名里，科研机构占据 5 席。专利被引数量占比超过 50% 的科研机构没有，仅中国科学院上海高等研究院的专利被引数量占比接近 50%。专利被引数量占比超过 40% 的科研机构有 8 家，占全部科研机构的 20.5%。科研机构影响力表现与梯级相关度较高，排名前十的科研机构有 60% 属于第一梯级，40% 属于第二梯级；其中，中国科学院所属科研机构有 9 家，位于上海市的科研机构有 5 家（图 6-7）。中国科学院所属科研机构表现非常突出，上海市科研机构表现优异。

图 6-7　长三角区域创新百强机构科研机构专利被引数量占比 Top 10

6.3.4　协同创新

协同创新维度包括合作专利数量占比和专利转让、许可数量占比 2 个指标。整体来看，科研机构的协同创新维度指标均有所增长，但都不足 10%，这说明科研机构在协同创新方面还有进一步的发展空间。科研机构的合作专利数量占比指标表现较优，尤其是中国科学院所属科研机构及上海市科研机构。

（1）合作专利数量占比

科研机构合作专利数量占比为 11.7%，较上年增长了 1.3 个百分点，比高等院校高 2 个百分点；所有科研机构均有合作申请专利的记录。长三角区域创新百强机构合作专利数量占比前 10 名里，科研机构占 6 席，其中第一、第二名都是科研机构。排名第一的科研机构仍是中国科学院上海药物研究所，其合作专利数量占比达到 41.5%，比上年有所提高，是长三角区域创新百强机构中唯一一个超过 40% 的机构。除中国科学院上海药物研究所外，合作专利数量占比超过 30% 的科研机构仅有 1 家，为中国科学院微小卫星创新研究院。科研机构合作专利数量占比与梯级相关度不高，排名前十的科研机构中有 40% 属于第一梯级，20% 属于第二梯级，10% 属于第三梯级，30% 属于第四梯级；其中，中国科学院所属科研机构有 6 家。排名前十的机构中位于上海市的有 5 家（图 6-8）。中国科学院所属科研机构表现优异，上海市科研机构表现较好。

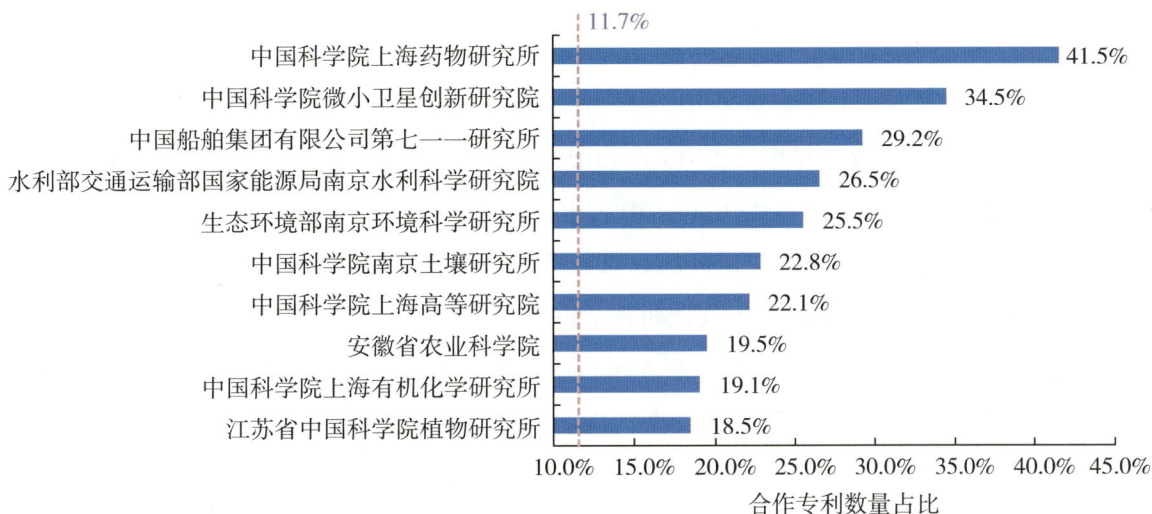

图 6-8　长三角区域创新百强机构科研机构合作专利数量占比 Top 10

（2）专利转让、许可数量占比

科研机构专利转让、许可数量占比为 4.7%，与上年基本持平，比高等院校低 1.6 个百分点。长三角区域创新百强机构专利转让、许可数量占比前 10 名里，科研机构仅占 2 席，最高排名为第 5 名。专利转让、许可数量占比超过 20% 的科研机构没有，有 3 家科研机构的专利转让、许可数量占比超过 10%。有 5 家科研机构 5 年内没有进行过专利转让或许可行为。科研机构专利转让、许可数量占比与梯级相关度一般，排名前十的科研机构中有 40% 属于第一梯级，40% 属于第二梯级，10% 属于第三梯级，10% 属于第四梯级；60% 位于江苏省，40% 位于上海市；其中，中国科学院所属科研机构有 5 家，中国电子科技集团公司所属科研机构有 3 家（图 6-9）。中国科学院所属科研机构表现较好，位于江苏省的科研机构表现突出。

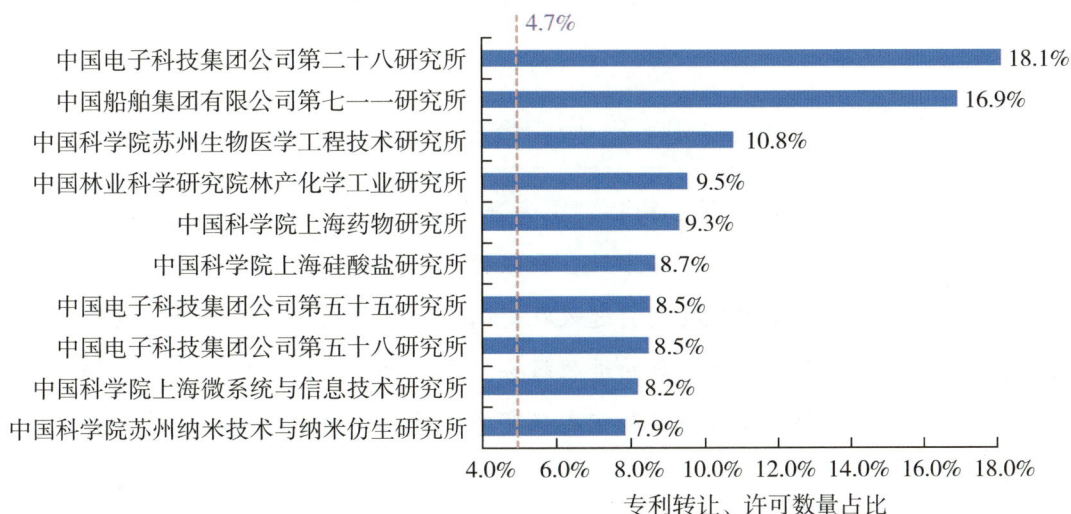

图 6-9　长三角区域创新百强机构科研机构专利转让、许可数量占比 Top 10

6.3.5 全球化

科研机构全球化表现较上年略有提升，但全球重点区域专利布局仍是短板。科研机构欧美日专利累计加总占比为1.6%，较上年增长了0.1个百分点，比高等院校高0.6个百分点。长三角区域创新百强机构欧美日专利累计加总占比指标前10名里，科研机构占6席，其中前3名均为科研机构。排名第一的仍是中国科学院上海药物研究所，其欧美日专利累计加总占比是长三角区域创新百强机构中唯一超过10%的机构，远远高于其他机构。除中国科学院上海药物研究所外，有2家科研机构的欧美日专利累计加总占比超过5%。有5家科研机构没有进行过全球专利布局，较上年稍有减少。科研机构全球化表现与梯级相关度较高，排名前十的科研机构中有70%属于第一梯级，20%属于第二梯级，10%属于第三梯级；其中，中国科学院所属科研机构有9家，位于上海市的科研机构有6家（图6-10）。中国科学院所属科研机构表现十分亮眼，上海市科研机构表现突出。

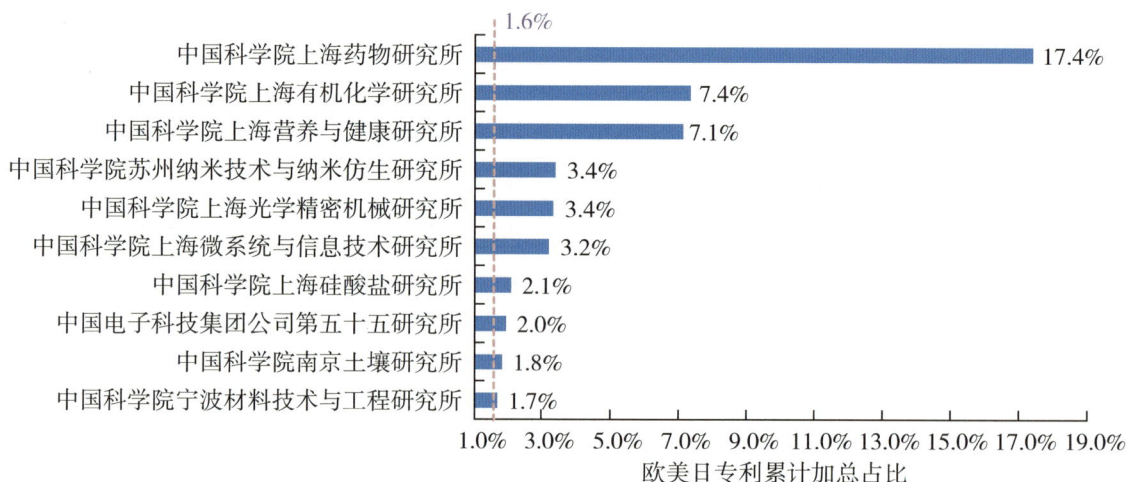

图6-10 长三角区域创新百强机构科研机构欧美日专利累计加总占比 Top 10

专栏6-2：中国科学院上海药物研究所——积极开展国际合作与交流

中国科学院上海药物研究所（简称"上海药物所"）按照"实质合作、注重实效、创新跨越、持续发展"的国际化战略方针，积极开展国际合作与交流工作。随着上海药物所科研水平的提高，国际合作从技术引进吸收走向共同合作创新，为药物研发达到国际水平、与国际标准接轨、参与国际竞争的进程服务。国际合作模式也从单纯项目转让向共同研发转变；从单边合作向共建联合实验室或研究中心转变；由被动转让向建立自己的国际转化平台努力。

上海药物所与国际知名大学、研究机构、跨国制药公司开展从靶标发现到新药开发，从合作研究到成果转化等多领域、全方位合作；与加拿大渥太华大学共建"系统和个性化药理学联合研究中心"、与澳大利亚格里菲斯大学共建"药物发现联合实验室"、与法国施维雅共建"早期药物代谢和毒性评价联合实验室"；积极参与组建国际性非营利开发资源合作组织"GPCR 研究联盟"。

在"一带一路"倡议指引下，上海药物所积极拓展与"一带一路"沿线国家大学与科研机构的科技交流与合作渠道。参与中科院中亚中心建设；发起成立"泛巴尔干地区天然产物与新药发现联盟""中俄天然产物与新药发现联盟"；与塞尔维亚贝尔格莱德大学 Sinisa Stankovic 生物科学研究所、北马其顿圣基里尔和麦托迪大学药学院等签署合作备忘录等。

资料来源：根据中国科学院上海药物研究所网站（http://www.simm.cas.cn/web/hzjl/gjhz/gk/?id=gk）整理。

第七章　长三角区域创新百强机构：产业图谱

本章对百强入选机构近 5 年的发明总量进行了深入分析，将其所属的国际专利分类与国民经济行业分类进行匹配，并进一步匹配和筛选出其中的战略性新兴产业类别，以此描绘长三角区域创新百强机构在战略性新兴产业中的专利研发图谱，并进一步分析百强入选机构在集成电路、人工智能和生物医药三大重点产业领域的专利研发产出，借此反映长三角区域创新百强机构的专利产出对战略性新兴产业及三大重点产业的支撑情况。

7.1　百强机构战略性新兴产业区域图谱

为了清晰地描绘长三角高校和科研机构在战略性新兴产业领域的专利产出情况，分析其对产业的支撑效应，本章依据国家知识产权局发布的《国际专利分类与国民经济行业分类参照关系表（2018）》和国家统计局发布的《战略性新兴产业分类（2018）》，以"国民经济行业代码"为媒介进行二次匹配，统计出百强入选机构近 5 年（2016—2020 年）已公开的发明专利与实用新型专利申请（合并同族专利）所属的战略性新兴产业具体行业。匹配结果显示，长三角区域创新百强机构近 5 年公开的专利申请集中在八大领域，极少涉及"相关服务业"，因此本章主要就相关服务业以外的八大战略性新兴产业领域展开分析。

党的十九届五中全会提出建设"制造强国"，发展战略性新兴产业，重点布局包括芯片、集成电路等面临"卡脖子"问题的关键领域，以及新一代信息技术、新材料、高端装备制造业等代表产业链升级大方向的重点领域；同时，进一步完善产业发展环境，强化科技创新能力，提升产业创新活力。战略性新兴产业是长三角一体化的重点发展领域，集中体现了新兴科技和新兴产业的深度融合，是推动产业结构调整的重要力量。《中华人民共和国国民经济和社会发展第十四个五年规划和 2035 年远景目标纲要》指出，要推动战略性新兴产业增加值占 GDP 比重超过 17%。

地方各省市"十四五"规划也都对战略性新兴产业的创新发展做出了规划部署。

战略性新兴产业具有明显的创新驱动特征，风险性大、竞争性强、高强度的研发投入依赖于创新成果的知识产权化以保护技术创新成果、化解投资风险、提升企业核心竞争力。因此，专利已成为新兴产业领域竞争的焦点之一，发明专利申请量增速显著加快，数倍于同期传统产业领域发明专利申请平均增速。据统计，截至2021年6月底，在我国国内（不含港澳台）有效发明专利中，战略性新兴产业领域发明专利达到73.1万件，较"十三五"期末增加5.3万件。[①] 高校和科研机构是战略性新兴产业专利研发产出的重要来源之一。高校院所在战略性新兴产业专利产出的数量和领域分布，在一定程度上反映了其所在地区战略性新兴产业研发创新的规模和特点。

总体上看，长三角区域创新百强机构的专利产出对新一代信息技术产业、高端装备制造产业、新材料产业、生物产业、新能源汽车产业、新能源产业、节能环保产业、数字创意产业等八大战略性新兴产业都提供了较大力度的支撑。其中，高端装备制造产业、节能环保产业、生物产业领域的发明总量规模最大，新能源产业、新材料产业等也显示出了较强的研发实力（图7-1）。

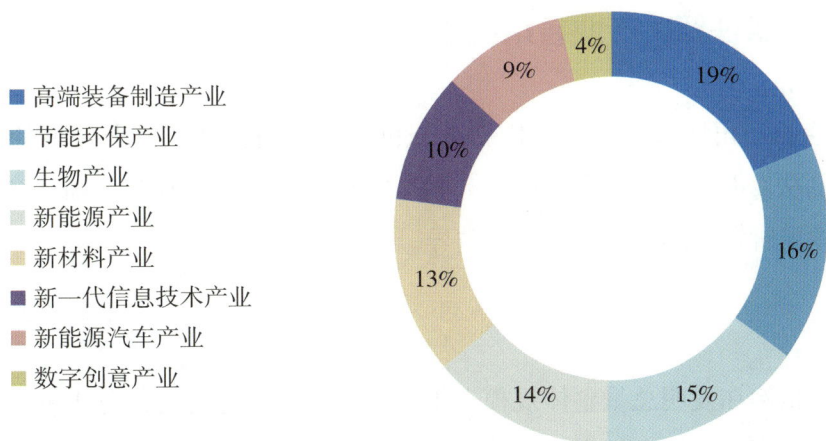

图7-1　长三角区域创新百强机构战略性新兴产业发明总量占比

比较长三角区域三省一市创新百强机构战略性新兴产业发明总量规模，江苏在八大产业中均遥遥领先，上海次之，浙江紧随其后，安徽的研发体量相对最小（图7-2）。与前一轮统计结果（2015—2019年专利产出，下同）相比，浙江在八大产业中与上海的差距均大幅缩小，节能环保产业的专利总量已略高于上海。同时，三省一市入选机构专利产出位居前三的均为高端装备制造产业、节能环保产业和生物产业，仅上海入选机构的生物产业专利产出位于节能环保产业之前。这说明长三角区域三省一市在战略性新兴产业重点领域发展上存在较强的同质化倾向，但这也为实施长三角区域一体化发展战略、推进产业协同联动发展打下了基础。

---

① 数据来源：http://www.scio.gov.cn/xwfbh/gbwxwfbh/xwfbh/zscqj/Document/1710210/1710210.htm.

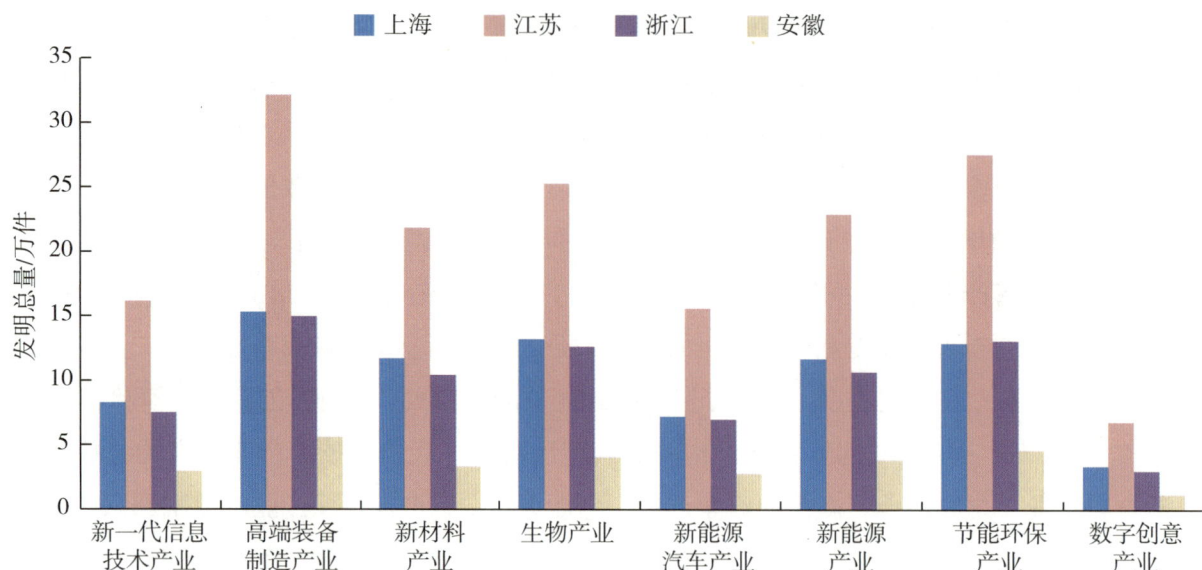

图 7-2　长三角区域三省一市创新百强机构战略性新兴产业发明总量比较

7.2　百强机构战略性新兴产业省市图谱

为进一步描绘长三角区域三省一市创新百强机构在战略性新兴产业领域的研发规模和创新"浓度",本书分别从发明总量和专利集中度 [①] 两个方面观察上海、江苏、浙江和安徽入选机构在战略性新兴产业领域研发产出方面的特点与差异。

7.2.1　上海市

上海入选机构虽然在发明总量整体规模上不如江苏,但优势特色仍然十分明显。高端装备制造产业、生物产业领域专利产出较多,节能环保、新材料、新能源等产业的发明总量也在逐步赶上(图 7-3),这反映出上海在先进制造和生物医药创新研发方面已具备较强实力,在其他领域的发展也较为均衡。这与上海在战略性新兴产业上的发展布局与政策推进密切相关,2021 年 6 月,上海市人民政府办公厅印发《上海市战略性新兴产业和先导产业发展"十四五"规划》(沪府办发〔2021〕10 号),重点打造以三大产业为核心的"9+X"战略性新兴产业和先导产业发展体系。其中,"9"个战略性新兴产业重点领域包括:集成电路、生物医药、人工智能等三大核心产业,以及新能源汽车、高端装备、航空航天、信息通信、新材料、新兴数字等六大重点产业。"X"指前瞻布局一批面向未来的先导产业,重点布局光子芯片与器件、类脑智能等先导产业。上海入选

---

①　战略性新兴产业专利集中度的测算援用区位商计算方法,测算一个省市特定行业的发明总量在该省市所有行业发明总量中所占的比重与长三角该行业发明总量在长三角所有行业发明总量中所占比重之间的比值,以 1 为基准,所得比值超过 1,说明专利集中度高于长三角平均水平,即该省市专利产出对此行业的支撑度较高。

机构在战略性新兴产业各领域的专利产出业绩充分表现出其在高端制造和生物医药产业上的发展力度，以及在整个战略性新兴产业发展体系上的全面布局。

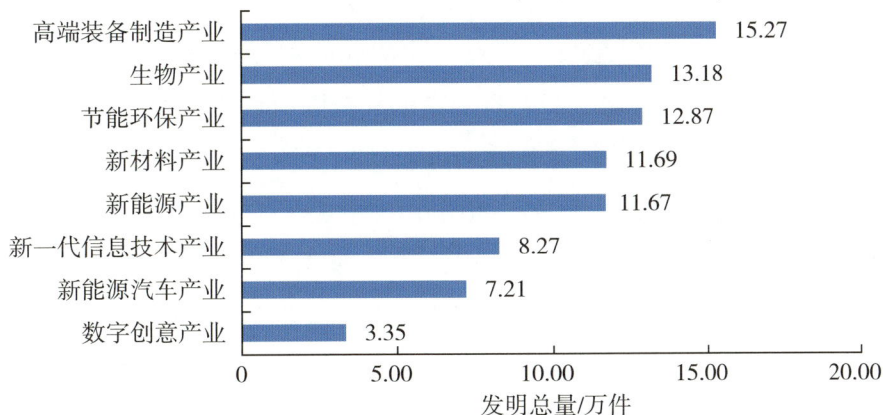

图 7-3　上海市入选机构战略性新兴产业发明总量

从专利集中度来看，上海入选机构在战略性新兴产业八大领域的创新研发较为均衡，其创新"浓度"与长三角平均水平相差不大，总体差异基本在（-0.05，0.05）（基准值为1，图7-4）。值得注意的是，一方面，新材料产业虽然在上海入选机构创新研发总量中仅排第4名，但专利集中度最高，这说明与苏浙皖三省相比，上海入选机构在这一领域的专利比重更大，更具发展潜力；另一方面，2021年度报告显示，上海数字创意产业和新一代信息技术产业专利集中度均超过了长三角均值，与上年度报告相比有所提升，这两大产业都与数字经济发展密切相关，从创新角度体现出上海发展数字经济的力度正在增大。

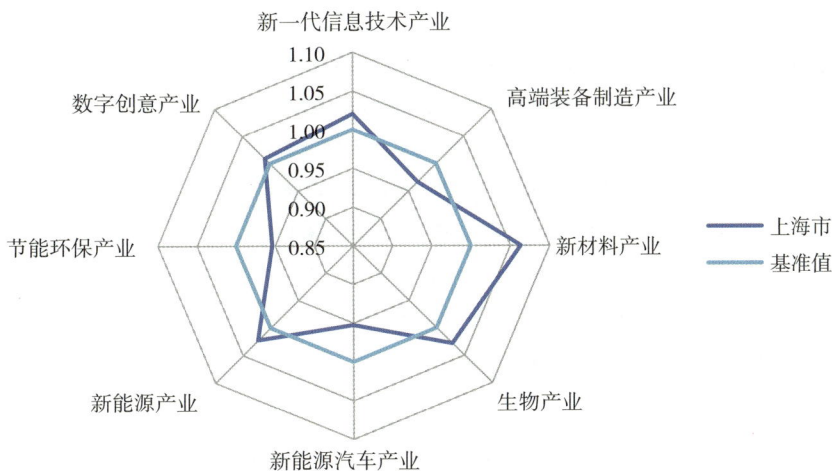

图 7-4　上海市入选机构战略性新兴产业专利集中度

7.2.2　江苏省

从江苏入选机构近 5 年的专利产出可以看出，在战略性新兴产业领域的创新研发不仅体量大，而且覆盖面广，除了排名省内前三的高端装备制造产业、节能环保产业和生物产业外，在新能源产业、新材料产业、新一代信息技术产业、新能源汽车等领域也有大量的专利申请，呈现"大而全"的态势（图 7-5）。这得益于江苏省丰富的高校院所科研资源，同时该省对战略性新兴产业的发展也十分重视。2021 年 8 月，《省政府办公厅关于印发江苏省"十四五"制造业高质量发展规划的通知》（苏政办发〔2021〕51 号）指出，要聚焦新兴领域、突出特色优势，围绕 16 个先进制造业集群和 64 个细分产业领域，全力打造 1 个综合实力国际领先、5 个综合实力国际先进的制造业集群，培育 10 个综合实力国内领先的先进制造业集群，包括：新型电力和新能源装备集群、工程机械和农业机械集群、物联网集群、高端新材料集群、高端纺织集群、生物医药集群、新型医疗器械集群、集成电路与新型显示集群、信息通信集群、新能源（智能网联）汽车集群、高端装备集群、高技术船舶和海洋工程装备集群、节能环保集群、绿色食品集群、核心软件集群、新兴数字产业集群。

从专利集中度来看，省内的入选机构在不同领域的研发 "浓度"上还是有所差异。数字创意产业和新能源汽车产业的发明总量虽然在省内排名中靠后，但相比长三角其他区域两个产业专利集中度更高，说明相对而言江苏对这两个产业领域更为重视（图 7-5）。而新一代信息技术产业和生物产业尽管专利产出体量较大，但专利集中度低于长三角平均水平（图 7-6）。与上一轮统计结果相比，江苏省在保持对数字创意产业和新能源汽车产业技术研发的重视之外，高端装备制造产业表现也较好，这反映出江苏省在先进制造方面的发展力度正在加大，这与江苏着力打造先进制造业集群的发展规划不无关系。

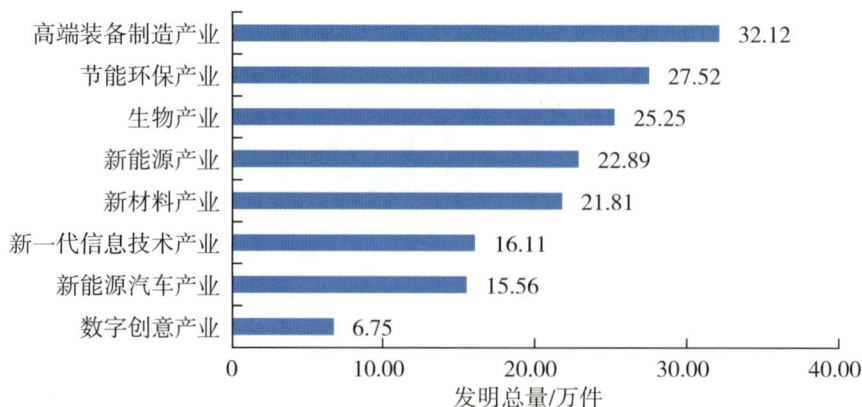

图 7-5　江苏省入选机构战略性新兴产业发明总量

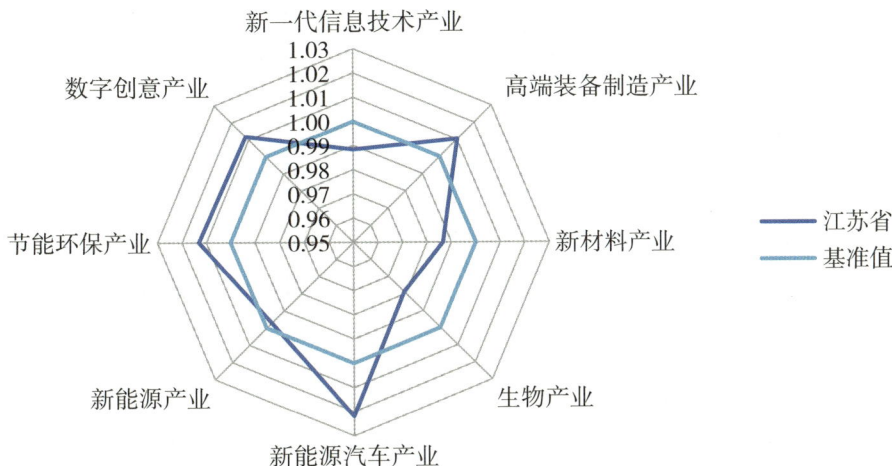

图 7-6　江苏省入选机构战略性新兴产业专利集中度

专栏 7-1：产业发展——江苏省专项资金支持战略性新兴产业

2020 年，江苏省级战略性新兴产业专项资金 6.88 亿元，支持战略性新兴产业领域的 41 个重点项目。从行业看，41 个项目主要分布在新一代信息技术、高端装备制造、新材料、绿色低碳、生物技术和新医药产业等领域，市场前景好、投资强度大。从技术水平看，41 个项目均为国内一流，拥有授权专利 1578 项，其中发明专利 716 项，很多项目填补了国内空白，可替代进口，部分达到国际先进水平。41 个项目总投资 206.73 亿元，实施达产后预计实现年新增产值 504.42 亿元。省级战略性新兴产业专项资金自设立以来，截至 2020 年累计拨付资金 86 亿元，为进口替代、打破垄断和破解重大技术瓶颈提供了有力的财政支持。

资料来源：http://czt.jiangsu.gov.cn/art/2020/7/22/art_8064_9318770.html.

7.2.3　浙江省

浙江省入选机构在战略性新兴产业领域的发明总量低于江苏省，与上海较为接近。与前几年相比，浙江省在保持数字经济发展特色的基础上，节能环保产业和生物产业的专利产出有了大幅提升。《浙江省人民政府办公厅关于印发浙江省培育发展战略性新兴产业行动计划（2017—2020年）的通知》（浙政办发〔2017〕100 号）中，就提出围绕网络经济、高端制造、生物经济、绿色低碳和数字创意等五大领域，重点发展信息技术、物联网、人工智能、高端装备制造、新材料、生物、新能源汽车、新能源、节能环保、数字创意等十大战略性新兴产业。《浙江省人民政府关于印发浙江省科技创新发展"十四五"规划的通知》（浙政发〔2021〕17 号）再次将新一代信息技术、生命健康技术、新材料技术、先进制造与重大装备技术、现代能源技术、现代农业技术、生态环境与公共安全技术、海洋技术、现代服务业技术、传统产业改造提升技术等作为重点领域开展基础研究。从浙江入选机构的专利产出来看，节能环保产业和生物产业领域不仅发明总量在省内排名前三（图7-7），而且其专利集中度也高于长三角均值（图7-8），凸显浙江省在这两个领域的发展力度。与上一轮统计结果相比，节能环保产业和生物产业的专利集中度继续保持在较高水平，新材料产业、新能源产业也有所上升，但上年专利集中度最高的新一代信息技术产业下降较快，不仅低于上述产业领域，而且低于长三角均值。"十三五"期间，浙江省将数字经济作为核心产业，它也成为全省相关技术研发的一个重心。"十三五"后期，在数字经济已经有了长足发展的基础上，浙江对战略性新兴产业的其他领域也开始发力，不断缩小与上海的差距，这从其专利集中度的变化上也得到了一定程度的印证。

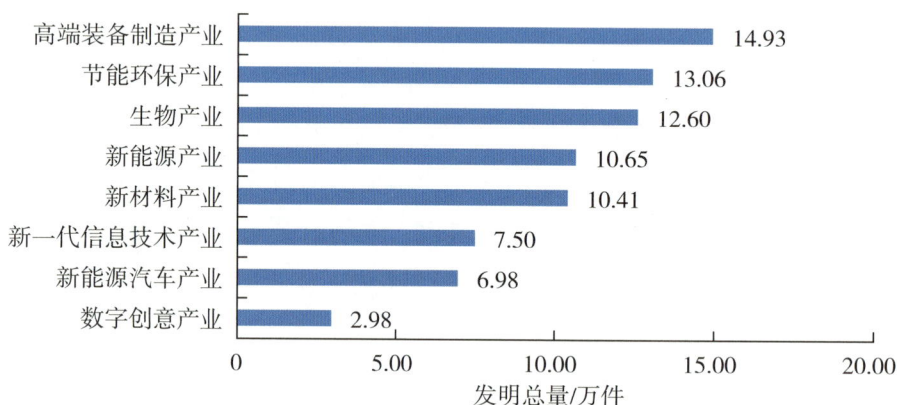

图7-7　浙江省入选机构战略性新兴产业发明总量

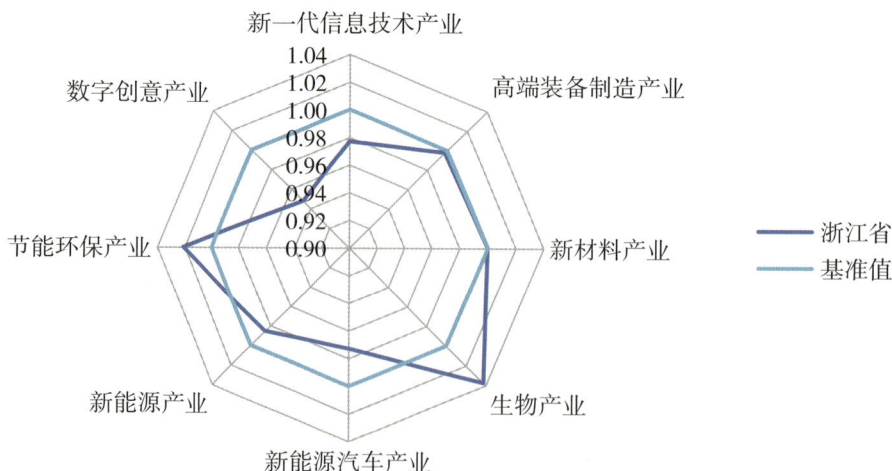

图7-8　浙江省入选机构战略性新兴产业专利集中度

《2022 年浙江省政府工作报告》提出，聚焦三大科创高地建设，实施重大科研平台设施建设千亿工程，省级用于科技创新领域的资金增长 40%。强化集群式发展，培育"新星"产业群 20 个左右，积极创建国家战略性新兴产业集群。强化先进制造业与现代服务业融合发展，做优科技服务、现代物流、创意设计等生产性服务业，助推制造业向价值链高端攀升。推进建筑业高质量发展。全力推动数字经济积厚成势。深化数字经济"一号工程"，做大做强数字安防、集成电路、智能计算和智能光伏等产业，推进类脑智能、量子信息等未来产业发展，力争数字经济核心产业增加值增长 12%。大力推进传统制造业数字化改造，新增"未来工厂"15 家、智能工厂 150 家。

资料来源：http://jrzj.cn/art/2022/4/30/art_7_17702.html.

7.2.4 安徽省

安徽省入选机构的研发体量在沪苏浙皖三省一市中是最小的，但发展特色较为鲜明。2021 年 2 月发布的《安徽省国民经济和社会发展第十四个五年规划和 2035 年远景目标纲要》指出"发展壮大战略性新兴产业"，大力发展新一代信息技术、人工智能、新材料、节能环保、新能源汽车和智能网联汽车、高端装备制造、智能家电、生命健康、绿色食品、数字创意十大新兴产业。与此相对应，安徽入选机构在高端装备制造产业、节能环保产业、生物产业等的发明总量在省内居于前列（图 7-9）。同时，新一代信息技术产业和新能源汽车产业的专利集中度是三省一市中最高的，在一定程度上体现出这两大产业领域在全省战略性新兴产业体系中的重要地位（图 7-10）。与上一轮统计结果相比，安徽省战略性新兴产业专利集中度的总体结构基本不变，但与长三角均值之间的差异明显缩小，差异范围从（-0.2，0.2）缩小到（-0.1，0.1），显示出安徽省战略性新兴产业各领域的发展更加均衡了。

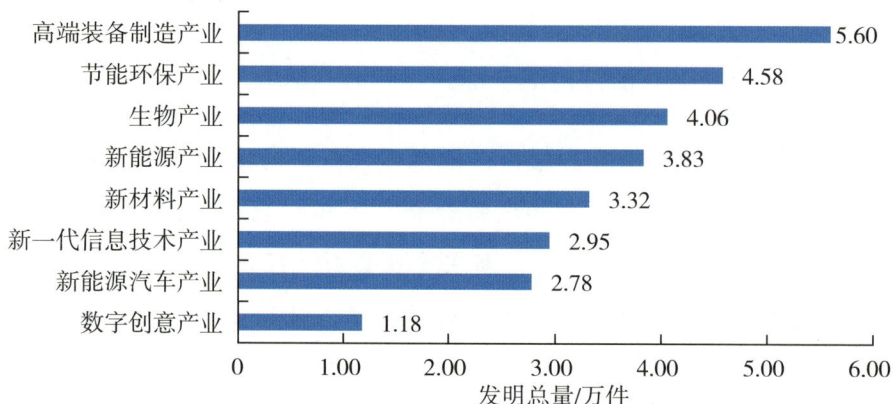

图 7-9 安徽省入选机构战略性新兴产业发明总量

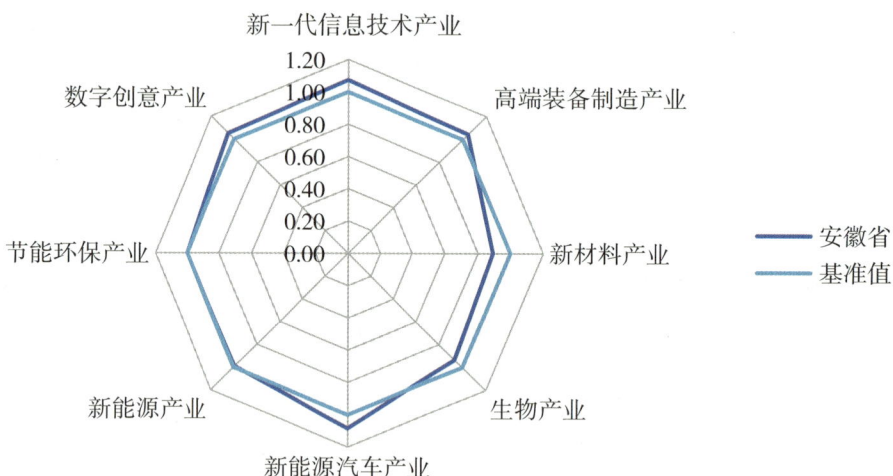

图 7-10 安徽省入选机构战略性新兴产业专利集中度

专栏 7-3：产业发展——安徽战略性新兴产业"十四五"开局良好

2021 年，安徽省聚焦战略性新兴产业重点领域和发展方向，开展"双招双引"，综合发挥"基金＋资金"引导和撬动作用，加快推进重大项目建设，不断优化发展环境，实现"十四五"良好开局。其中，新一代信息技术、新材料、新能源汽车三大产业贡献全省近 60% 的战略性新兴产业产值，同比分别增长 32.8%、37.3% 和 34.4%，战略支撑作用明显。战略性新兴产业企业实缴税收同比增长 30.4%，高于规模以上工业企业 18.4 个百分点。在全年新增的 23 家上市企业中有 21 家属于战略性新兴产业企业，占比超过九成。在全省全部上市企业中，战略性新兴产业企业占比超过一半。

资料来源：http://dss.ah.gov.cn/yjcg/cyjj/120788411.html.

7.3 百强机构三大重点产业图谱

集成电路、人工智能和生物医药分别属于"新一代信息技术产业"和"生物产业"两大战略性新兴产业领域，对加快突破"卡脖子"技术瓶颈、构建长三角现代化经济体系、巩固提升实体经济能级具有重要意义。

7.3.1 总体情况

集成电路、人工智能和生物医药三大领域不仅是上海重点推进的先进产业领域，也是长三角各省市竞相发展的重中之重。高等院校和科研机构的相关研发成果不断涌现，为三大重点产业的发展提供了有力支撑。从三大重点产业研发的总体格局来看，江苏省入选机构三大产业的发明总量占长三角总量的45%左右，上海市入选机构的发明总量占比在25%左右，浙江省约为22%，安徽省在8%左右。从产业研发的城市分布来看，上海和南京、杭州、合肥三大省会城市作为各自都市圈的中心城市，位居长三角前列，并对周边城市如无锡、苏州、镇江、宁波等形成了一定的辐射带动效应。

> **专栏 7-4：机制创新——长三角国家技术创新中心成立**
>
> 长三角国家技术创新中心（简称"长三角创新中心"）由上海市牵头，协同苏浙皖三省共同组建，2020年10月科技部批复同意成立。长三角创新中心立足于国家重大区域创新战略需求，充分依托三省一市创新资源集聚、产业基础牢固、科教力量雄厚的优势，主要面向集成电路、人工智能、生物医药三大领域，以及电子信息、新能源环保、新材料、高端装备制造等重点产业，集聚创新资源，突破关键共性核心技术，加快培育创新型企业和产业集群。长三角创新中心坚持"共需、共建、共享、共治"理念，按照"一个核心团队、一套运行机制、一体化建设管理、一个创新体系"模式，探索建立一体化高效运行发展的新机制，加强区域创新资源统筹和共享利用，同时兼顾三省一市各自资源禀赋与基础优势，实现各扬所长的差异化协同发展。
>
> 资料来源：https://www.shkjdw.gov.cn/c/2021-06-04/527501.shtml.

7.3.2 机构分布

（1）生物医药

统计结果显示，上海市、江苏省和浙江省入选机构的生物医药领域发明总量在各自的三大重点产业中均居首位，其中江苏省入选机构的生物医药专利产出在三大产业研发总产出中所占的比例达 46%，是三省一市中最高的，上年最高的上海则落到第 2 位。

从创新百强机构生物医药产业专利在长三角各城市的分布情况来看，前 5 位城市的排名与上年无异。上海居于各大城市首位，南京、杭州、合肥三大省会城市都进入了前 5 位，无锡市入选机构的生物医药发明总量超越合肥市，位居第四（图 7-11）。从长三角区域创新百强机构的高校院所在生物医药产业的专利产出来看，前 10 位机构中共有 9 所大学、1 家科研机构，浙江大学、江南大学、上海交通大学名列前三，复旦大学和中国药科大学紧随其后（图 7-12）。

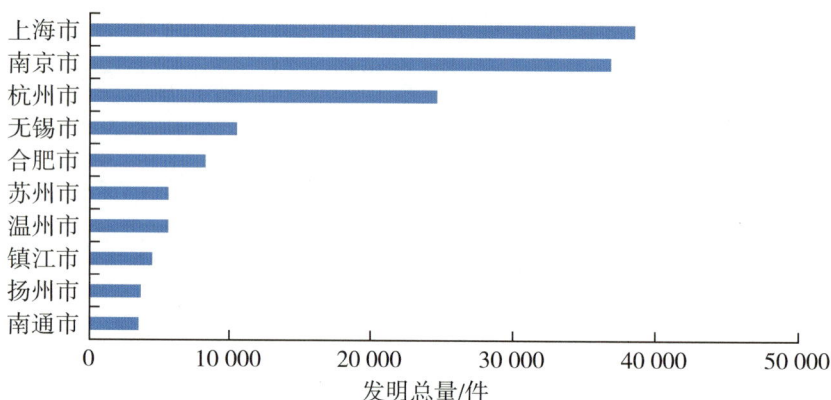

图 7-11　长三角区域创新百强机构生物医药产业专利产出城市 Top 10

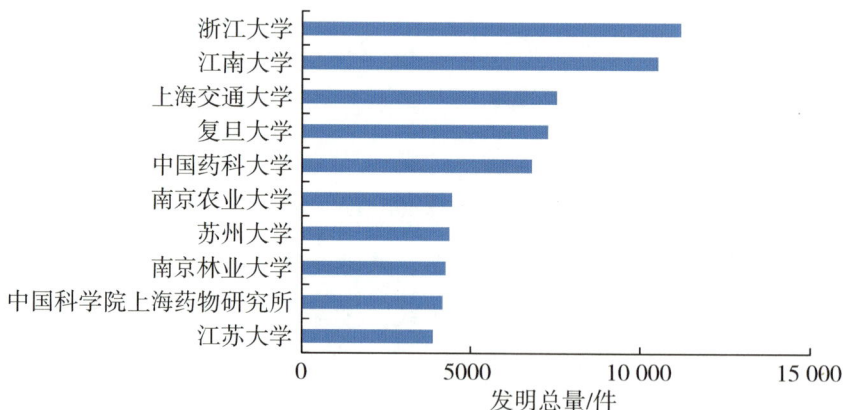

图 7-12　长三角区域创新百强机构生物医药产业专利产出机构 Top 10

（2）集成电路

在集成电路领域，江苏省入选机构的研发规模在三省一市中最大，达 43%；浙江省入选机构在集成电路领域的研发规模与上海相差不大，竞争态势较为明显。

从创新百强机构集成电路产业专利在长三角各城市的分布情况来看，南京、上海、杭州、合肥位列前 4 位，苏州、宁波紧随其后（图 7-13）。与上一轮统计结果相比，苏州超越了宁波，排名从第六升至第五，具有一定的发展潜力。从长三角区域创新百强机构的高校院所在集成电路产业的专利产出来看，前 10 位机构均为大学，东南大学、浙江大学和南京邮电大学位居前三，上海交通大学和浙江工业大学也进入了前 5 位（图 7-14）。

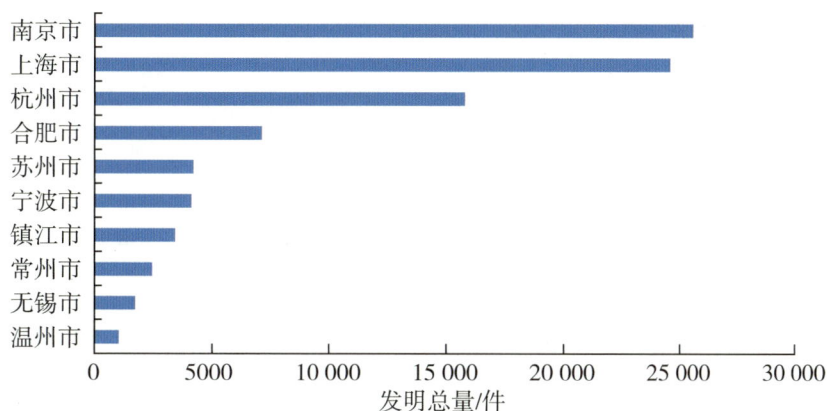

图 7-13　长三角区域创新百强机构集成电路产业专利产出城市 Top 10

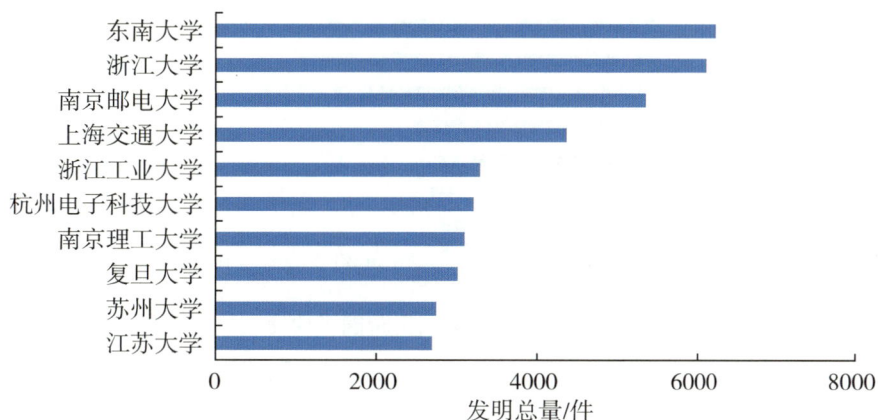

图 7-14　长三角区域创新百强机构集成电路产业专利产出机构 Top 10

（3）人工智能

在人工智能领域，江苏省入选机构的专利总量占长三角区域三省一市的 45%，上海市和浙江省分别为 25% 和 21%。与上一轮统计结果相似，三省一市入选机构人工智能领域的专利总量在本省三大重点产业中都是相对最低的。

从创新百强机构人工智能产业专利在长三角各城市的分布情况来看，南京、上海、杭州、合肥位列前四，与集成电路产业相同，苏州也比上一年上升一位，进入了前 5 位，可见苏州在三大产业领域的技术研发力度正在提升（图 7-15）。从长三角区域创新百强机构的高校院所在人工智能产业的专利产出来看，前 10 位机构全部是大学，东南大学、浙江大学和上海交通大学位居前三，南京邮电大学和南京航空航天大学也进入前 5 位，其专利产出规模较大（图 7-16）。

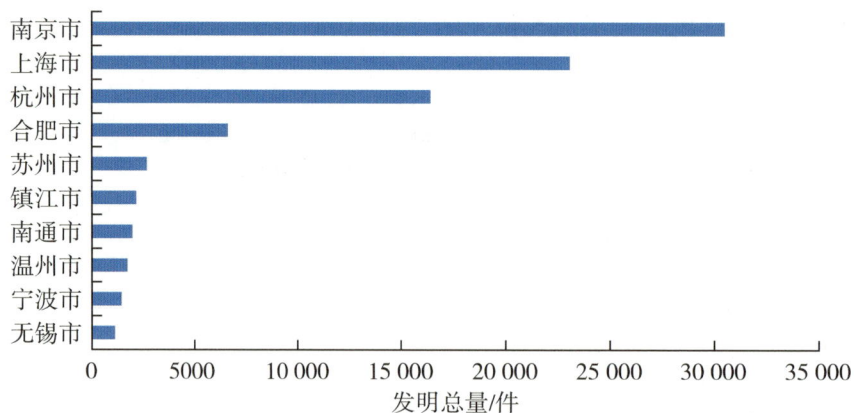

图 7-15　长三角区域创新百强机构人工智能产业专利产出城市 Top 10

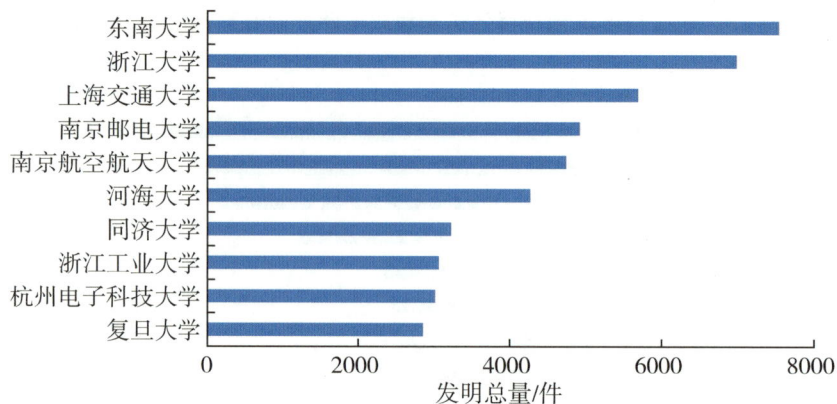

图 7-16　长三角区域创新百强机构人工智能产业专利产出机构 Top 10

第三篇
百强画像与机构导航

第八章　百强机构创新图谱：上海画像

　　本章对上海市入选长三角区域创新百强机构的 32 家创新机构进行图谱分析，对上海入选机构的整体表现、维度指标等进行解构。同时，为更好地展现创新机构示范引领作用，发挥报告研究的导航指引作用，本章通过图文结合的方式，基于机构官网资料及报告采集数据，对机构进行单独画像，绘制高校院所创新"群英谱"。

8.1　上海机构综合表现

8.1.1　机构分布

　　2021 年长三角区域创新百强机构中，上海市入选机构数量在长三角地区中位居第二，共有 32 家创新机构入选，与上年入选机构数量持平。上海市入选机构梯级分布和类型分布都较为均衡。从梯级表现来看，上海市第一梯级机构有 9 家，在长三角地区中位居第二，较上年减少 1 家，主要是受到中国科学院所属的 1 家单位拆分影响；第二、第三、第四梯级机构分别有 7 家、8 家、8 家，其中第三梯级较上年减少 1 家，第四梯级较上年增加 2 家。从机构排名来看，2021年上海市入选机构的名次分布相对 2020 年有所下降，2021 年机构排名 Q2 值近 50，2020 年机构排名 Q2 值未超过 45。2021 年上海市入选机构的极值分布较 2020 年有所延展，在最高排名方面，2021 年为第 1 名，较 2020 年的第 2 名提升 1 名；在最低排名方面，2021 年为第 100 名，较 2020年的第 98 名下降 2 名（图 8-1）。

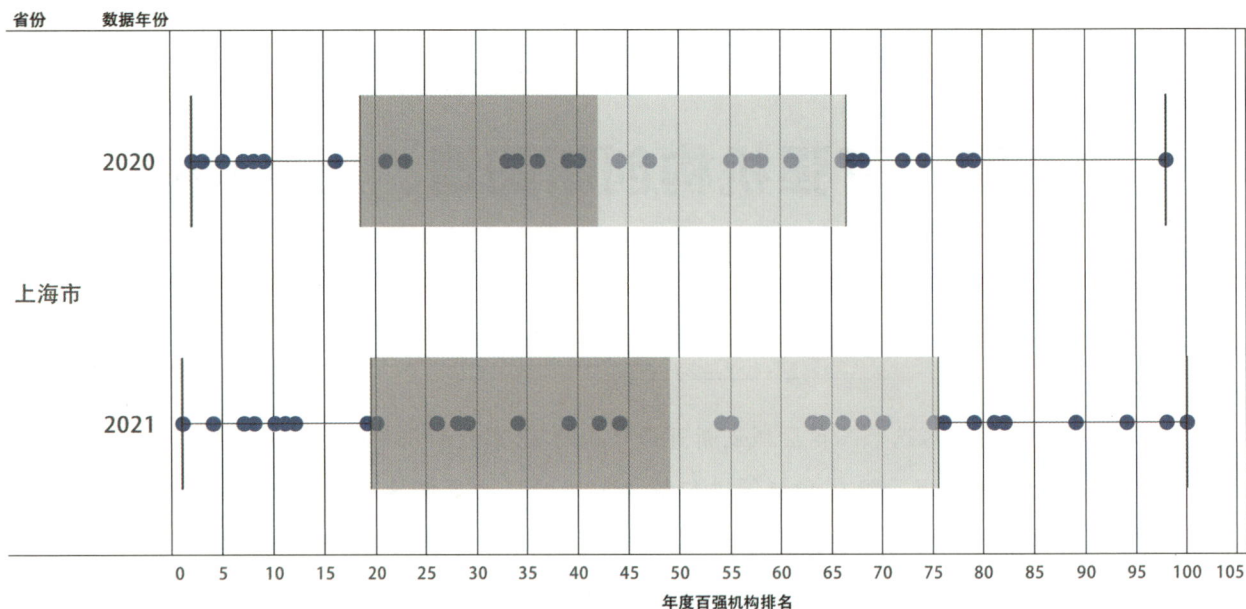

图 8-1　2020—2021 年上海市入选机构的年度排名对比

从机构类型来看，上海市 32 家入选机构中，高等院校为 14 家，科研机构为 18 家；与上年相比，科研机构增加了 2 家，同时高等院校减少了 2 家。在长三角区域创新百强机构的 39 家科研机构中，上海市有 18 家，占比达 46%，科研机构数量位居三省一市首位，也是三省一市中唯一的科研机构入选数量超过高等院校的省市，其科研机构入选数量是高等院校的 1.29 倍。上海市入选的 18 家科研机构中，中央所属机构占 13 家，其中隶属于中国科学院系统的有 9 家，且第一梯级入选的 6 家科研机构全部为中国科学院所属。中央驻沪科研机构具备雄厚的创新实力，并在上海区域创新中表现卓越。

8.1.2　特征分析

上海市入选机构在全球化、协同创新和影响力等创新维度表现突出（图 8-2），其中科研机构表现好于高等院校，其在全球化、影响力方面表现较好。上海市全球化指标远高于其他 3 个省及长三角整体平均水平，表现最为突出。在全球化维度排名前十的入选机构中，上海市占 6 家，与上年持平，其中以中国科学院上海药物研究所表现最为亮眼。上海市协同创新和影响力指标也都高于长三角整体平均水平；在协同创新维度排名前十的入选机构中，上海占 4 家，较上年减少 1 家；在影响力维度排名前十的入选机构中，上海占 5 家，与上年持平。

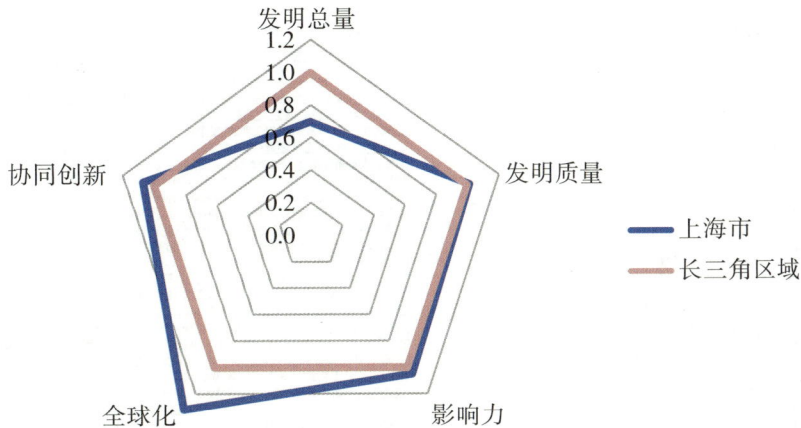

图 8-2　上海市入选机构的创新表现特征

从发明专利申请总量来看，2021 年上海入选机构申请发明专利总数为 61 246 件，均值约为 1914 件。上海交通大学以超过 10 000 件的申请量居于首位，约为上海市均值的 6 倍，占上海市申请总量的近 20%。上海市有 8 家机构申请量超过均值，24 家机构申请量在均值以下。从发明专利授权率来看，2021 年上海入选机构发明专利授权率均值为 36.9%，中国科学院上海硅酸盐研究所以 53.2% 的授权率居首，为最小值 23.6% 的 2 倍多。从上海市入选机构类型角度来看，高等院校的发明总量远超科研机构，均值比达到 5.5∶1；但高等院校的发明专利授权率低于科研机构，均值比约为 6∶7。上海市高等院校与科研机构的特征差异与长三角整体差异保持一致（图 8-3 至图 8-5）。

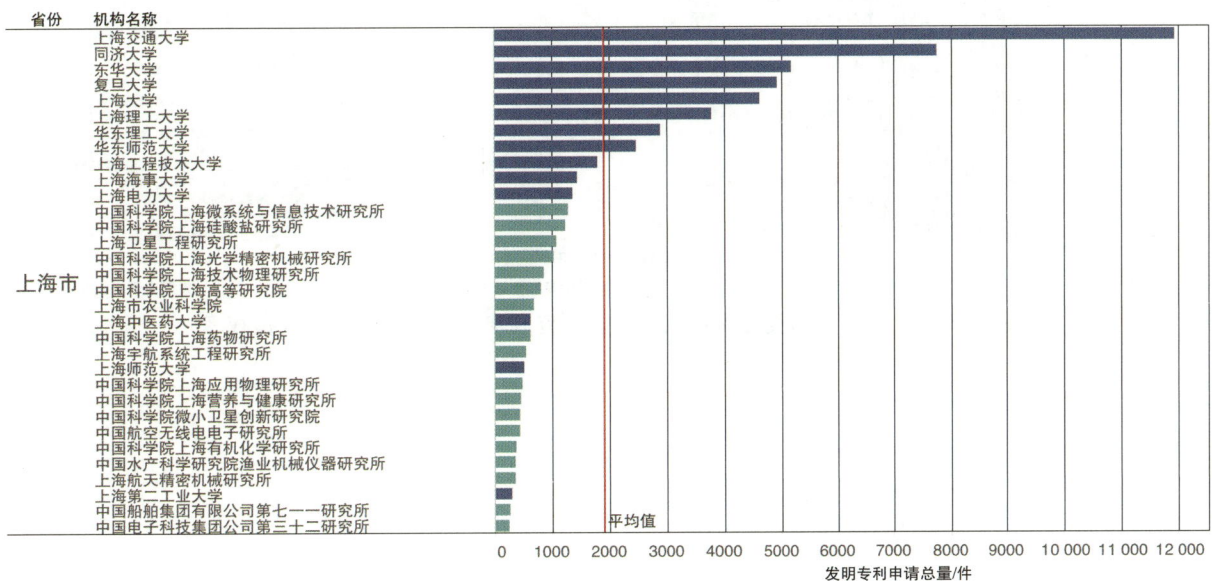

图 8-3　上海市入选机构的发明专利申请总量

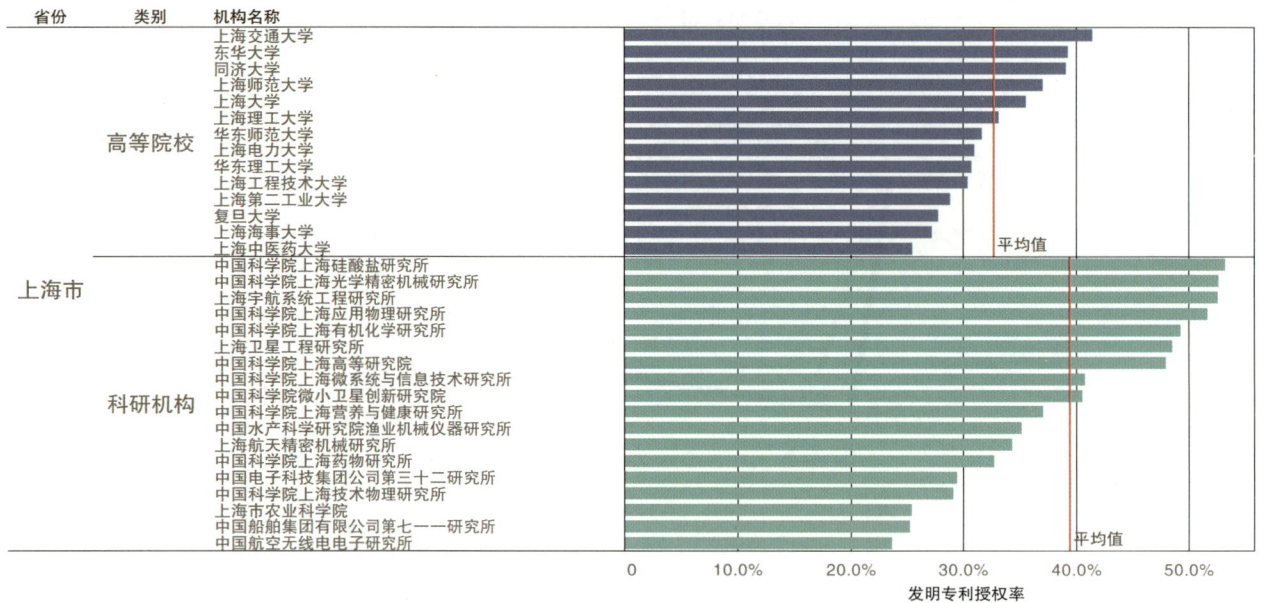

图 8-4　上海市入选机构的发明专利授权率

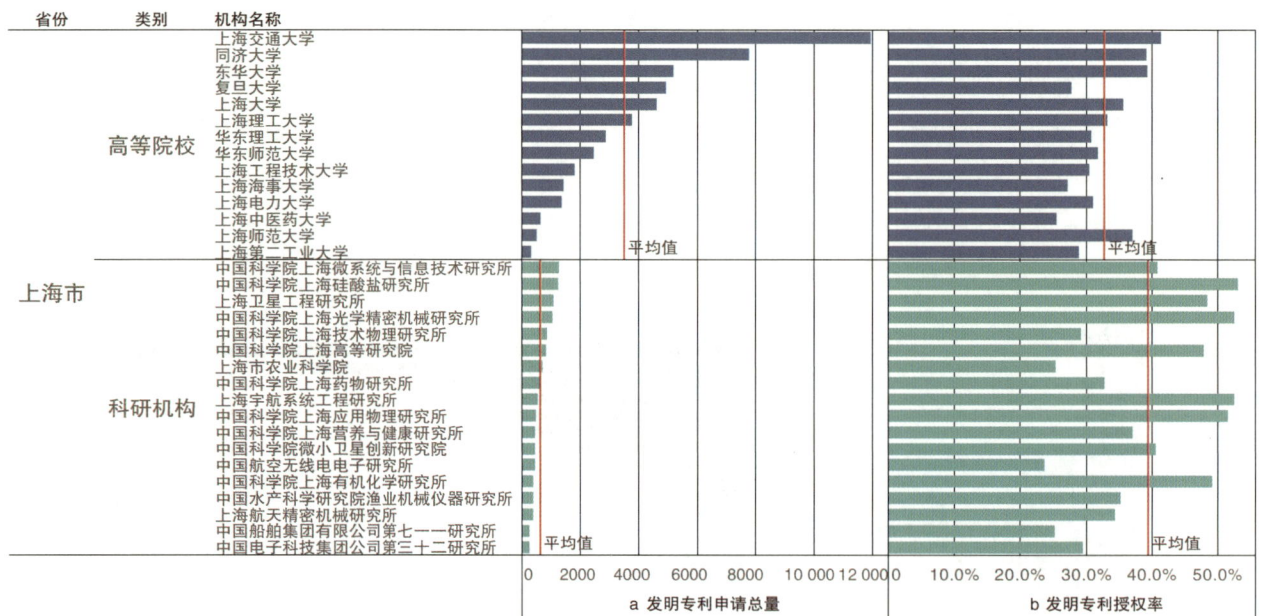

图 8-5　上海市不同类型入选机构的发明专利申请总量和发明专利授权率

8.2 上海高校群英谱

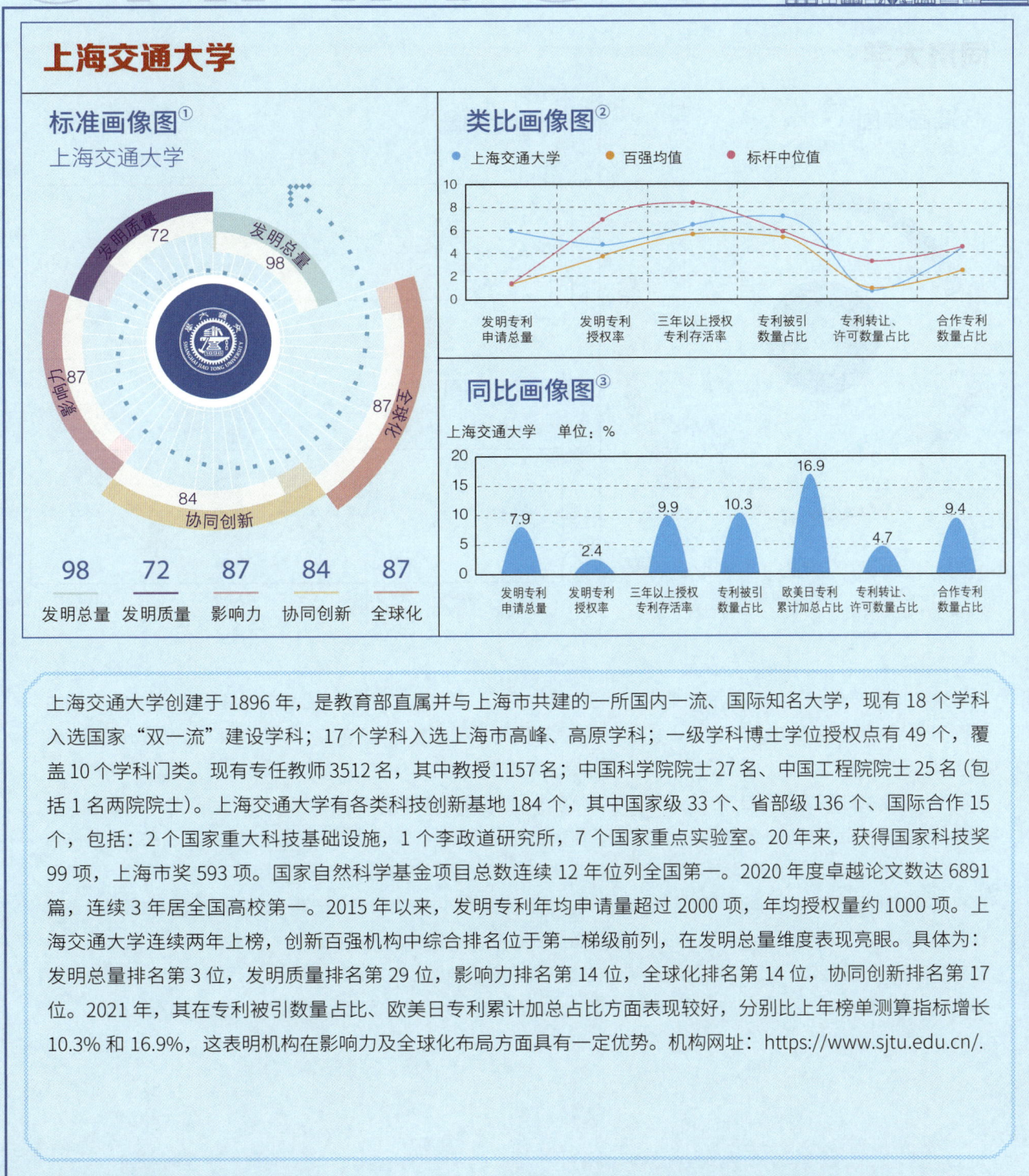

上海交通大学

标准画像图①

上海交通大学

98	72	87	84	87
发明总量	发明质量	影响力	协同创新	全球化

类比画像图②

● 上海交通大学　● 百强均值　● 标杆中位值

发明专利申请总量 | 发明专利授权率 | 三年以上授权专利存活率 | 专利被引数量占比 | 专利转让、许可数量占比 | 合作专利数量占比

同比画像图③

上海交通大学　单位：%

7.9 | 2.4 | 9.9 | 10.3 | 16.9 | 4.7 | 9.4

发明专利申请总量 | 发明专利授权率 | 三年以上授权专利存活率 | 专利被引数量占比 | 欧美日专利累计加总占比 | 专利转让、许可数量占比 | 合作专利数量占比

上海交通大学创建于 1896 年，是教育部直属并与上海市共建的一所国内一流、国际知名大学，现有 18 个学科入选国家"双一流"建设学科；17 个学科入选上海市高峰、高原学科；一级学科博士学位授权点有 49 个，覆盖 10 个学科门类。现有专任教师 3512 名，其中教授 1157 名；中国科学院院士 27 名、中国工程院院士 25 名（包括 1 名两院院士）。上海交通大学有各类科技创新基地 184 个，其中国家级 33 个、省部级 136 个、国际合作 15 个，包括：2 个国家重大科技基础设施，1 个李政道研究所，7 个国家重点实验室。20 年来，获得国家科技奖 99 项，上海市奖 593 项。国家自然科学基金项目总数连续 12 年位列全国第一。2020 年度卓越论文数达 6891 篇，连续 3 年居全国高校第一。2015 年以来，发明专利年均申请量超过 2000 项，年均授权量约 1000 项。上海交通大学连续两年上榜，创新百强机构中综合排名位于第一梯级前列，在发明总量维度表现亮眼。具体为：发明总量排名第 3 位，发明质量排名第 29 位，影响力排名第 14 位，全球化排名第 14 位，协同创新排名第 17 位。2021 年，其在专利被引数量占比、欧美日专利累计加总占比方面表现较好，分别比上年榜单测算指标增长 10.3% 和 16.9%，这表明机构在影响力及全球化布局方面具有一定优势。机构网址：https://www.sjtu.edu.cn/.

① 标准画像图：报告遴选出的百强机构按各维度得分，按照升序排名后获得 [1,100] 的排名值，排名首位为 100 分，排名最后为 1 分。
② 类比画像图：计算百强均值及标杆中位值，以百强均值为标准轴，查看某机构谱线与百强均值、标杆中位值谱线的对比。
③ 同比画像图：为该创新机构 7 项基础指标与上年度同比增幅情况。

上海高校群英谱

同济大学

标准画像图
同济大学

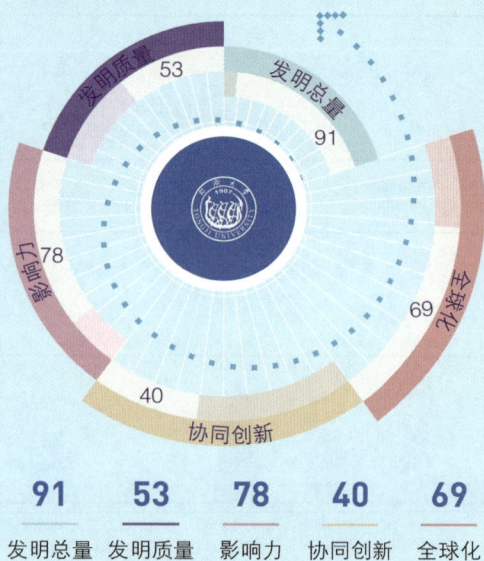

发明质量 53
发明总量 91
影响力 78
全球化 69
协同创新 40

91	53	78	40	69
发明总量	发明质量	影响力	协同创新	全球化

类比画像图

● 同济大学　● 百强均值　● 标杆中位值

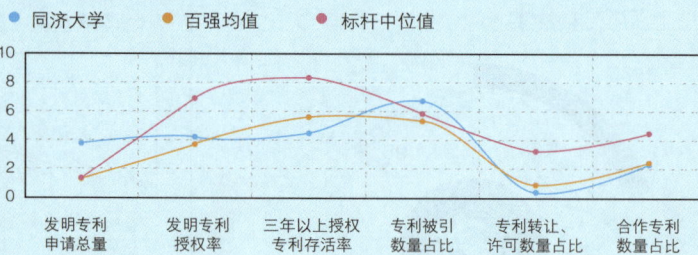

发明专利申请总量｜发明专利授权率｜三年以上授权专利存活率｜专利被引数量占比｜专利转让、许可数量占比｜合作专利数量占比

同比画像图

同济大学　单位：%

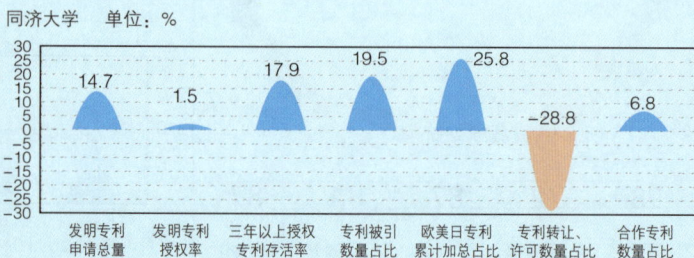

14.7　1.5　17.9　19.5　25.8　-28.8　6.8

发明专利申请总量｜发明专利授权率｜三年以上授权专利存活率｜专利被引数量占比｜欧美日专利累计加总占比｜专利转让、许可数量占比｜合作专利数量占比

同济大学的前身创办于 1907 年，是中国最早的国立大学之一，是教育部直属并与上海市共建的综合实力位居国内前列的重点大学。截至 2021 年 11 月，有 8 个学科入选国家"双一流"建设学科；10 个学科入选上海市高峰、高原学科；一级学科博士学位授权点有 34 个。全校专任教师 2792 人，其中专业技术职务正高级 1096 人，中国科学院院士 15 人，中国工程院院士 23 人。同济大学拥有 3 个国家重点实验室、1 个国家工程实验室、1 个国家重大科技基础设施。先后承担了一系列国家重大专项、重大工程科研攻关，取得了若干标志性成果。获国家三大科技奖一、二等奖共 78 项，其他省部级科技奖 844 项。2015 年以来，同济大学每年申请发明专利超过 1000 项，每年获授权发明专利超过 500 项。同济大学连续两年上榜，创新百强机构中综合排名位于第一梯级，在发明总量维度表现较突出。具体为：发明总量排名第 10 位，发明质量排名第 48 位，影响力排名第 23 位，全球化排名第 32 位，协同创新排名第 61 位。2021 年，其在发明专利申请总量、专利被引数量占比方面表现突出，分别比上年榜单测算指标增长 14.7%、19.5%，这表明机构在发明总量、影响力方面具有优势。机构网址：https://www.tongji.edu.cn/.

上海高校群英谱

SHANG HAI

华东理工大学

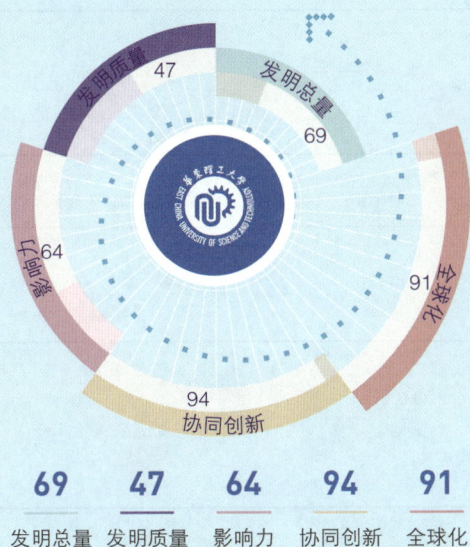

标准画像图

华东理工大学

发明质量 47

发明总量 69

影响力 64

全球化 91

协同创新 94

69	47	64	94	91
发明总量	发明质量	影响力	协同创新	全球化

类比画像图

● 华东理工大学　● 百强均值　● 标杆中位值

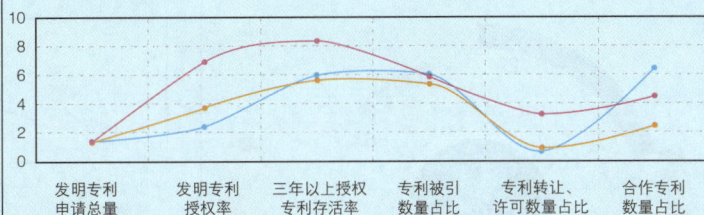

横轴：发明专利申请总量　发明专利授权率　三年以上授权专利存活率　专利被引数量占比　专利转让、许可数量占比　合作专利数量占比

同比画像图

华东理工大学　单位：%

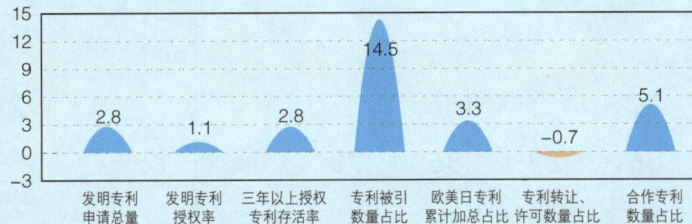

发明专利申请总量	发明专利授权率	三年以上授权专利存活率	专利被引数量占比	欧美日专利累计加总占比	专利转让、许可数量占比	合作专利数量占比
2.8	1.1	2.8	14.5	3.3	-0.7	5.1

华东理工大学组建于 1952 年，是教育部直属的、新中国第一所以化工特色闻名的高等学府。现有国家"双一流"建设学科 3 个，上海高校一流学科 7 个；一级学科博士学位授权点 18 个。现有教职员工 3098 人，其中，中国科学院院士、中国工程院院士共 8 人，其他国家级人才 120 余人。华东理工大学拥有 2 个国家重点实验室，建有国家大学科技园，是全国 6 所首批建立国家技术转移中心的高校之一。建校以来取得了一大批重大创新成果，获国家级科技奖励 71 项、省部级科技奖励 700 多项，拥有各类国内外有效专利 2000 多项。华东理工大学连续两年上榜，创新百强机构中综合排名位列第一梯级，在全球化和协同创新维度表现亮眼。具体为：发明总量排名第 32 位，发明质量排名第 54 位，影响力排名第 37 位，全球化排名第 10 位，协同创新排名第 7 位。2021 年，其在专利被引数量占比方面增幅较大，比上年榜单测算指标增长 14.5%，这表明机构在影响力方面具有良好的发展趋势。机构网址：https://www.ecust.edu.cn/.

上海高校群英谱

东华大学

标准画像图
东华大学

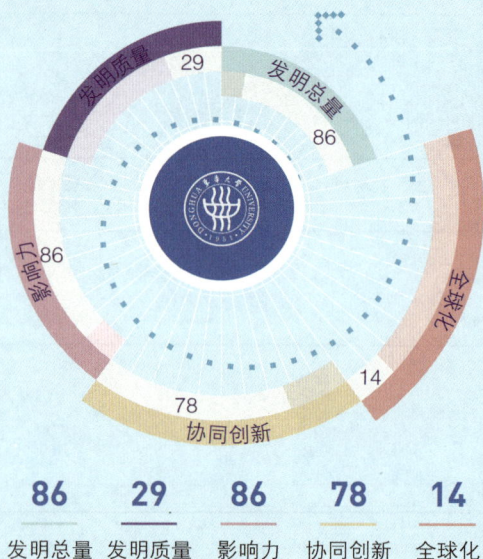

发明质量 29
发明总量 86
影响力 86
全球化 14
协同创新 78

86	**29**	**86**	**78**	**14**
发明总量	发明质量	影响力	协同创新	全球化

类比画像图

● 东华大学　● 百强均值　● 标杆中位值

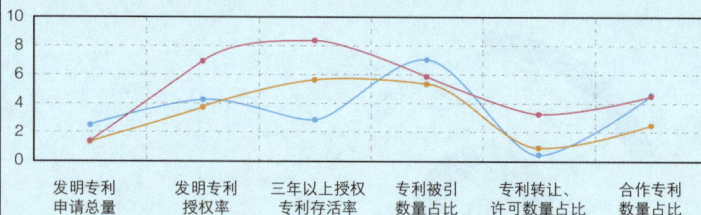

发明专利申请总量　发明专利授权率　三年以上授权专利存活率　专利被引数量占比　专利转让、许可数量占比　合作专利数量占比

同比画像图

东华大学　单位：%

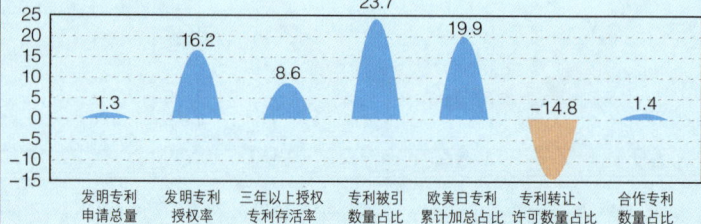

发明专利申请总量 1.3　发明专利授权率 16.2　三年以上授权专利存活率 8.6　专利被引数量占比 23.7　欧美日专利累计加总占比 19.9　专利转让、许可数量占比 −14.8　合作专利数量占比 1.4

东华大学的历史可追溯至 1912 年，是教育部直属高校，已发展成为以纺织、材料、设计为优势，特色鲜明的多科性、高水平大学。现有 2 个国家"双一流"建设学科；1 个上海市高峰、高原学科；一级学科博士学位授权点 11 个。现有专任教师 1462 名，其中专职院士 2 人，高层次人才 60 余人次，其他高级职称教师 900 余人。东华大学拥有 1 个国家重点实验室、22 个省部级重点科研平台及国家大学科技园。21 世纪以来承接国家重大科研任务，取得了一大批重大创新成果，广泛应用于航天航空、重大建筑工程、环境保护等领域。获国家级科技奖励 31 项。拥有各类国内外有效发明专利 3000 多项。东华大学连续两年上榜，创新百强机构中综合排名位于第二梯级前列，在发明总量和影响力维度表现相对突出。具体为：发明总量排名第 15 位，发明质量排名第 72 位，影响力排名第 15 位，全球化排名第 87 位，协同创新排名第 23 位。2021 年，其在专利被引数量占比方面表现较好，比上年榜单测算指标增长 23.7%，这表明机构在影响力方面具有优势。机构网址：https://www.dhu.edu.cn/.

上海高校群英谱

上海大学

标准画像图
上海大学

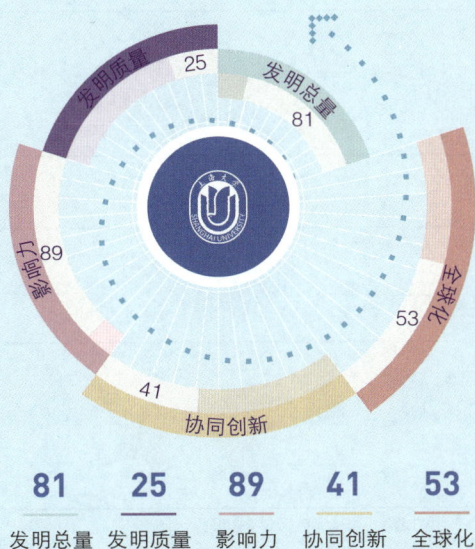

81	25	89	41	53
发明总量	发明质量	影响力	协同创新	全球化

类比画像图

● 上海大学　● 百强均值　● 标杆中位值

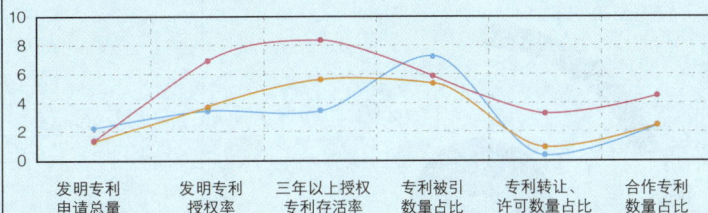

同比画像图

上海大学　单位：%

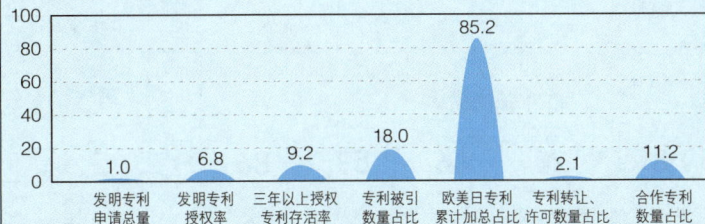

上海大学创建于 1922 年，是上海市属综合性大学，上海市首批高水平地方高校建设试点，国家一流学科建设高校。现有本科专业 94 个，一级学科博士学位授权点 28 个。现有专任教师 3419 人，其中全职中国科学院院士、中国工程院院士 6 人，高层次人才近 500 人，高级职称教师 1800 余人。上海大学拥有科技部 1 个省部共建国家重点实验室、教育部 3 个重点实验室等 67 个省部级及以上基地平台。学校新组建以来，以第一完成单位／第一完成人身份获得国家自然科学奖二等奖 1 项、国家技术发明奖二等奖 3 项、国家科学技术进步奖二等奖 5 项；获得上海市科学技术奖一等奖 21 项。近年来，年均申请发明专利近 1000 项，年均获授权发明专利超过 300 项。上海大学连续两年上榜，创新百强机构中综合排名位列第二梯级，在发明总量和影响力维度表现较好。具体为：发明总量排名第 20 位，发明质量排名第 76 位，影响力排名第 12 位，全球化排名第 48 位，协同创新排名第 60 位。2021 年，其在专利被引数量占比方面表现突出，比上年榜单测算指标增长 18.0%，这表明机构在影响力方面具有一定优势。机构网址：https://www.shu.edu.cn/.

上海高校群英谱

SHANGHAI

复旦大学

标准画像图
复旦大学

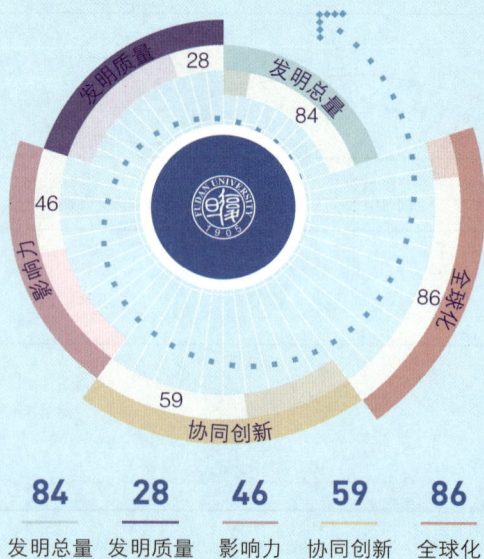

84	28	46	59	86
发明总量	发明质量	影响力	协同创新	全球化

类比画像图

● 复旦大学　● 百强均值　● 标杆中位值

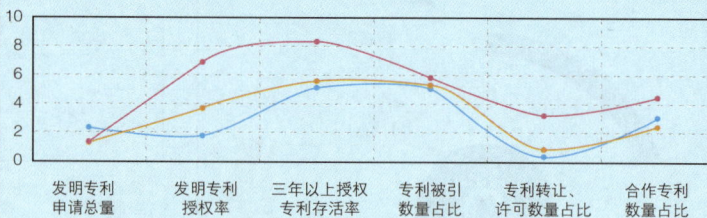

同比画像图

复旦大学　单位：%

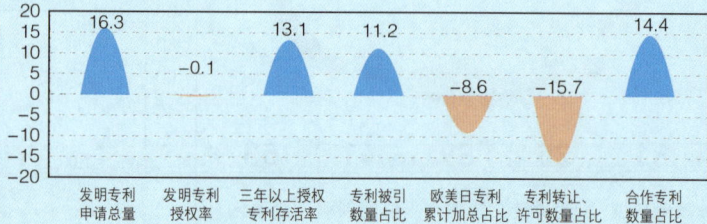

复旦大学始创于 1905 年，是中国人自主创办的第一所高等院校，是一所世界知名、国内顶尖的综合性研究型大学。现有 11 个学科门类，27 个学科入选国家"双一流"建设学科，一级学科博士学位授权点 37 个。现有教学科研人员 3139 人，其中国科学院、中国工程院院士（含双聘）51 人，国家各类重要青年人才计划入选者 301 人次。复旦大学有包括 5 个国家重点实验室在内的国家平台基地 9 个，包括 15 个上海市重点实验室在内的各类省部级平台基地 80 个。近年来，承接国家和上海市重大科研项目，科研项目数量和经费规模稳步增长。2016—2018 年，获得国家级奖励 3 项、省部级一等奖 18 项、省部级人才奖 3 项，获得专利授权 1049 项。复旦大学连续两年上榜，在发明总量和全球化维度方面表现相对突出。具体为：发明总量排名第 17 位，发明质量排名第 73 位，影响力排名第 55 位，全球化排名第 15 位，协同创新排名第 42 位。2021 年，其在发明专利申请总量方面表现较好，比上年榜单测算指标增长 16.3%，这表明机构在发明总量方面具有一定优势。机构网址：https://www.fudan.edu.cn/.

上海高校群英谱

SHANGHAI

华东师范大学

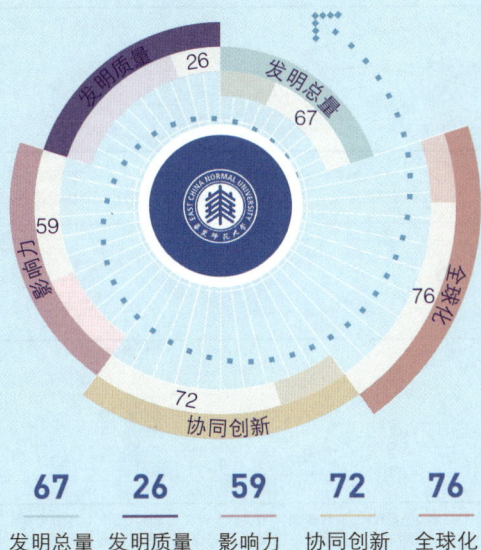

标准画像图
华东师范大学

67	26	59	72	76
发明总量	发明质量	影响力	协同创新	全球化

标准画像图中标注：发明质量 26、发明总量 67、全球化 76、协同创新 72、影响力 59

类比画像图

● 华东师范大学　● 百强均值　● 标杆中位值

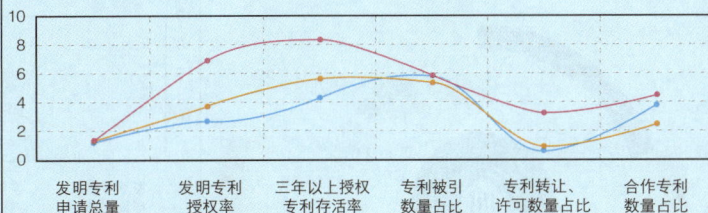

横轴：发明专利申请总量、发明专利授权率、三年以上授权专利存活率、专利被引数量占比、专利转让、许可数量占比、合作专利数量占比

同比画像图

华东师范大学　单位：%

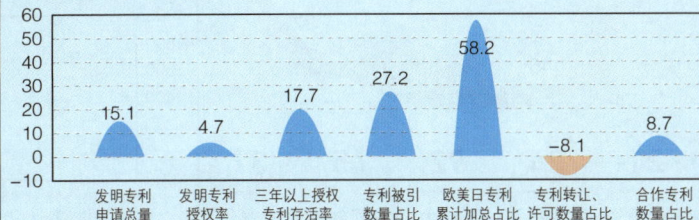

发明专利申请总量	发明专利授权率	三年以上授权专利存活率	专利被引数量占比	欧美日专利累计加总占比	专利转让、许可数量占比	合作专利数量占比
15.1	4.7	17.7	27.2	58.2	−8.1	8.7

华东师范大学成立于 1951 年，是由教育部主管，教育部与上海市人民政府重点共建的综合性研究型大学。现有 4 个学部，3 个国家"双一流"建设学科，6 个上海市高峰学科，一级学科博士学位授权点 31 个。现有专任教师 2401 人，其中高级职称 2090 人，包括中国科学院和中国工程院院士（含双聘院士）19 人，国家及上海市其他各类人才计划入选者 304 人。华东师范大学拥有 2 个国家重点实验室，12 个上海市重点实验室和工程技术研究中心。近年来年均申请发明专利近 500 项，年均获授权发明专利 150 余项。华东师范大学连续两年上榜，创新百强机构中综合排名位列第二梯级，在全球化维度表现相对较好。具体为：发明总量排名第 34 位，发明质量排名第 75 位，影响力排名第 42 位，全球化排名第 25 位，协同创新排名第 29 位。2021 年，其在欧美日专利累计加总占比方面增幅较大，比上年榜单测算指标增长 58.2%，这表明机构在全球化布局方面具有较大潜力。机构网址：https://www.ecnu.edu.cn/.

SHANGHAI

上海高校群英谱

上海师范大学

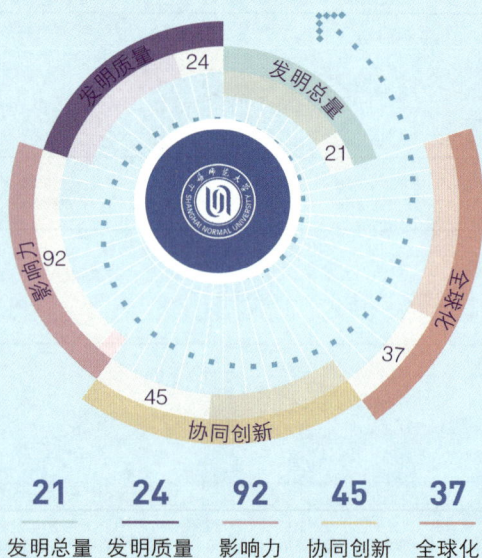

标准画像图
上海师范大学

发明质量 24
发明总量 21
影响力 92
全球化 37
协同创新 45

21	**24**	**92**	**45**	**37**
发明总量	发明质量	影响力	协同创新	全球化

类比画像图

● 上海师范大学　● 百强均值　● 标杆中位值

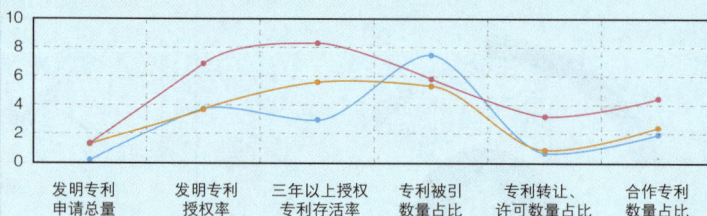

横轴：发明专利申请总量、发明专利授权率、三年以上授权专利存活率、专利被引数量占比、专利转让、许可数量占比、合作专利数量占比

同比画像图

上海师范大学　单位：%

发明专利申请总量	发明专利授权率	三年以上授权专利存活率	专利被引数量占比	欧美日专利累计加总占比	专利转让、许可数量占比	合作专利数量占比
-5.2	7.7	105.9	23.6	6.4	887.1	38.1

上海师范大学创建于 1954 年，是上海市高水平地方高校（学科）建设试点单位，是一所以文科见长并具教师教育特色的多学科协调发展的综合性大学。现有 11 个学科门类，11 个上海市高峰、高原学科，一级学科博士学位授权点 9 个。现有教职员工 2980 人，其中高级专业技术人员 1227 人，国家级人才 56 人次，省部级人才 327 人次。上海师范大学拥有 1 个教育部重点实验室，3 个上海市重点实验室，2 个上海市工程技术研究中心。"十三五"以来，共获得国家级项目 520 项，各类省部级项目 522 项；获得省部级及以上优秀成果奖励 73 项。近年来年均申请发明专利 100 余项，年均获权发明专利近 40 项。上海师范大学连续两年上榜，创新百强机构中综合排名位列第二梯级，在影响力维度表现亮眼。具体为：发明总量排名第 80 位，发明质量排名第 77 位，影响力排名第 9 位，全球化排名第 64 位，协同创新排名第 56 位。2021 年，其在专利被引数量占比方面表现较好，比上年榜单测算指标增长 23.6%，这表明机构在影响力方面具有优势。机构网址：https://www.shnu.edu.cn/.

SHANGHAI

上海高校群英谱

上海理工大学

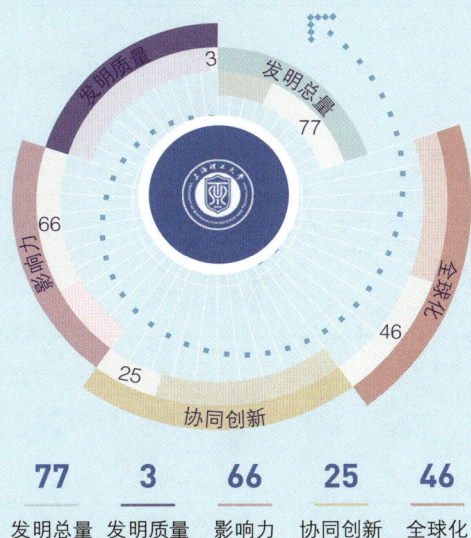

标准画像图
上海理工大学

77	3	66	25	46
发明总量	发明质量	影响力	协同创新	全球化

类比画像图

● 上海理工大学　● 百强均值　● 标杆中位值

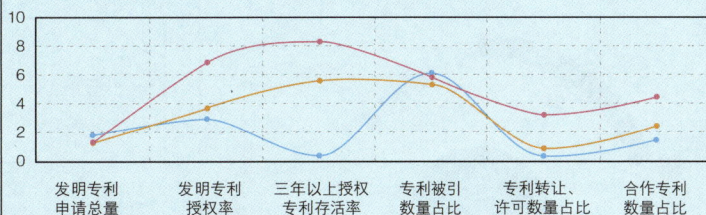

发明专利申请总量 / 发明专利授权率 / 三年以上授权专利存活率 / 专利被引数量占比 / 专利转让、许可数量占比 / 合作专利数量占比

同比画像图

上海理工大学　单位：%

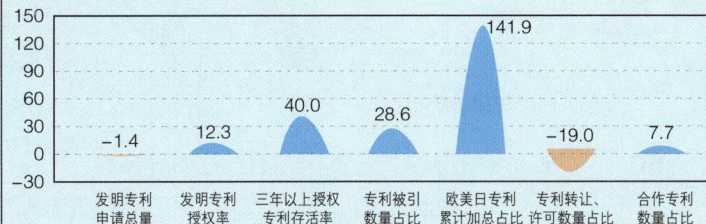

-1.4　12.3　40.0　28.6　141.9　-19.0　7.7

发明专利申请总量 / 发明专利授权率 / 三年以上授权专利存活率 / 专利被引累计加总占比 / 欧美日专利累计加总占比 / 专利转让、许可数量占比 / 合作专利数量占比

上海理工大学的历史可追溯至 1906 年，是一所以工学为主，多学科协调发展的上海市属重点应用研究型大学，是上海市"高水平地方高校"建设试点单位。现有本科专业 60 个，一级学科博士学位授权点 8 个。现有教职工 2900 余人，其中中国科学院、中国工程院院士 9 人（含双聘），国家级人才 75 人次，省部级人才 189 人次，高级职称教师 859 人。上海理工大学拥有 7 个国家级科研平台和 34 个省部级平台，其中包括 1 个教育部重点实验室和 2 个上海市重点实验室。近 3 年，获得国家级科研项目 230 余项；获得国家科学技术进步奖二等奖 2 项，省部级科学技术奖 44 项，军队科学技术进步奖二等奖 1 项；授权发明专利 600 余项。上海理工大学连续两年上榜，创新百强机构中综合排名位列第三梯级，在发明总量维度表现相对较好。具体为：发明总量排名第 24 位，发明质量排名第 98 位，影响力排名第 35 位，全球化排名第 55 位，协同创新排名第 76 位。2021 年，其在欧美日专利累计加总占比方面增幅较大，比上年榜单测算指标显著提升，这表明机构在全球化布局方面具有较大潜力。机构网址：https://www.usst.edu.cn/.

上海高校群英谱

上海电力大学

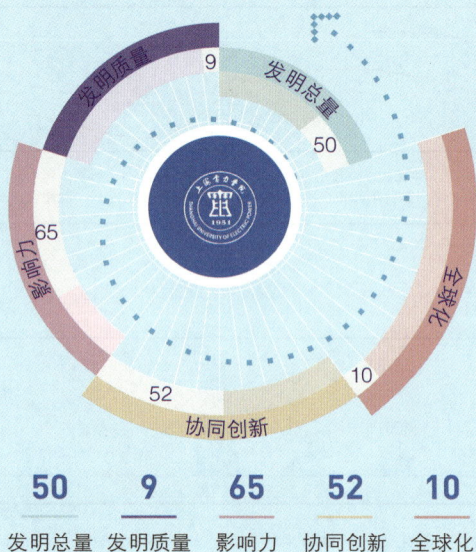

标准画像图
上海电力大学

发明质量 9　发明总量
发明总量 50
影响力 65
全球化
协同创新 52
全球化 10

50	9	65	52	10
发明总量	发明质量	影响力	协同创新	全球化

类比画像图

- 上海电力大学
- 百强均值
- 标杆中位值

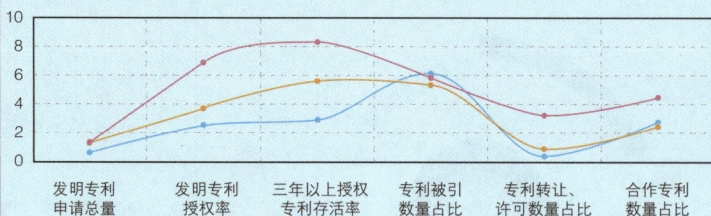

发明专利申请总量　发明专利授权率　三年以上授权专利存活率　专利被引数量占比　专利转让、许可数量占比　合作专利数量占比

同比画像图

上海电力大学　单位：%

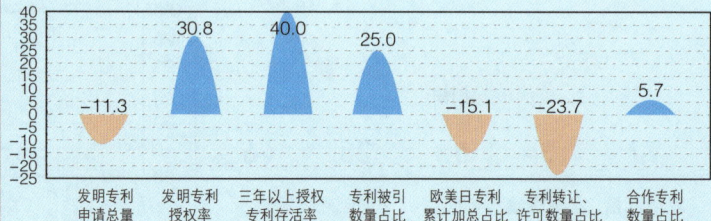

发明专利申请总量	发明专利授权率	三年以上授权专利存活率	专利被引数量占比	欧美日专利累计加总占比	专利转让、许可数量占比	合作专利数量占比
−11.3	30.8	40.0	25.0	−15.1	−23.7	5.7

上海电力大学创建于 1951 年，是中央与上海市共建、以上海市管理为主的全日制普通高等院校。现已发展成为以工为主，兼有多学科，主干学科能源电力特色鲜明、多学科协调发展的高等学校。现有本科专业 38 个，上海市Ⅳ类高峰学科 1 个、高原学科 1 个，一级学科博士学位授权点 1 个。现有专任教师 800 余人，其中各类高层次人才 80 余人次。上海电力大学拥有国家大学科技园、国家级技术转移中心、教育部省部共建协同创新中心及 14 个省部级以上的科研平台。近年来，主持和参与各类科研项目近千项，其中高水平科研项目和人才培养项目 500 多项；获省部级及以上科学技术奖 59 项，其中国家级奖励 3 项；拥有多项具有自主知识产权的发明专利和实用新型专利。上海电力大学连续两年上榜，创新百强机构中综合排名位列第三梯级，在影响力维度表现相对较好。具体为：发明总量排名第 51 位，发明质量排名第 92 位，影响力排名第 36 位，全球化排名第 91 位，协同创新排名第 49 位。2021 年，其在专利被引数量占比方面表现较好，比上年榜单测算指标增长 25.0%，这表明机构在影响力方面具有一定优势。机构网址：https://www.shiep.edu.cn/.

上海高校群英谱

SHANGHAI

上海中医药大学

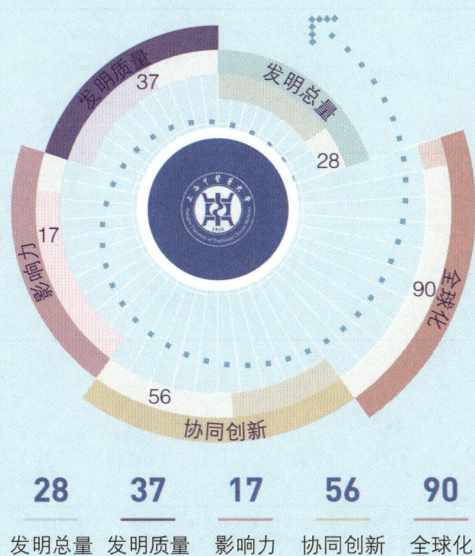

标准画像图

上海中医药大学

发明质量 37
发明总量
28
影响力 17
全球化 90
协同创新 56

28	37	17	56	90
发明总量	发明质量	影响力	协同创新	全球化

类比画像图

● 上海中医药大学　● 百强均值　● 标杆中位值

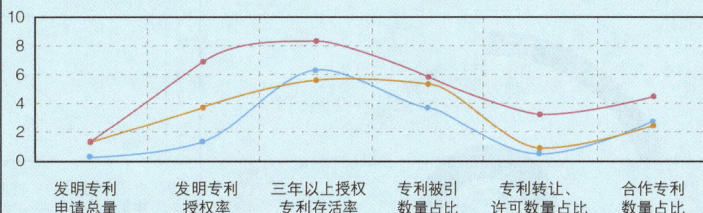

发明专利申请总量 | 发明专利授权率 | 三年以上授权专利存活率 | 专利被引数量占比 | 专利转让、许可数量占比 | 合作专利数量占比

同比画像图

上海中医药大学　　单位：%

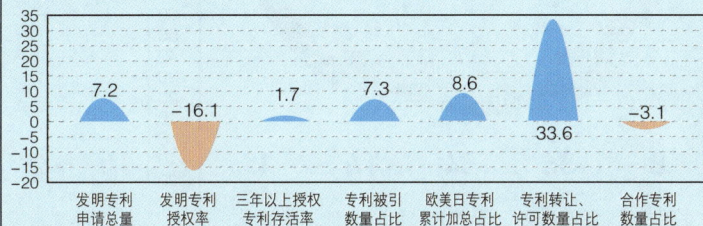

指标	值
发明专利申请总量	7.2
发明专利授权率	−16.1
三年以上授权专利存活率	1.7
专利被引数量占比	7.3
欧美日专利累计加总占比	8.6
专利转让、许可数量占比	33.6
合作专利数量占比	−3.1

上海中医药大学成立于 1956 年，是新中国成立以来国家首批建立的中医药高等院校之一，是上海市重点建设的高水平大学。现有国家"双一流"建设学科 2 个，上海市高峰、高原学科 4 个，一级学科博士学位授权点 3 个。现有教职员工 1300 余人，其中有 4 名两院院士，2 名国医大师，700 多名高级专家和教授。上海中医药大学拥有 1 个教育部中药现代制剂技术工程研究中心，3 个教育部重点实验室，3 个上海市重点实验室。学校 2016—2020 年申请发明专利 600 余项，获授权发明专利 160 余项。上海中医药大学连续两年上榜，创新百强机构中综合排名位列第三梯级，在全球化维度表现较为突出。具体为：发明总量排名第 73 位，发明质量排名第 64 位，影响力排名第 84 位，全球化排名第 11 位，协同创新排名第 45 位。2021 年，其在欧美日专利累计加总占比，专利转让、许可数量占比方面表现较好，分别比上年榜单测算指标增长 8.6% 和 33.6%，这表明机构在国际化、协同创新方面具有潜力。机构网址：https://www.shutcm.edu.cn/.

SHANGHAI

上海高校群英谱

上海第二工业大学

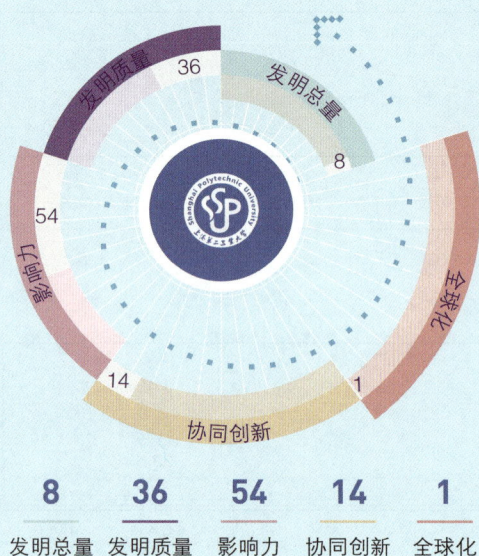

标准画像图
上海第二工业大学

发明质量 36
发明总量 8
全球化 1
协同创新 14
影响力 54

8	36	54	14	1
发明总量	发明质量	影响力	协同创新	全球化

类比画像图

● 上海第二工业大学　● 百强均值　● 标杆中位值

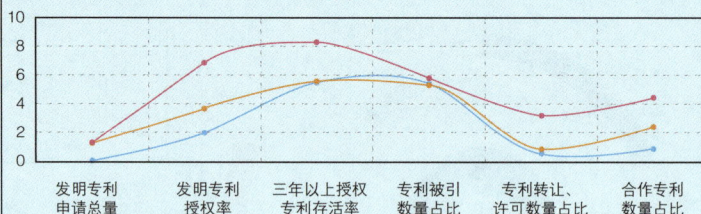

发明专利申请总量 / 发明专利授权率 / 三年以上授权专利存活率 / 专利被引数量占比 / 专利转让、许可数量占比 / 合作专利数量占比

同比画像图

上海第二工业大学　单位：%

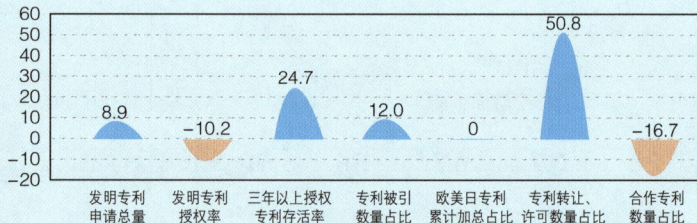

指标	数值
发明专利申请总量	8.9
发明专利授权率	-10.2
三年以上授权专利存活率	24.7
专利被引数量占比	12.0
欧美日专利累计加总占比	0
专利转让、许可数量占比	50.8
合作专利数量占比	-16.7

上海第二工业大学前身为成立于 1960 年的上海市业余工业大学，是一所工科见长、多学科协调发展的上海市属普通高等学校，是上海市"高水平地方高校建设"培育单位，以培养应用技术型人才为办学定位。现有本科专业 45 个，上海高校 II 类高原学科 1 个。现有专任教师 820 人，其中各级各类人才 43 人。上海第二工业大学拥有上海先进热功能材料工程技术研究中心等省部级科研平台，与其他科研机构和企业合作设立实验室。学校承担国家级项目 100 余项，作为第一单位获上海市科学技术奖二等奖 3 项、三等奖 4 项。学校 2016—2020 年申请发明专利 300 余项，获授权发明专利近百项。上海第二工业大学连续两年上榜，创新百强机构中综合排名位列第四梯级，在影响力维度表现相对较好。具体为：发明总量排名第 93 位，发明质量排名第 65 位，影响力排名第 47 位，全球化排名第 93 位，协同创新排名第 87 位。2021 年，其在专利被引数量占比方面表现较好，比上年榜单测算指标增长 12.0%，这表明机构在影响力方面具有相对优势。机构网址：https://www.sspu.edu.cn/.

上海高校群英谱

上海工程技术大学

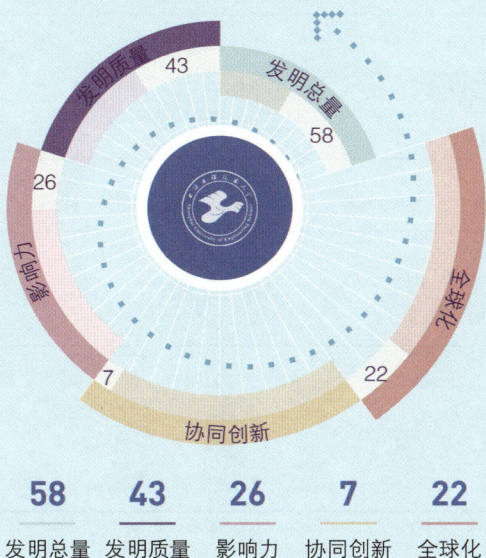

标准画像图
上海工程技术大学

发明质量 43
发明总量 58
发明质量 26
全球化 22
协同创新 7

58	43	26	7	22
发明总量	发明质量	影响力	协同创新	全球化

类比画像图

● 上海工程技术大学　● 百强均值　● 标杆中位值

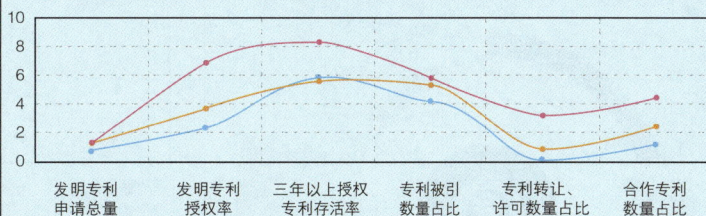

发明专利申请总量 / 发明专利授权率 / 三年以上授权专利存活率 / 专利被引数量占比 / 专利转让、许可数量占比 / 合作专利数量占比

同比画像图

上海工程技术大学　单位：%

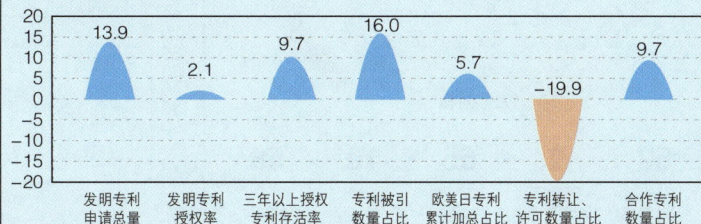

| 13.9 | 2.1 | 9.7 | 16.0 | 5.7 | −19.9 | 9.7 |

发明专利申请总量 / 发明专利授权率 / 三年以上授权专利存活率 / 专利被引数量占比 / 欧美日专利累计加总占比 / 专利转让、许可数量占比 / 合作专利数量占比

上海工程技术大学的历史可追溯至 1978 年，是一所多学科互相渗透、协调发展的高等院校，是教育部"卓越工程师教育培养计划"首批试点高校、上海市"高水平地方应用型高校"试点建设单位。现有本科专业 64 个，上海市高峰学科 2 个。现有专任教师 1553 人，其中具备高级专业技术职称的有 639 人；各类国家级人才 23 人，其中中国工程院院士 4 人（含双聘院士 2 人）。上海工程技术大学拥有省级学科科研平台 18 个。学校承担省部级项目 500 余项；作为第一单位获省部级科学技术奖 29 项，其中一等奖 1 项；获得专利授权 3200 余项。上海工程技术大学连续两年上榜，创新百强机构中综合排名位列第四梯级，在发明总量维度表现相对较好。具体为：发明总量排名第 43 位，发明质量排名第 58 位，影响力排名第 75 位，全球化排名第 79 位，协同创新排名第 94 位。2021 年，其在发明专利申请总量方面表现较好，比上年榜单测算指标增长 13.9%，这表明机构在发明总量方面具有相对优势。机构网址：https://www.sues.edu.cn/.

上海高校群英谱

SHANG HAI

上海海事大学

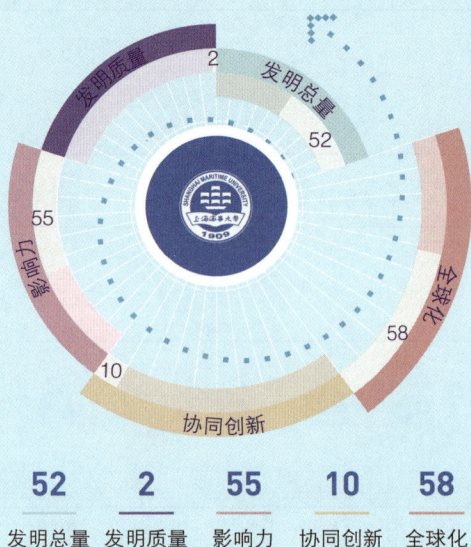

标准画像图
上海海事大学

发明总量 **52** · 发明质量 **2** · 影响力 **55** · 协同创新 **10** · 全球化 **58**

52	2	55	10	58
发明总量	发明质量	影响力	协同创新	全球化

类比画像图

● 上海海事大学　● 百强均值　● 标杆中位值

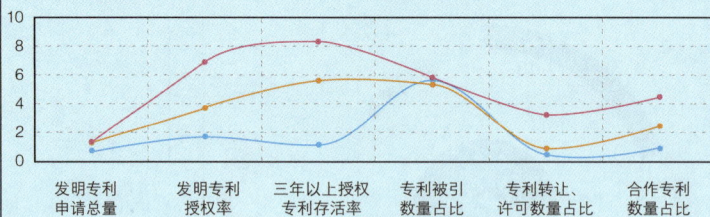

横轴：发明专利申请总量、发明专利授权率、三年以上授权专利存活率、专利被引数量占比、专利转让、许可数量占比、合作专利数量占比

同比画像图

上海海事大学　单位：%

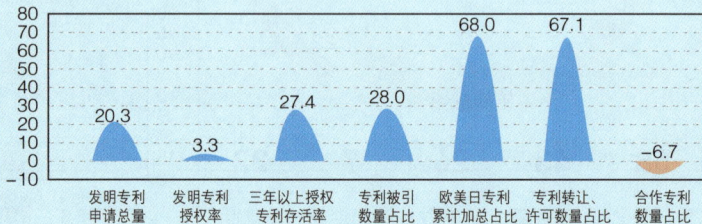

指标	数值
发明专利申请总量	20.3
发明专利授权率	3.3
三年以上授权专利存活率	27.4
专利被引数量占比	28.0
欧美日专利累计加总占比	68.0
专利转让、许可数量占比	67.1
合作专利数量占比	-6.7

上海海事大学的历史可追溯至 1909 年，是一所以航运、物流、海洋为特色，具有多种学科门类的多科性大学，由交通运输部和上海市人民政府共建。现有本科专业 52 个，3 个上海市高峰、高原学科，一级学科博士学位授权点 4 个。现有专任教师 1200 人，其中教授 190 余人。上海海事大学拥有包括航运技术与控制工程交通运输行业重点实验室在内的 18 个省部级重点研究基地。近年来，科技服务能力不断提升，承接一批国家级科研项目并获得部市级以上科学技术进步奖。2016—2020 年申请发明专利 1400 余项，获授权发明专利近 400 项。上海海事大学连续两年上榜，创新百强机构中综合排名位列第四梯级，在发明总量、影响力、全球化维度表现相对较好。具体为：发明总量排名第 49 位，发明质量排名第 99 位，影响力排名第 46 位，全球化排名第 43 位，协同创新排名第 91 位。2021 年，其在发明专利申请总量、专利被引数量占比、欧美日专利累计加总占比方面增幅较大，分别比上年榜单测算指标增长 20.3%、28.0% 和 68.0%，这表明机构在发明总量、影响力和全球化布局方面具有较大潜力。机构网址：https://www.shmtu.edu.cn/.

8.3　上海院所群英谱

中国科学院上海药物研究所

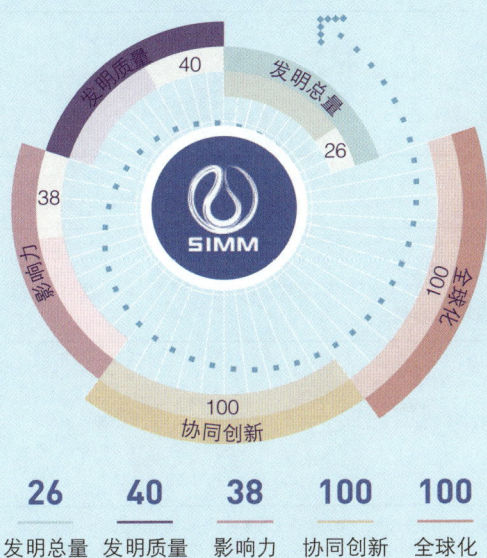

标准画像图

中国科学院上海药物研究所

26	40	38	100	100
发明总量	发明质量	影响力	协同创新	全球化

类比画像图

● 中国科学院上海药物研究所　　● 百强均值　　● 标杆中位值

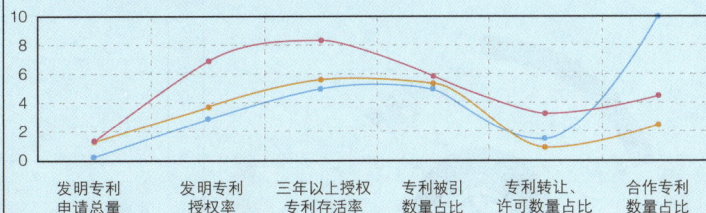

横轴：发明专利申请总量　发明专利授权率　三年以上授权专利存活率　专利被引数量占比　专利转让、许可数量占比　合作专利数量占比

同比画像图

中国科学院上海药物研究所　　单位：%

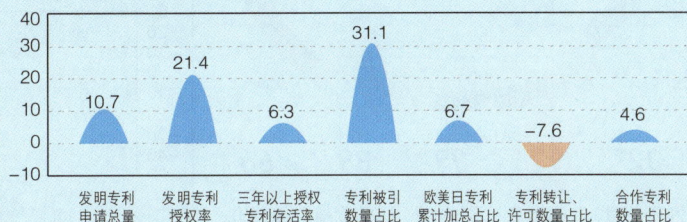

横轴：发明专利申请总量 10.7　发明专利授权率 21.4　三年以上授权专利存活率 6.3　专利被引数量占比 31.1　欧美日专利累计加总占比 6.7　专利转让、许可数量占比 −7.6　合作专利数量占比 4.6

中国科学院上海药物研究所（简称"上海药物研究所"）创建于 1932 年，是我国历史最悠久的综合性创新药物研究机构，主要开展创新药物基础和应用基础研究，发展药物研究新理论、新方法和新技术。现有职工 1000 余人，其中两院院士 4 人、杰出青年等国家级高层次人才近 200 人。上海药物研究所设有 5 个国家级研究中心，同时率先筹建"中国科学院药物创新研究院"，牵头揭牌成立"张江药物实验室"。自建所以来，共研制开发新药 100 余种并投入生产，共获各类科研成果奖 300 余项，包括国家三大奖 27 项，全国科学大会奖等国家级奖 21 项，省部级奖 101 项。2015—2019 年，累计申请国内专利 604 项、PCT 174 项、国外专利 402 项；获得国内专利授权 315 项，国外专利授权 176 项。上海药物研究所连续两年上榜，创新百强机构中综合排名位于第一梯级前列，在协同创新及全球化维度表现亮眼。具体为：发明总量排名第 75 位，发明质量排名第 61 位，影响力排名第 63 位，全球化排名第 1 位，协同创新排名第 1 位。2021 年，其在发明专利授权率、专利被引数量占比方面增幅较大，分别比上年榜单测算指标增长 21.4% 和 31.1%，这表明机构在发明质量及影响力方面极具增长潜力。机构网址：http://www.simm.ac.cn/.

上海院所群英谱

中国科学院上海高等研究院

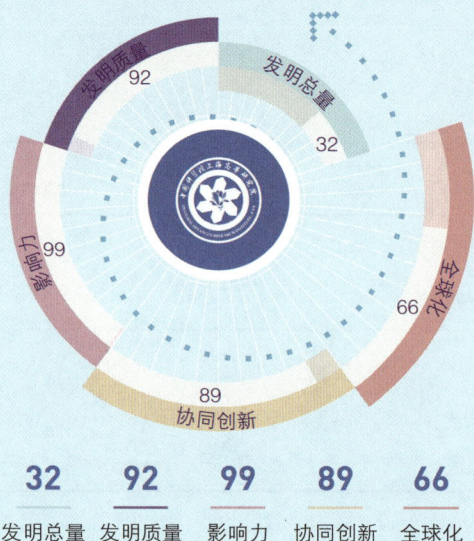

标准画像图

中国科学院上海高等研究院

发明总量 92 发明质量
影响力 99
89 协同创新
66 全球化
32 发明总量

32	92	99	89	66
发明总量	发明质量	影响力	协同创新	全球化

类比画像图

● 中国科学院上海高等研究院 ● 百强均值 ● 标杆中位值

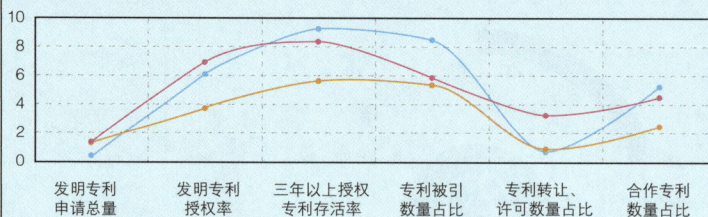

发明专利申请总量 / 发明专利授权率 / 三年以上授权专利存活率 / 专利被引数量占比 / 专利转让、许可数量占比 / 合作专利数量占比

同比画像图

中国科学院上海高等研究院 　单位：%

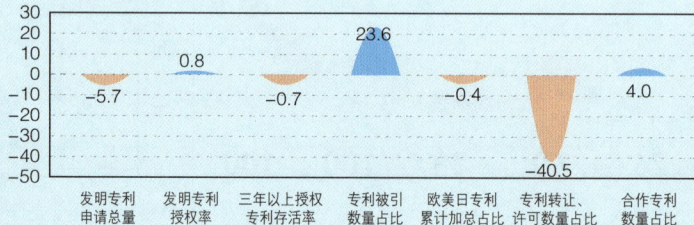

-5.7 / 0.8 / -0.7 / 23.6 / -0.4 / -40.5 / 4.0

发明专利申请总量 / 发明专利授权率 / 三年以上授权专利存活率 / 专利被引数量累计加总占比 / 欧美日专利数量占比 / 专利转让、许可数量占比 / 合作专利数量占比

中国科学院上海高等研究院（简称"高研院"）成立于 2012 年，是由中国科学院和上海市人民政府共建的年轻的科研机构，主要以先进光源大科学装置的研制、建设和运行为核心，开展加速器科学、光子科学、能源科学与信息科学领域的原始创新研究和关键核心技术研发。目前已聚集了一批高层次科技人才，共计 262 人次获得 25 类学术称号或人才项目，其中院士有 4 人。高研院设有 7 个科研单元，包括蛋白质设施和上海光源等大科学装置；同时筹建了张江实验室。近年来产生了一系列科研成果，获得上海市科学技术进步奖、中国通信学会科学技术奖等奖项；截至 2020 年年底，高研院累计发表专业论文 2551 篇，累计申请专利 1400 多项，授权专利 746 项。近 3 年来，高研院签订各类四技合同 200 多项，完成若干个技术许可和技术转让项目，涉及能源、信息、医疗等多个行业。高研院连续两年上榜，创新百强机构中综合排名位列第一梯级，在发明质量及影响力维度表现突出。具体为：发明总量排名第 69 位，发明质量排名第 9 位，影响力排名第 2 位，全球化排名第 35 位，协同创新排名第 12 位。2021 年，其在专利被引数量占比方面表现较好，比上年榜单测算指标增长 23.6%，这表明机构在影响力方面极具优势。机构网址：http://www.sari.cas.cn/cgzh/.

上海院所群英谱

中国科学院上海有机化学研究所

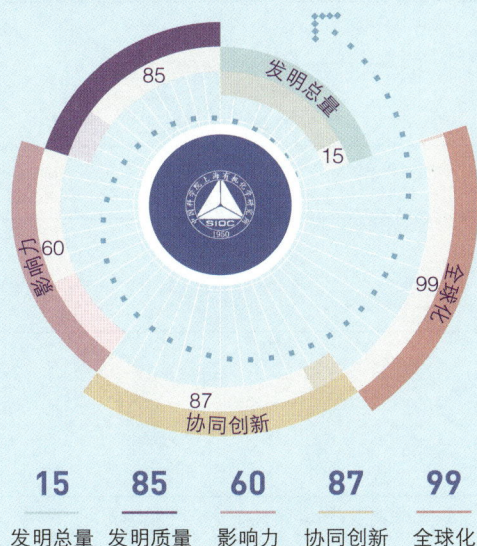

标准画像图

中国科学院上海有机化学研究所

15	85	60	87	99
发明总量	发明质量	影响力	协同创新	全球化

类比画像图

● 中国科学院上海有机化学研究所　● 百强均值　● 标杆中位值

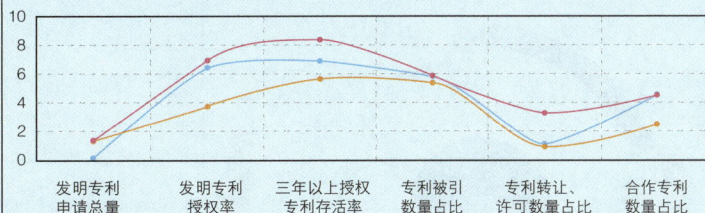

发明专利申请总量　发明专利授权率　三年以上授权专利存活率　专利被引数量占比　专利转让、许可数量占比　合作专利数量占比

同比画像图

中国科学院上海有机化学研究所　单位：%

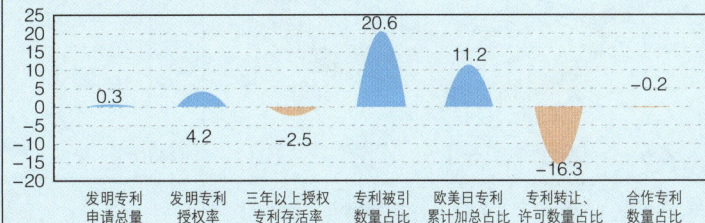

发明专利申请总量　发明专利授权率　三年以上授权专利存活率　专利被引累计加总占比　欧美日专利累计加总占比　专利转让、许可数量占比　合作专利数量占比

中国科学院上海有机化学研究所（简称"上海有机所"）创建于 1950 年，是中国科学院首批成立的 15 个研究所之一，是以有机化学研究为中心的综合性化学研究机构。现有在职职工 695 人，包括中国科学院院士 8 人、高级专业技术岗位人员近 300 人。上海有机所现有 2 个国家重点实验室、4 个院重点实验室，还有多个同国内外大学、企业联合共建的研究中心。截至 2020 年年底，上海有机所共获得各种科研成果奖 363 项，包括国家三大奖 75 项，上海市科学技术成果奖 92 项，获得包括中国科学院自然科学一等奖 28 项在内的中国科学院各类奖 145 项。共获授权专利 1028 项（其中国外专利 49 项），发表学术论文 12 319 余篇。上海有机所连续两年上榜，创新百强机构中综合排名位列第一梯级，在全球化维度表现亮眼。具体为：发明总量排名第 86 位，发明质量排名第 16 位，影响力排名第 41 位，全球化排名第 2 位，协同创新排名第 14 位。2021 年，其在欧美日专利累计加总占比方面表现较好，比上年榜单测算指标增长 11.2%，这表明机构在全球化布局方面具有较大优势。机构网址：http://www.sioc.cas.cn/.

上海院所群英谱

SHANG HAI

中国科学院上海硅酸盐研究所

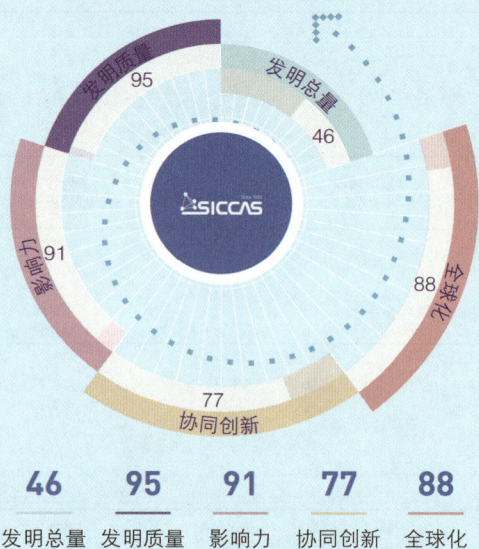

标准画像图

中国科学院上海硅酸盐研究所

SICCAS

发明质量 95
发明总量 46
外向专 88
协同创新 77
影响力 91

46	95	91	77	88
发明总量	发明质量	影响力	协同创新	全球化

类比画像图

● 中国科学院上海硅酸盐研究所　● 百强均值　● 标杆中位值

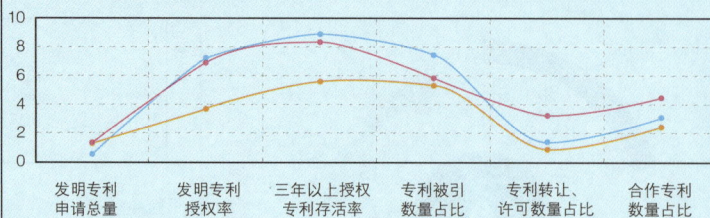

发明专利申请总量　发明专利授权率　三年以上授权专利存活率　专利被引数量占比　专利转让、许可数量占比　合作专利数量占比

同比画像图

中国科学院上海硅酸盐研究所　单位：%

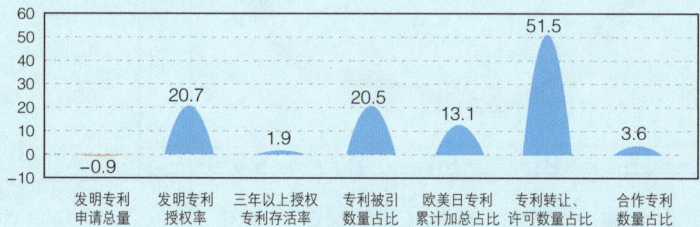

发明专利申请总量 −0.9
发明专利授权率 20.7
三年以上授权专利存活率 1.9
专利被引数量占比 20.5
欧美日专利累计加总占比 13.1
专利转让、许可数量占比 51.5
合作专利数量占比 3.6

中国科学院上海硅酸盐研究所（简称"上海硅酸盐所"）于 1959 年独立建所，是我国最早开展无机材料研究的科研机构。发展至今，已形成集材料前沿探索、高技术创新、应用发展研究为一体的无机非金属材料科研机构。全所现有在职职工 769 人，其中专业技术人员 705 人，中国科学院院士 2 人，中国工程院院士 3 人。上海硅酸盐所拥有国家重点实验室 1 个、中科院重点实验室 4 个、文化部重点实验室 1 个。建所以来，形成了以大容量钠硫电池、碳化硅陶瓷、碳化硅陶瓷基复合材料和介孔药物载体为代表的一批有影响力的科研成果。历年来，累计取得科技成果近 1200 项，获得国家、中国科学院、上海市等省部级以上各类科学技术奖励 426 项，其中国家发明奖 30 项、国家自然科学奖 9 项、国家科学技术进步奖 16 项。截至 2020 年年底，共申报专利 3878 项，批准专利 2159 项。上海硅酸盐所连续两年上榜，创新百强机构中综合排名位列第一梯级，在发明质量、影响力维度表现突出。具体为：发明总量排名第 55 位，发明质量排名第 6 位，影响力排名第 10 位，全球化排名第 13 位，协同创新排名第 24 位。2021 年，其在发明专利授权率、专利被引数量占比、专利转让、许可数量占比方面表现较好，分别比上年榜单测算指标增长 20.7%、20.5% 和 51.5%，这表明机构在发明质量、影响力及协同创新方面具有发展优势。机构网址：http://www.sic.cas.cn/.

上海院所群英谱

中国科学院上海微系统与信息技术研究所

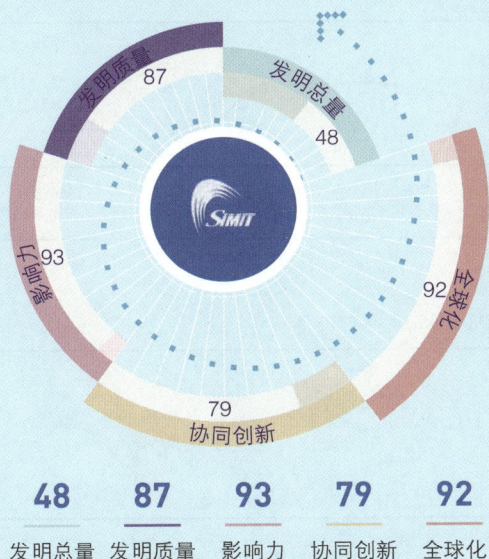

标准画像图
中国科学院上海微系统与信息技术研究所

48	87	93	79	92
发明总量	发明质量	影响力	协同创新	全球化

类比画像图

● 中国科学院上海微系统与信息技术研究所　● 百强均值　● 标杆中位值

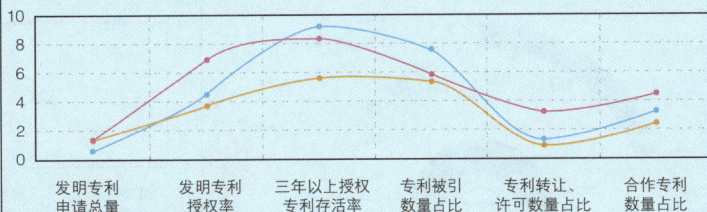

发明专利申请总量　发明专利授权率　三年以上授权专利存活率　专利被引数量占比　专利转让、许可数量占比　合作专利数量占比

同比画像图
中国科学院上海微系统与信息技术研究所　　单位：%

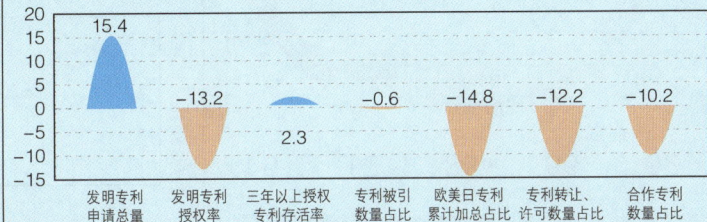

15.4　−13.2　2.3　−0.6　−14.8　−12.2　−10.2

发明专利申请总量　发明专利授权率　三年以上授权专利存活率　专利被引数量占比　欧美日专利累计加总占比　专利转让、许可数量占比　合作专利数量占比

中国科学院上海微系统与信息技术研究所（简称"上海微系统所"）前身是成立于 1928 年的中央研究院工程研究所，是我国最早的工学研究机构之一。发展至今，已形成以信息与通信工程、电子科学与技术两大学科建设为重点，以信息网络／通信（ICT）重点领域为引领的研究机构。全所现有职工 771 人，包括中国科学院院士 2 人，高级专业技术岗位人员 311 人，120 余人次入选各类人才计划。上海微系统所拥有国家级实验室 3 个、中科院实验室 3 个。自新中国成立以来，获得国家级科学技术奖励 46 项、省部级科学技术奖励 347 项，其中"甲种分离膜"技术获国家科学技术进步奖特等奖，"高速、超高速双极型数字集成电路""高端硅基 SOI 材料研发和产业化"获国家科学技术进步奖一等奖。上海微系统所年均申请专利 200 余项，年均获授权专利 100 余项。上海微系统所连续两年上榜，创新百强机构中综合排名位列第一梯级，在影响力及全球化维度表现突出。具体为：发明总量排名第 53 位，发明质量排名第 14 位，影响力排名第 8 位，全球化排名第 9 位，协同创新排名第 22 位。2021 年，其在发明专利申请总量方面增长较多，比上年榜单测算指标增长 15.4%，这表明机构在发明总量方面具有发展潜力。机构网址：http://www.sim.cas.cn/.

SHANGHAI

上海院所群英谱

中国科学院上海光学精密机械研究所

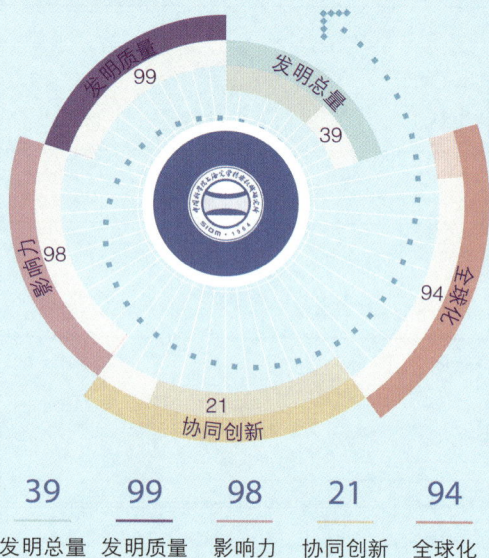

标准画像图

中国科学院上海光学精密机械研究所

- 发明质量 99
- 发明总量 39
- 影响力 98
- 全球化 94
- 协同创新 21

39	99	98	21	94
发明总量	发明质量	影响力	协同创新	全球化

类比画像图

● 中国科学院上海光学精密机械研究所　● 百强均值　● 标杆中位值

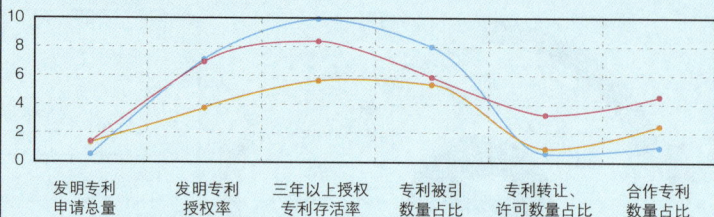

发明专利申请总量　发明专利授权率　三年以上授权专利存活率　专利被引数量占比　专利转让、许可数量占比　合作专利数量占比

同比画像图

中国科学院上海光学精密机械研究所　　单位：%

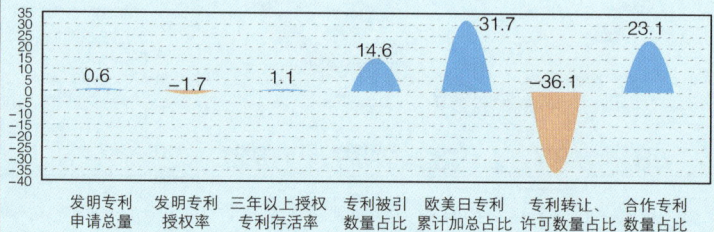

| | | | 14.6 | 31.7 | | 23.1 |
| 0.6 | −1.7 | 1.1 | | | −36.1 | |

发明专利申请总量　发明专利授权率　三年以上授权专利存活率　专利被引数量占比　欧美日专利累计加总占比　专利转让、许可数量占比　合作专利数量占比

中国科学院上海光学精密机械研究所（简称"上海光机所"）成立于 1964 年 5 月，是我国建立最早、规模最大的激光科学技术专业研究所。发展至今，已形成以探索现代光学重大基础及应用基础前沿、发展大型激光工程技术并开拓激光与光电子高技术应用为重点的综合性研究所。全所现有职工 1000 余人，专业技术人员 900 余人，先后有 9 位专家当选为中国科学院、中国工程院院士。上海光机所拥有国家重点实验室 1 个、"中科院—中物院"联合实验室 1 个、中科院重点实验室 4 个、上海市重点实验室 1 个。建所 60 多年来，完成了一系列重大科研项目。1964 年以来，已取得 1211 项科技成果，获国家级奖励 48 项、中科院奖励 128 项、上海市及部委级奖励 133 项。上海光机所年均申请专利 200 余项，年均获授权专利 160 余项。上海光机所连续两年上榜，创新百强机构中综合排名位列第一梯级，在发明质量、影响力及全球化维度表现亮眼。具体为：发明总量排名第 62 位，发明质量排名第 2 位，影响力排名第 3 位，全球化排名第 7 位，协同创新排名第 80 位。2021 年，其在专利被引数量占比、欧美日专利累计加总占比方面表现较好，分别比上年榜单测算指标增长 14.6% 和 31.7%，这表明机构在影响力及全球化布局方面仍极具优势。机构网址：http://www.siom.cas.cn/.

上海院所群英谱

中国科学院微小卫星创新研究院

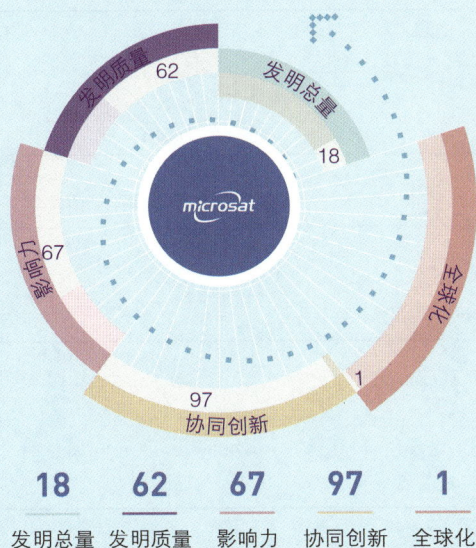

标准画像图
中国科学院微小卫星创新研究院

18	62	67	97	1
发明总量	发明质量	影响力	协同创新	全球化

类比画像图

● 中国科学院微小卫星创新研究院　● 百强均值　● 标杆中位值

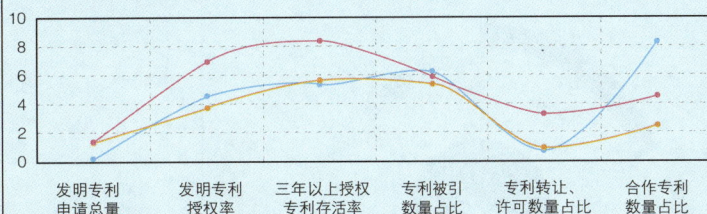

发明专利申请总量　发明专利授权率　三年以上授权专利存活率　专利被引数量占比　专利转让、许可数量占比　合作专利数量占比

同比画像图
中国科学院微小卫星创新研究院　单位：%

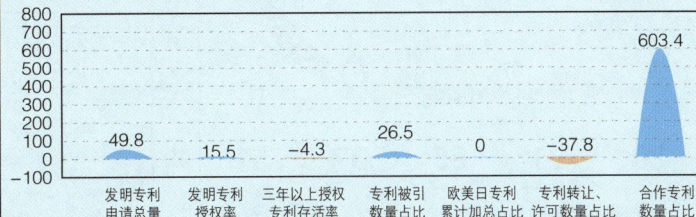

49.8　15.5　-4.3　26.5　0　-37.8　603.4

发明专利申请总量　发明专利授权率　三年以上授权专利存活率　专利被引数量占比　欧美日专利累计加总占比　专利转让、许可数量占比　合作专利数量占比

上海微小卫星工程中心于 2003 年挂牌，作为中国科学院研究所分类改革首批试点单位之一，于 2017 年挂牌为中国科学院微小卫星创新研究院（简称"卫星创新院"），它是我国微小卫星及相关技术领域的总体单位之一，主要从事小卫星、微卫星、纳卫星、皮卫星及相关技术的科学研究、技术开发和科学实验。全院现有职工 700 余人，硕士以上学历者占 88%，平均年龄 34 岁。卫星创新院拥有 5 个卫星总体研究所，7 个卫星总装大厅，成立以来已成功发射 76 颗卫星。目前已获国家科学技术进步奖二等奖及以上 3 次、上海市科学技术奖二等奖及以上 8 次、军队科学技术进步奖二等奖及以上 14 次。卫星创新院 2016—2020 年申请发明专利 400 余项，获授权发明专利 180 余项。卫星创新院连续两年上榜，创新百强机构中综合排名位于第二梯级前列，在协同创新维度表现亮眼。具体为：发明总量排名第 83 位，发明质量排名第 39 位，影响力排名第 34 位，全球化排名第 93 位，协同创新排名第 4 位。2021 年，其在合作专利数量占比方面表现极为突出，比上年榜单测算指标增长超过 100%，这表明机构在协同创新方面极具优势。机构网址：http://www.microsate.com/.

上海院所群英谱

中国科学院上海应用物理研究所

标准画像图

中国科学院上海应用物理研究所

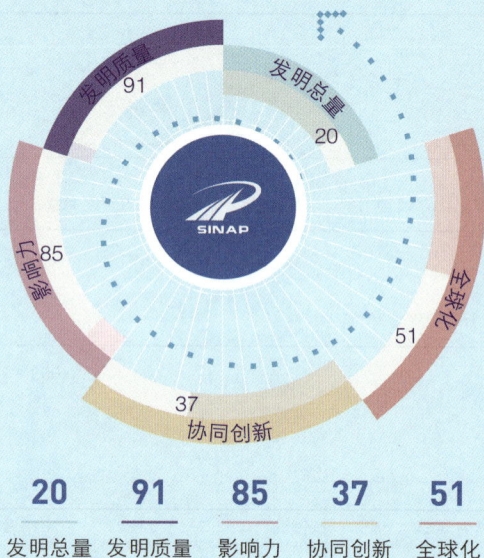

20	91	85	37	51
发明总量	发明质量	影响力	协同创新	全球化

类比画像图

● 中国科学院上海应用物理研究所　　● 百强均值　　● 标杆中位值

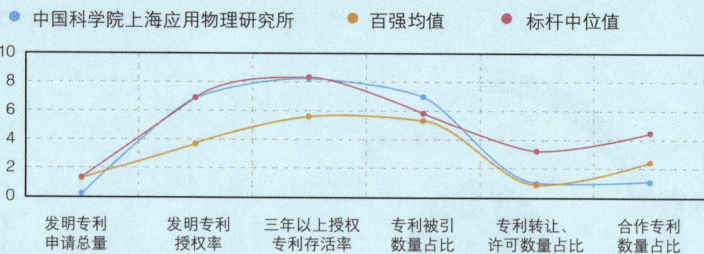

同比画像图

中国科学院上海应用物理研究所　　单位：%

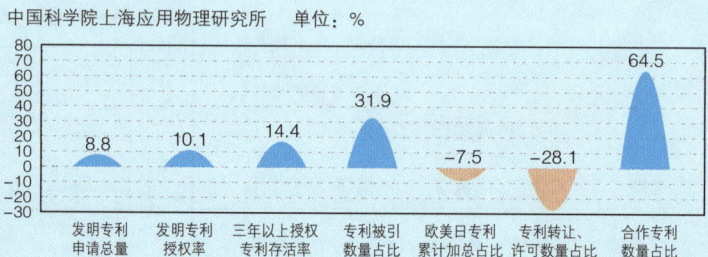

中国科学院上海应用物理研究所（简称"上海应物所"）成立于 1959 年，是以钍基熔盐堆核能系统、高效能源存储与转换等先进能源科学技术为主要研究方向，同时兼顾核技术前沿应用研究，以及熔盐堆、钍铀燃料循环、核能综合利用等领域关键技术研发的综合性核科学技术研究机构。全所现有职工 700 余人，包括高级专业技术岗位人员 270 余人。上海应物所拥有中科院重点实验室 1 个、上海市重点实验室 1 个、大科学装置 1 个。建所以来共取得科研成果 600 余项，获各类科技奖 200 余项。上海应物所 2016—2020 年申请发明专利近 500 项，获授权发明专利 250 余项。上海应物所连续两年上榜，创新百强机构中综合排名位于第二梯级前列，在发明质量、影响力维度表现较突出。具体为：发明总量排名第 81 位，发明质量排名第 10 位，影响力排名第 16 位，全球化排名第 50 位，协同创新排名第 64 位。2021 年，其在发明专利授权率、三年以上授权专利存活率、专利被引数量占比方面表现较好，分别比上年榜单测算指标增长 10.1%、14.4% 和 31.9%，这表明机构在发明质量、影响力方面具有优势。机构网址：http://www.sinap.cas.cn/.

上海院所群英谱

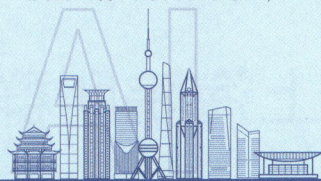

中国船舶集团有限公司第七一一研究所

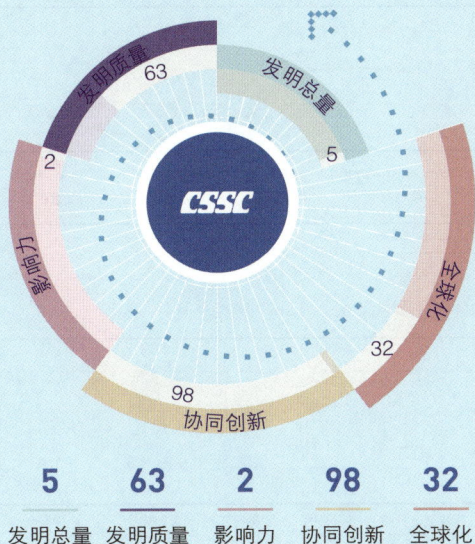

标准画像图

中国船舶集团有限公司第七一一研究所

5	63	2	98	32
发明总量	发明质量	影响力	协同创新	全球化

类比画像图

● 中国船舶集团有限公司第七一一研究所　● 百强均值　● 标杆中位值

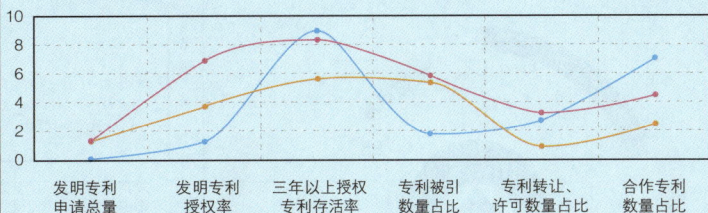

发明专利申请总量　发明专利授权率　三年以上授权专利存活率　专利被引数量占比　专利转让、许可数量占比　合作专利数量占比

同比画像图

中国船舶集团有限公司第七一一研究所　单位：%

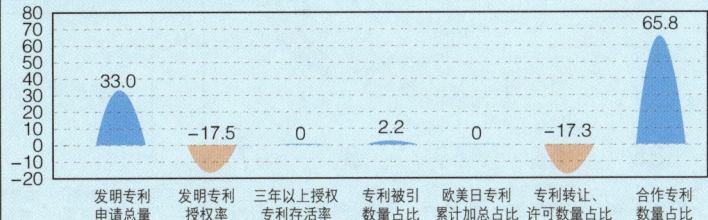

	数值
发明专利申请总量	33.0
发明专利授权率	−17.5
三年以上授权专利存活率	0
专利被引数量占比	2.2
欧美日专利累计加总占比	0
专利转让、许可数量占比	−17.3
合作专利数量占比	65.8

中国船舶集团有限公司第七一一研究所（简称"711所"）创建于 1963 年，是一个舰船动力研发机构和现代化高科技企业集团，打造了中国最具实力的国家级舰船动力研发基地。711 所 2016—2020 年申请发明专利 260 余项，获授权发明专利 60 余项。711 所第一年上榜，创新百强机构中综合排名位于第三梯级前列，在协同创新维度表现亮眼。具体为：发明总量排名第 96 位，发明质量排名第 38 位，影响力排名第 99 位，全球化排名第 69 位，协同创新排名第 3 位。2021 年，其在合作专利数量占比方面表现较好，比上年榜单测算指标增长 65.8%，这表明机构在协同创新方面极具优势。机构网址：http://www.csic-711.com/ch/main.asp.

上海院所群英谱

中国科学院上海技术物理研究所

标准画像图

中国科学院上海技术物理研究所

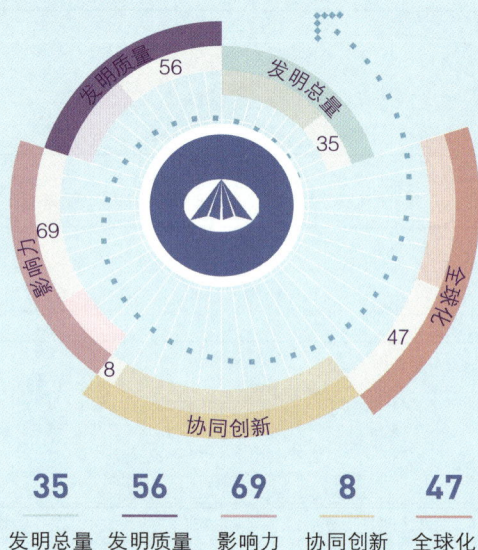

发明总量 35
发明质量 56
影响力 69
协同创新 8
全球化 47

35	56	69	8	47
发明总量	发明质量	影响力	协同创新	全球化

类比画像图

● 中国科学院上海技术物理研究所　● 百强均值　● 标杆中位值

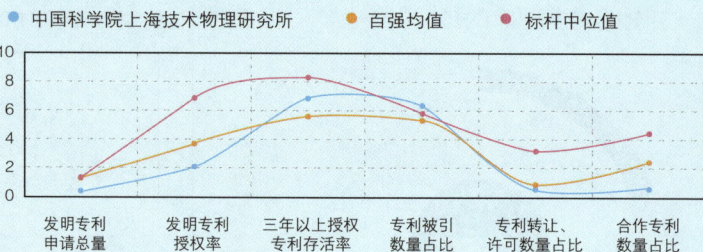

同比画像图

中国科学院上海技术物理研究所　单位：%

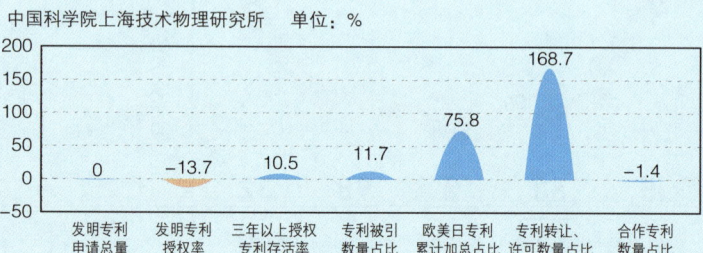

中国科学院上海技术物理研究所（简称"上海技物所"）创建于 1958 年，是集基础研究、工程技术研发和高新技术产业化于一体的综合型研究机构，以红外光电新材料、新器件、新方法等作为主要研究方向，重点发展先进的航空航天有效载荷、红外凝视成像及信号处理、红外焦平面及遥感信息处理等技术。全所现有中国科学院院士 6 人、中国工程院院士 2 人、各类国家级专家 90 余人次。上海技物所拥有 2 个国家重点实验室、4 个中科院重点实验室、1 个省部共建实验室。2021 年，全所在研项目 431 项。建所以来多次获得国家科学技术奖、上海市及部委级科学技术奖。上海技物所 2016—2020 年申请发明专利 860 余项，获授权发明专利 250 余项。上海技物所连续两年上榜，创新百强机构中综合排名位于第三梯级前列，在各个维度的表现相对均衡。具体为：发明总量排名第 66 位，发明质量排名第 45 位，影响力排名第 32 位，全球化排名第 54 位，协同创新排名第 93 位。2021 年，其在欧美日专利累计加总占比，专利转让、许可数量占比方面增幅较大，均比上年榜单测算指标增长超过 50%，这表明机构在全球化布局和协同创新方面具有较大潜力。机构网址：http://www.sitp.cas.cn/.

上海院所群英谱

SHANGHAI

上海宇航系统工程研究所

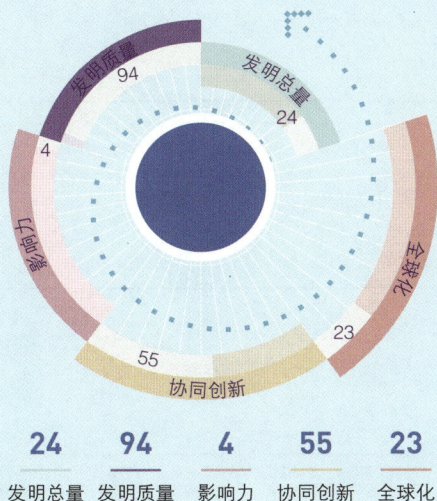

标准画像图
上海宇航系统工程研究所

发明质量 94
发明总量 24
4
全球化
23
协同创新 55

24	94	4	55	23
发明总量	发明质量	影响力	协同创新	全球化

类比画像图

● 上海宇航系统工程研究所　● 百强均值　● 标杆中位值

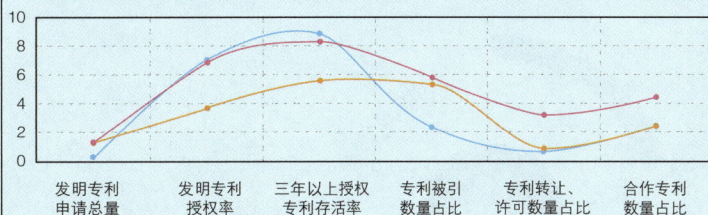

发明专利申请总量　发明专利授权率　三年以上授权专利存活率　专利被引数量占比　专利转让、许可数量占比　合作专利数量占比

同比画像图

上海宇航系统工程研究所　单位：%

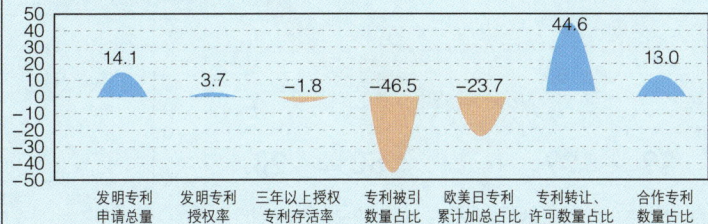

发明专利申请总量	发明专利授权率	三年以上授权专利存活率	专利被引数量占比	欧美日专利累计加总占比	专利转让、许可数量占比	合作专利数量占比
14.1	3.7	-1.8	-46.5	-23.7	44.6	13.0

上海宇航系统工程研究所（简称"805 所"）隶属于上海航天技术研究院，成立于 1984 年，是航天运载火箭总体设计单位之一，也是航天上海基地载人飞船、探月工程的技术抓总研制单位，主要从事运载火箭、载人航天工程、应用卫星和月面巡视探测器的研究与设计。805 所 2016—2020 年申请发明专利 540 余项，获授权发明专利近 300 项。805 所连续两年上榜，创新百强机构中综合排名位于第三梯级前列，在发明质量维度表现突出。具体为：发明总量排名第 77 位，发明质量排名第 7 位，影响力排名第 97 位，全球化排名第 78 位，协同创新排名第 46 位。2021 年，其在专利转让、许可数量占比方面增幅较大，比上年榜单测算指标增长 44.6%，这表明机构在协同创新方面具有一定优势。机构网址：无官网。

上海院所群英谱

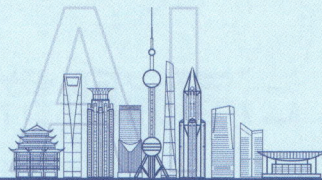

SHANGHAI

中国科学院上海营养与健康研究所

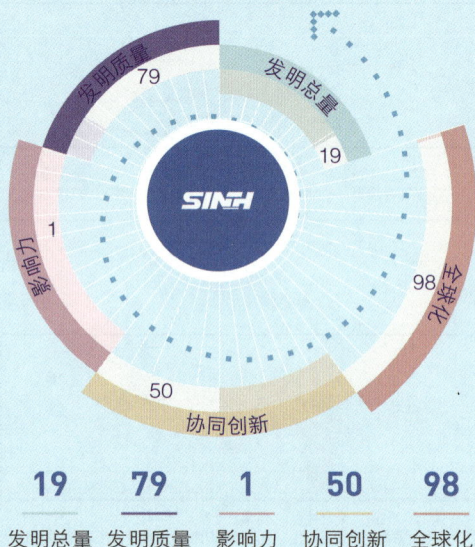

标准画像图

中国科学院上海营养与健康研究所

19	79	1	50	98
发明总量	发明质量	影响力	协同创新	全球化

类比画像图

- 中国科学院上海营养与健康研究所
- 百强均值
- 标杆中位值

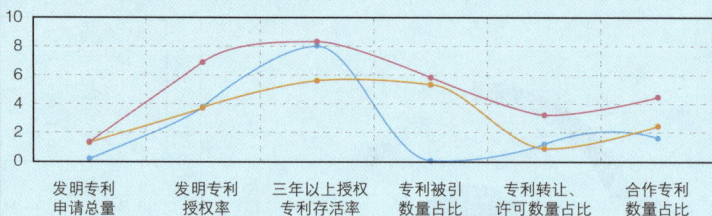

横轴：发明专利申请总量、发明专利授权率、三年以上授权专利存活率、专利被引数量占比、专利转让、许可数量占比、合作专利数量占比

同比画像图

中国科学院上海营养与健康研究所　单位：%

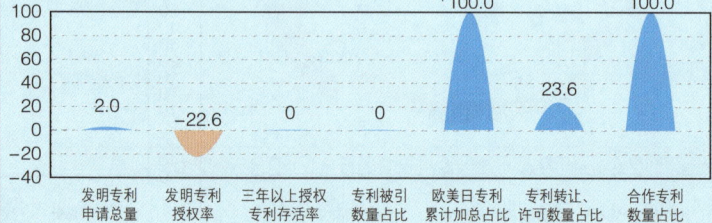

2.0　−22.6　0　0　100.0　23.6　100.0

横轴：发明专利申请总量、发明专利授权率、三年以上授权专利存活率、专利被引累计加总占比、欧美日专利累计加总占比、专利转让、许可数量占比、合作专利数量占比

中国科学院上海营养与健康研究所（简称"上海营养与健康所"）是由原上海生命科学研究院人口健康方向所属的"三所一院两中心"于 2016 年年底整合组建的独立事业法人研究机构，按照慢性病防控与健康促进、精准营养与食品安全、生物医学大数据与健康智库三大研究方向进行布局。全所现有职工 440 余人，全职研究组长（PI）49 人，现有中国科学院院士 1 人。上海营养与健康所拥有 3 个中科院重点实验室。2017 年，承担的各类科研项目合同经费达 2.8 亿元，发表 SCI 论文 338 篇，其中为第一作者所在单位的有 118 篇。全所 2016—2020年申请发明专利 450 余项，获授权发明专利近 170 项。上海营养与健康所连续两年上榜，创新百强机构中综合排名位列第三梯级，在全球化维度表现亮眼。具体为：发明总量排名第 82 位，发明质量排名第 22 位，影响力排名第 100 位，全球化排名第 3 位，协同创新排名第 51 位。2021 年，其在欧美日专利累计加总占比方面表现较好，比上年榜单测算指标显著提升，这表明机构在全球化布局方面具有较大优势。机构网址：http://www.sinh.cas.cn/.

上海院所群英谱

SHANGHAI

上海市农业科学院

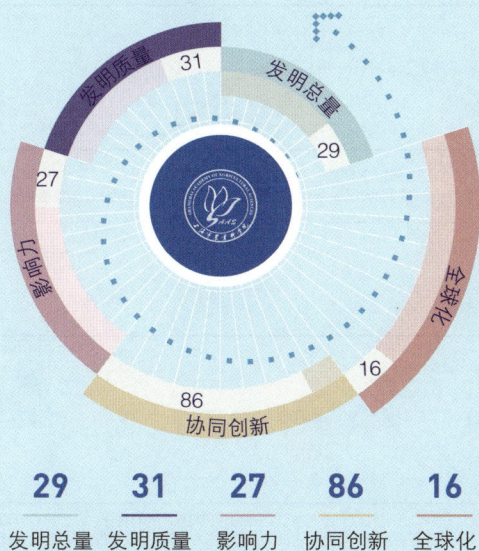

标准画像图
上海市农业科学院

发明质量 31
发明总量 29
27
影响力
全球化
86
协同创新
16

29	31	27	86	16
发明总量	发明质量	影响力	协同创新	全球化

类比画像图

● 上海市农业科学院　● 百强均值　● 标杆中位值

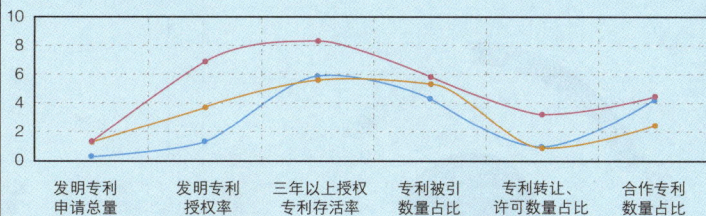

发明专利申请总量 | 发明专利授权率 | 三年以上授权专利存活率 | 专利被引数量占比 | 专利转让、许可数量占比 | 合作专利数量占比

同比画像图

上海市农业科学院　单位：%

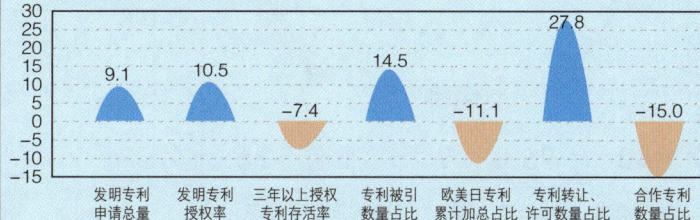

发明专利申请总量	发明专利授权率	三年以上授权专利存活率	专利被引数量占比	欧美日专利累计加总占比	专利转让、许可数量占比	合作专利数量占比
9.1	10.5	-7.4	14.5	-11.1	27.8	-15.0

上海市农业科学院（简称"上海农科院"）成立于 1960 年，发展至今，已成为一个为上海和全国农业发展提供强有力支撑的地方综合性农业科研机构。全院现有职工 836 名，其中国家及地方领军人才 16 名，高级专业技术职务科技人员 240 名。上海农科院拥有 17 个国家级和部级科技创新平台与成果转化平台，8 个市级科技平台。60 多年来，取得各类科学技术成果 1340 余项，获部级、市级以上科学技术成果 349 项，其中，国家级科学技术奖励 23 项，部级、市级科学技术进步奖一等奖 28 项；获得专利和植物新品种权、通过审（认）定品种 670 余件，其中通过国家审（认）定品种 45 件。上海农科院连续两年上榜，创新百强机构中综合排名位列第三梯级，在协同创新维度表现较为突出。具体为：发明总量排名第 72 位，发明质量排名第 70 位，影响力排名第 74 位，全球化排名第 85 位，协同创新排名第 15 位。2021 年，其在专利转让、许可数量占比方面表现较好，比上年榜单测算指标增长 27.8%，这表明机构在协同创新方面具有优势。机构网址：https://www.saas.sh.cn/.

上海院所群英谱

上海卫星工程研究所

标准画像图

上海卫星工程研究所

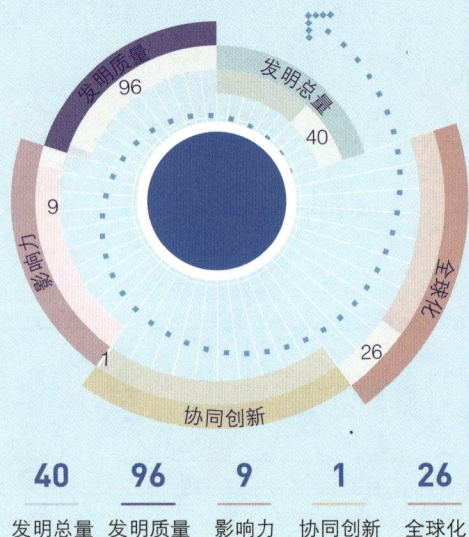

40	96	9	1	26
发明总量	发明质量	影响力	协同创新	全球化

类比画像图

● 上海卫星工程研究所　● 百强均值　● 标杆中位值

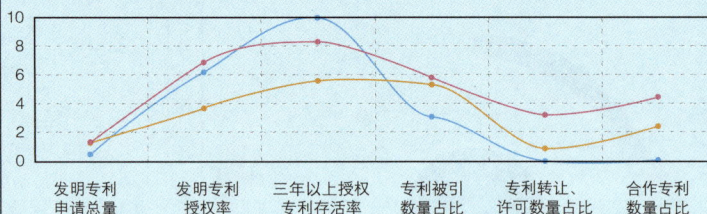

同比画像图

上海卫星工程研究所　单位：%

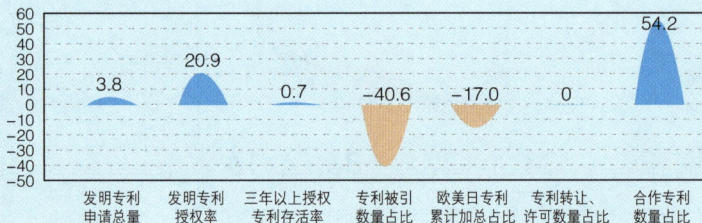

上海卫星工程研究所（简称"509所"）隶属于上海航天技术研究院，全所2016—2020年申请发明专利1000余项，获授权发明专利500余项。509所连续两年上榜，创新百强机构中综合排名位于第四梯级前列，在发明质量维度表现突出。具体为：发明总量排名第61位，发明质量排名第5位，影响力排名第92位，全球化排名第75位，协同创新排名第100位。2021年，其在发明专利授权率方面表现较好，比上年榜单测算指标增长20.9%，这表明机构在发明质量方面极具优势。机构网址：无官网。

上海院所群英谱

中国水产科学研究院渔业机械仪器研究所

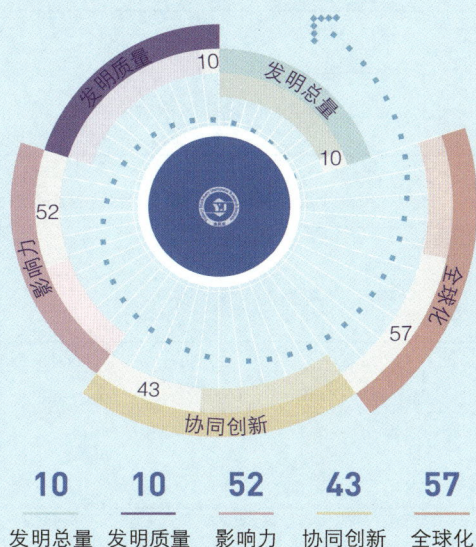

标准画像图

中国水产科学研究院渔业机械仪器研究所

10	10	52	43	57
发明总量	发明质量	影响力	协同创新	全球化

类比画像图

● 中国水产科学研究院渔业机械仪器研究所　● 百强均值　● 标杆中位值

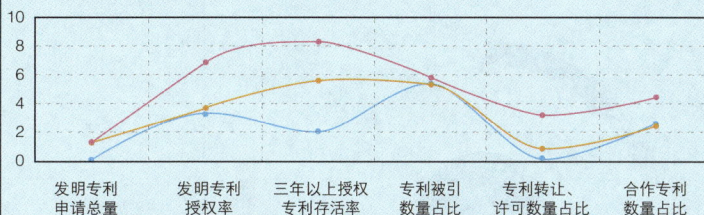

发明专利申请总量　发明专利授权率　三年以上授权专利存活率　专利被引数量占比　专利转让、许可数量占比　合作专利数量占比

同比画像图

中国水产科学研究院渔业机械仪器研究所　单位：%

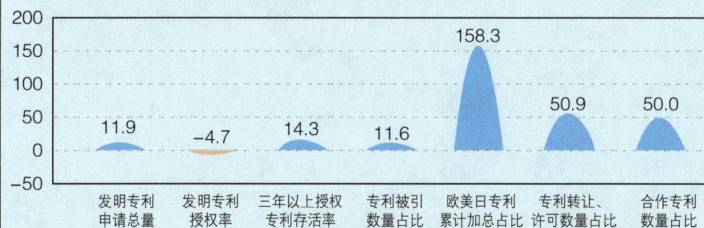

发明专利申请总量	发明专利授权率	三年以上授权专利存活率	专利被引数量占比	欧美日专利累计加总占比	专利转让、许可数量占比	合作专利数量占比
11.9	-4.7	14.3	11.6	158.3	50.9	50.0

中国水产科学研究院渔业机械仪器研究所（简称"渔机所"）创建于 1963 年，是我国唯一从事渔业装备与工程及相关学科的应用基础研究和关键技术研发的研究机构。全所现有科技人员 145 人，副高级以上专业技术人员 48 人。渔机所构建了较为完善的渔业装备科技平台体系，拥有 2 个农业农村部重点实验室，1 个中国水产科学研究院重点实验室。60 年来，取得了 190 多项重要科研成果，获得省部级以上科学技术成果奖励 83 项（次），其中国家级奖励 12 项；2011 年以来，获授权专利近 400 项。渔机所连续两年上榜，创新百强机构中综合排名位于第四梯级前列，在全球化和影响力维度表现相对较好。具体为：发明总量排名第 90 位，发明质量排名第 91 位，影响力排名第 49 位，全球化排名第 44 位，协同创新排名第 58 位。2021 年，其在欧美日专利累计加总占比方面增幅较大，比上年榜单测算指标增长超过 100%，这表明机构在全球化布局方面具有较大潜力。机构网址：https://www.fmiri.ac.cn/.

SHANGHAI

上海院所群英谱

上海航天精密机械研究所

标准画像图

上海航天精密机械研究所

发明质量 78
发明总量 10
影响力 13
协同创新 42
全球化 1

10	78	13	42	1
发明总量	发明质量	影响力	协同创新	全球化

类比画像图

● 上海航天精密机械研究所　● 百强均值　● 标杆中位值

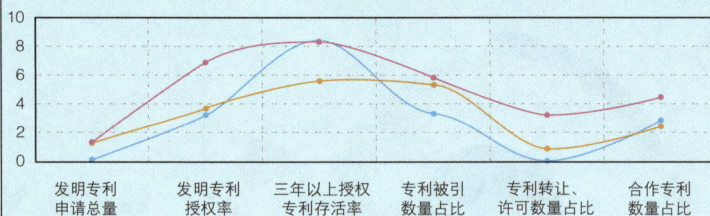

发明专利申请总量　发明专利授权率　三年以上授权专利存活率　专利被引数量占比　专利转让、许可数量占比　合作专利数量占比

同比画像图

上海航天精密机械研究所　单位：%

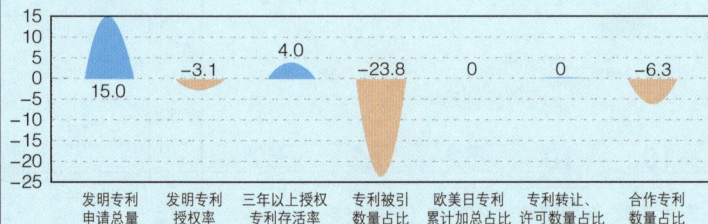

15.0　−3.1　4.0　−23.8　0　−6.3

发明专利申请总量　发明专利授权率　三年以上授权专利存活率　专利被引数量累计加总占比　欧美日专利累计加总占比　专利转让、许可数量占比　合作专利数量占比

上海航天精密机械研究所（简称"800所"）隶属于上海航天技术研究院，为国防科研事业单位，前身为建于1958年的国防部五院一分院第二设计部，是我国第一代地空导弹研究设计单位之一，现主要承担战术武器总体结构和总装综测、运载火箭箭体结构和大型环境试验等航天军工产品的研制、生产任务。800所2016—2020年申请发明专利360余项，获授权发明专利120余项。800所连续两年上榜，创新百强机构中综合排名位列第四梯级，在发明质量维度表现相对较好。具体为：发明总量排名第90位，发明质量排名第23位，影响力排名第88位，全球化排名第93位，协同创新排名第59位。2021年，其在发明专利申请总量方面表现较好，比上年榜单测算指标增长15.0%，这表明机构在发明总量方面具有潜力。机构网址：无官网。

上海院所群英谱

SHANGHAI

中国电子科技集团公司第三十二研究所

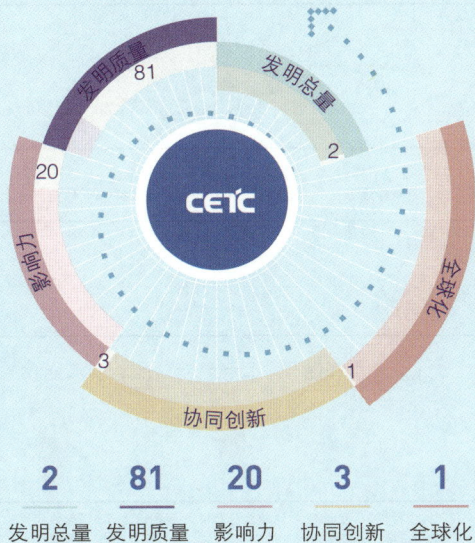

标准画像图

中国电子科技集团公司第三十二研究所

发明质量 81 发明总量 2

影响力 20

全球化 1

协同创新 3

CETC

2	81	20	3	1
发明总量	发明质量	影响力	协同创新	全球化

类比画像图

● 中国电子科技集团公司第三十二研究所　● 百强均值　● 标杆中位值

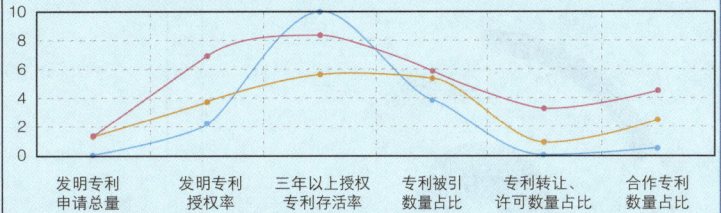

发明专利申请总量 | 发明专利授权率 | 三年以上授权专利存活率 | 专利被引数量占比 | 专利转让、许可数量占比 | 合作专利数量占比

同比画像图

中国电子科技集团公司第三十二研究所　单位：%

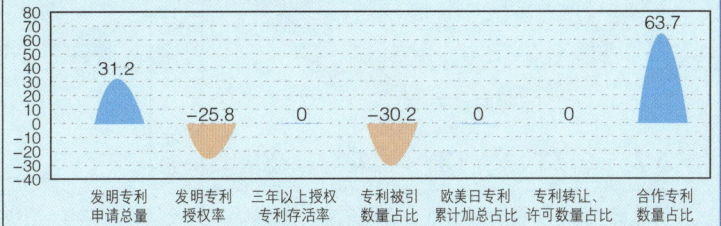

31.2　−25.8　0　−30.2　0　0　63.7

发明专利申请总量 | 发明专利授权率 | 三年以上授权专利存活率 | 专利被引数量累计加总占比 | 欧美日专利累计加总占比 | 专利转让、许可数量占比 | 合作专利数量占比

中国电子科技集团公司第三十二研究所（简称"32 所"）创建于 1958 年，是我国最早建立的计算机科学和技术研究所之一，是国内唯一的覆盖自主基础软件、嵌入式系统及网络通信关键芯片、军用计算机产品线的专业研究所。32 所本部有职工 1400 人左右，拥有各类高层次人才队伍。32 所拥有国家可信嵌入式软件工程技术研究中心、上海市拟态安全工程技术研究中心等重要平台。历年来累计有 500 多项科研成果获奖，其中 3 项获国家科学技术进步奖特等奖、11 项获国家级科学技术成果奖，200 多项获部级、省（市）级科研成果奖。32 所 2016—2020 年申请发明专利近 250 项。32 所第一年上榜，创新百强机构中综合排名位列第四梯级，在发明质量维度表现相对突出。具体为：发明总量排名第 99 位，发明质量排名第 20 位，影响力排名第 81 位，全球化排名第 93 位，协同创新排名第 98 位。2021 年，其在发明专利申请总量、合作专利数量占比方面增幅较大，分别比上年榜单测算指标增长 31.2% 和 63.7%，这表明机构在发明总量和协同创新方面具有发展潜力。机构网址：http://www.ecict.com.cn/.

SHANG HAI

上海院所群英谱

中国航空无线电电子研究所

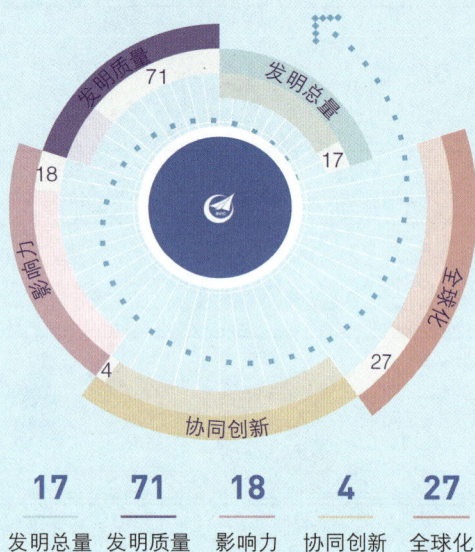

标准画像图

中国航空无线电电子研究所

发明质量 71
发明总量
18 17
影响力 全球化
4 27
协同创新

17	71	18	4	27
发明总量	发明质量	影响力	协同创新	全球化

类比画像图

- 中国航空无线电电子研究所
- 百强均值
- 标杆中位值

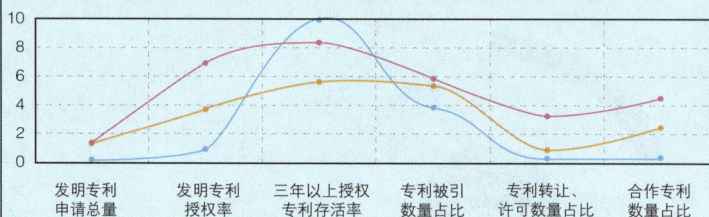

| 发明专利申请总量 | 发明专利授权率 | 三年以上授权专利存活率 | 专利被引数量占比 | 专利转让、许可数量占比 | 合作专利数量占比 |

同比画像图

中国航空无线电电子研究所　单位：%

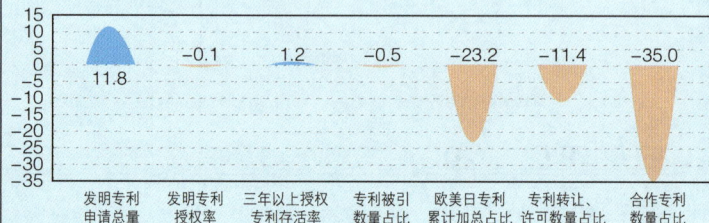

发明专利申请总量	发明专利授权率	三年以上授权专利存活率	专利被引累计加总占比	欧美日专利许可数量占比	专利转让、合作专利数量占比
11.8	−0.1	1.2	−0.5	−23.2	−11.4	−35.0

中国航空无线电电子研究所（简称"上电所"）始建于 1957 年，是集科研、生产、经营、服务于一体的高新技术单位，主要从事航空电子综合技术研究。全所从业人员达 2600 余人，拥有高学历研究型人才队伍。上电所拥有航空电子综合技术系统国家级重点实验室，建成了 20 个国际先进水平专业实验室；2016—2020 年申请发明专利近 450 项。上电所连续两年上榜，创新百强机构中综合排名位列第四梯级，在发明质量维度表现相对较好。具体为：发明总量排名第 84 位，发明质量排名第 30 位，影响力排名第 83 位，全球化排名第 74 位，协同创新排名第 97 位。2021 年，其在发明专利申请总量方面表现较好，比上年榜单测算指标增长 11.8%，这表明机构在发明总量方面具有一定潜力。机构网址：无官网。

第九章 百强机构创新图谱：江苏画像

本章对江苏省入选长三角区域创新百强机构的 39 家创新机构进行图谱分析，对江苏省入选机构的整体表现、维度指标等进行解构。同时，为更好地展现创新机构示范引领作用，发挥报告研究的导航指引作用，本章通过图文结合的方式，基于机构官网资料及报告采集数据，对江苏省入选机构进行单独画像，绘制高校院所创新"群英谱"。

9.1 江苏机构综合表现

9.1.1 机构分布

2021 年长三角区域创新百强机构中，江苏省入选机构数量在长三角地区中位居第一，共有 39 家创新机构入选，比上年减少 2 家。从梯级分布来看，第一梯级的入选机构占 11 家，比上年新增 2 家，第一梯级入选机构数量在三省一市中排名第一；第二、第三、第四梯级机构分别有 12 家、9 家、7 家，其中第二梯级较上年减少 2 家，第三梯级较上年增加 1 家，第四梯级较上年减少 3 家。从机构排名来看，2021 年江苏省入选机构在长三角区域创新百强机构中的排名较 2020 年有所提升；入选机构极值分布较 2020 年有所延展，2021 年机构最高排名为第 3 名，较 2020 年提升 1 名；最低排名为第 93 名，较 2020 年下降 1 名，总体质量有所上升（图 9-1）。

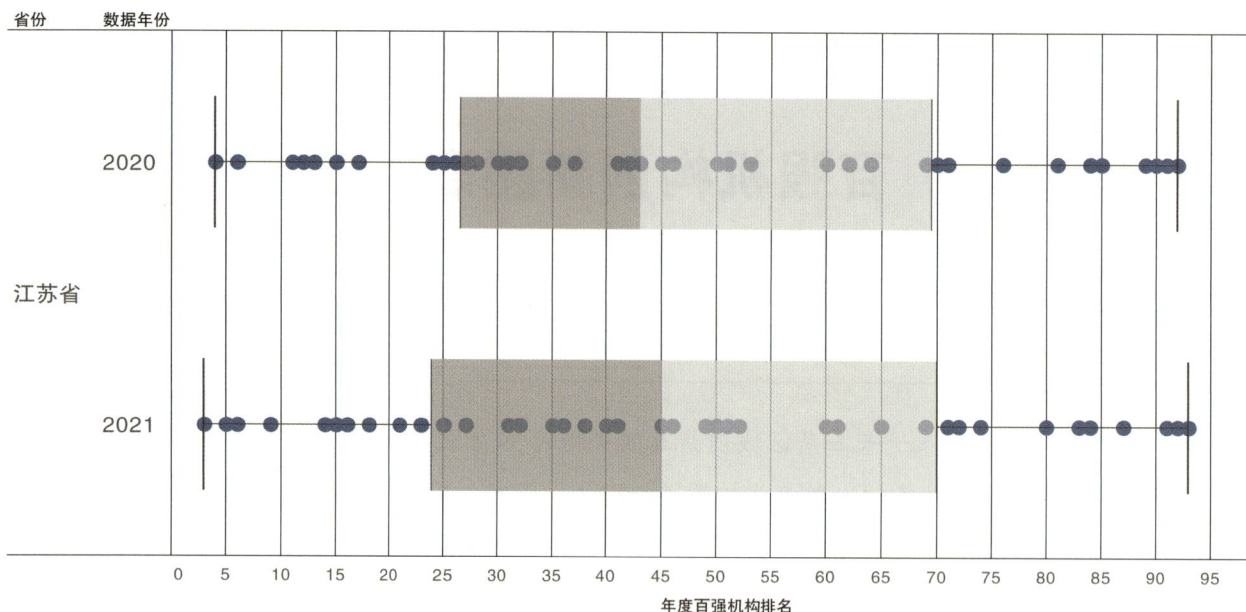

图 9-1　2020—2021 年江苏省入选机构的年度排名对比

从机构类型来看，江苏省 39 家入选机构中，高等院校为 27 家，科研机构为 12 家；与上年相比，科研机构和高等院校都各自减少了 1 家。在 61 家高等院校入选机构中，江苏省占 27 家，占比达 44%，入选数量在三省一市中最多，其高等院校入选数量是科研机构的 2.25 倍。在 27 家江苏省入选高等院校中，超 1/3 为部署高校，在三省一市中入选部署高校数量最多。江苏科技大学是入选第一梯级的 9 家高等院校中唯一一家省属高校。江苏省高等院校尤其是部属高校表现出强劲的科研创新能力。

9.1.2　特征分析

江苏省入选机构在发明总量和协同创新维度的表现均高于长三角整体平均水平（图 9-2）。在发明总量排名前十的入选机构中，江苏省占 6 家，其中东南大学表现最为亮眼。在协同创新排名前十的入选机构中，江苏省占 6 家，江苏科技大学表现最为突出。江苏省所属高等院校的专利转让、许可情况表现较好。

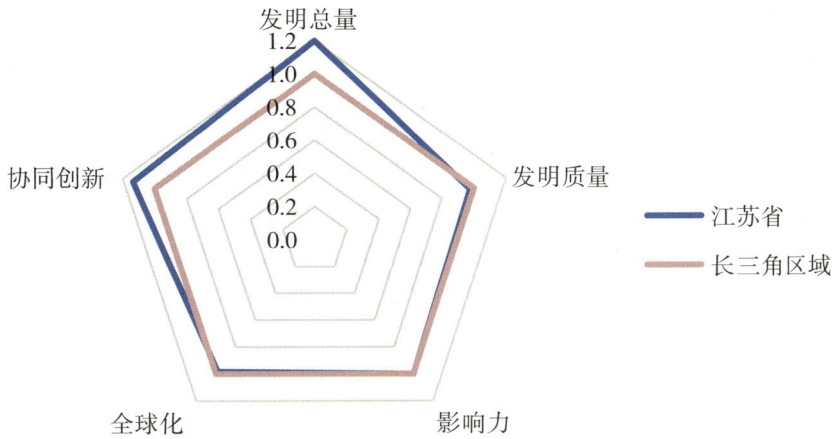

图 9-2　江苏省入选机构的创新表现特征

　　从发明专利申请总量来看，2021 年江苏省入选机构申请发明专利总数为 129 315 件，均值约为 3315 件，其中有 15 家机构申请量超过均值，24 家机构申请量在均值以下。东南大学以超过 10 000 件的申请量居于首位。从发明专利授权率来看，2021 年江苏省入选机构发明专利授权率均值为 36.8%，低于长三角均值。中国电子科技集团公司第二十八研究所以 50.1% 的授权率居首。从入选机构类型角度来看，高等院校在发明专利申请总量方面占据绝对优势；科研机构在发明专利授权率方面表现略优。高等院校和科研机构平均发明专利申请总量分别约为 4529 件和 587 件，均值比达到 7.7∶1。高等院校和科研机构发明专利授权率均值分别为 34.47% 和 36.33%，高等院校的发明专利授权率低于科研机构（图 9-3 至图 9-5）。

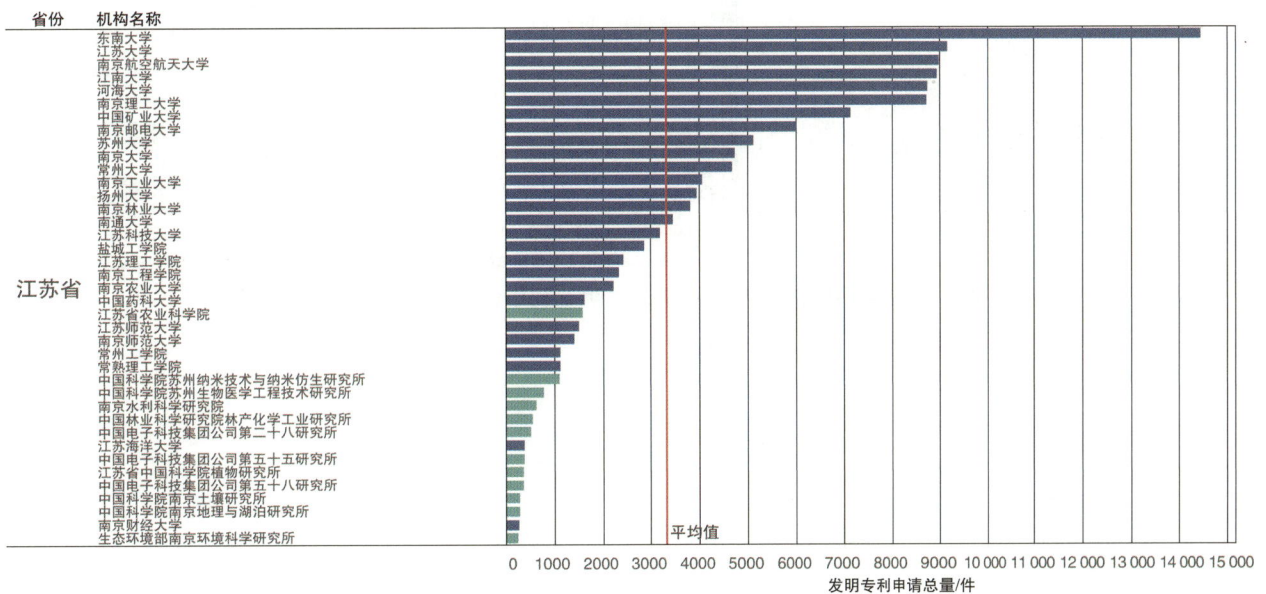

图 9-3　江苏省入选机构的发明专利申请总量

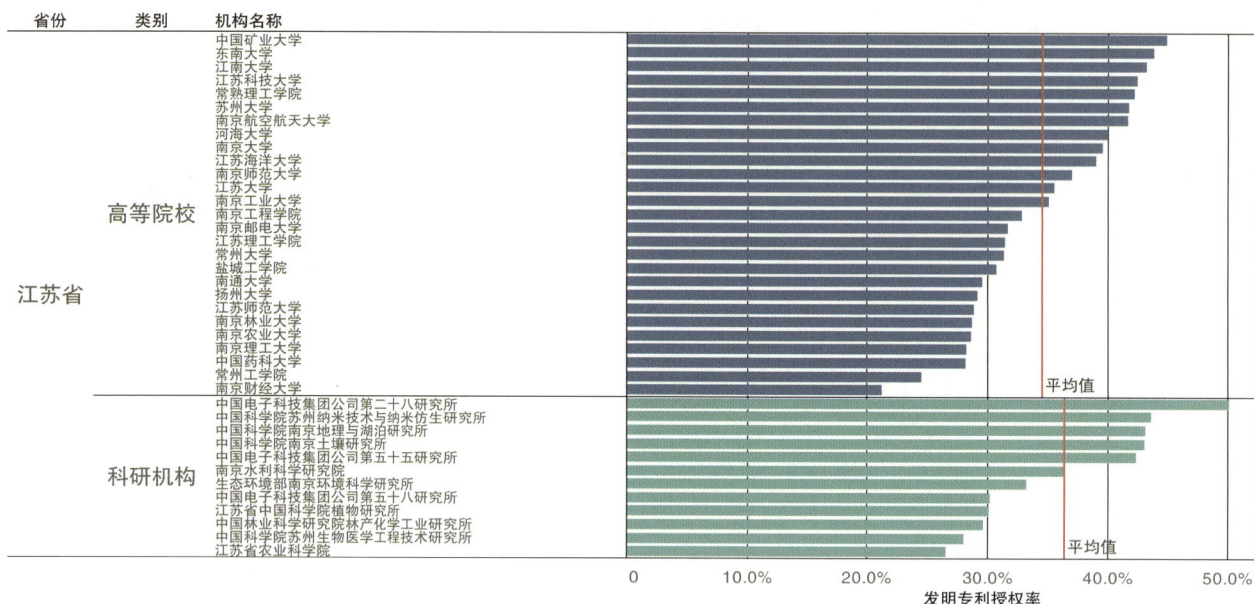

图9-4　江苏省入选机构的发明专利授权率

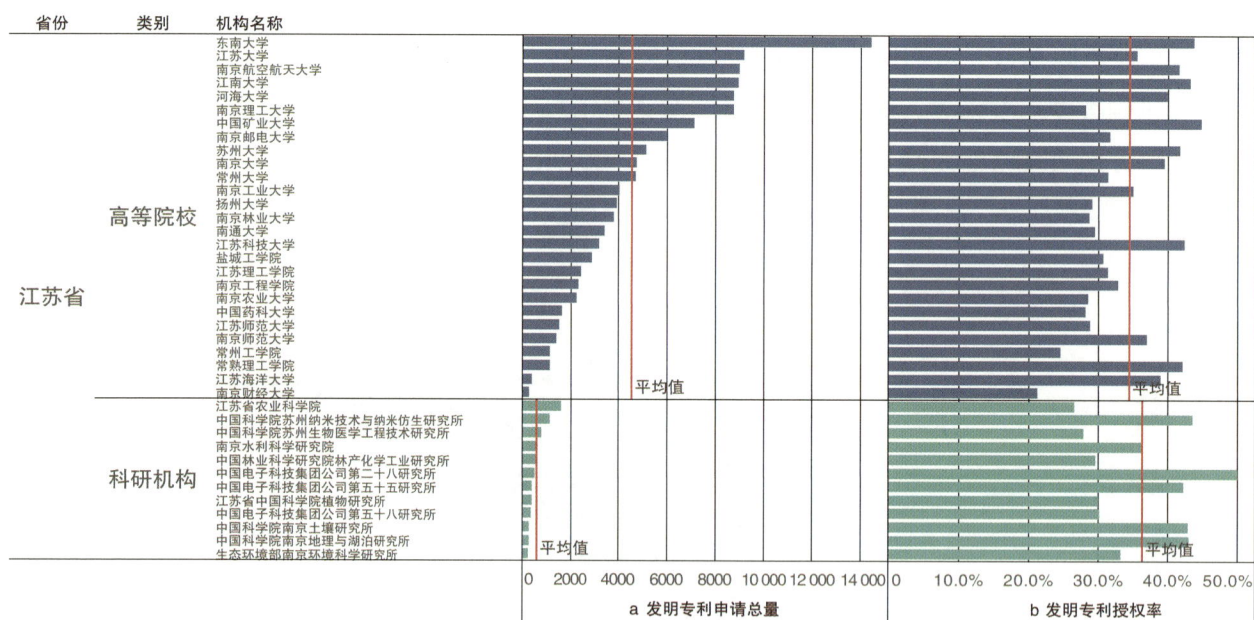

图9-5　江苏省不同类型入选机构的发明专利申请总量和发明专利授权率

9.2 江苏高校群英谱

东南大学

标准画像图
东南大学

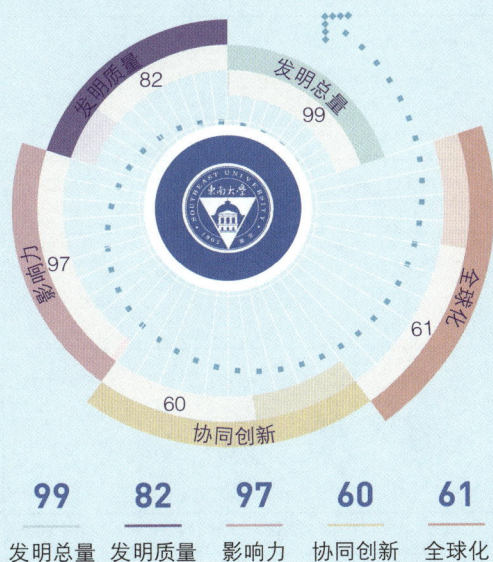

99	82	97	60	61
发明总量	发明质量	影响力	协同创新	全球化

类比画像图

● 东南大学　● 百强均值　● 标杆中位值

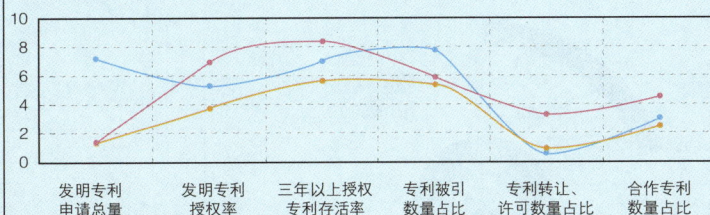

同比画像图

东南大学　单位：%

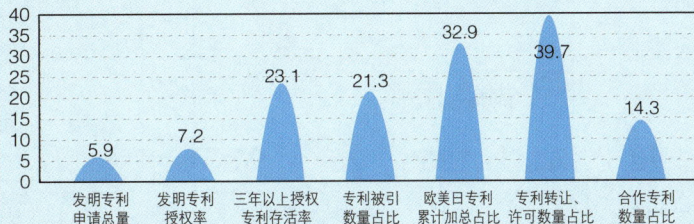

东南大学坐落于六朝古都南京，是享誉海内外的著名高等学府。学校是教育部直属并与江苏省共建的全国重点大学，是国家"985 工程"和"211 工程"重点建设大学之一。东南大学是一所以工科为主要特色的综合性、研究型大学。2017 年，东南大学入选世界一流大学建设 A 类高校名单。学校共有 3 个国家重点实验室，1 个国家工程研究中心，3 个国家地方联合工程研究中心，2 个国家工程技术研究中心，1 个教育部国际合作联合实验室，1 个国家专业实验室，11 个教育部重点实验室，6 个教育部工程研究中心。33 个博士后科研流动站，3 个国家级文科智库、2 个江苏省重点高端智库。学校连续两年上榜，创新百强机构中综合排名位列第一梯级，在发明总量和影响力维度表现亮眼。具体为：发明总量排名第 2 位，发明质量排名第 19 位，影响力排名第 4 位，全球化排名第 40 位，协同创新排名第 41 位。2021 年，其专利被引数量占比比上年榜单测算指标增长 21.3%，这表明学校在影响力方面的进步；其中欧美日专利累计加总占比和专利转让、许可数量占比方面表现较好，分别比上年榜单测算指标增长 32.9% 和 39.7%，这表明学校在国际化及协同创新方面也有提升。机构网址：https://www.seu.edu.cn/.

中国矿业大学

标准画像图
中国矿业大学

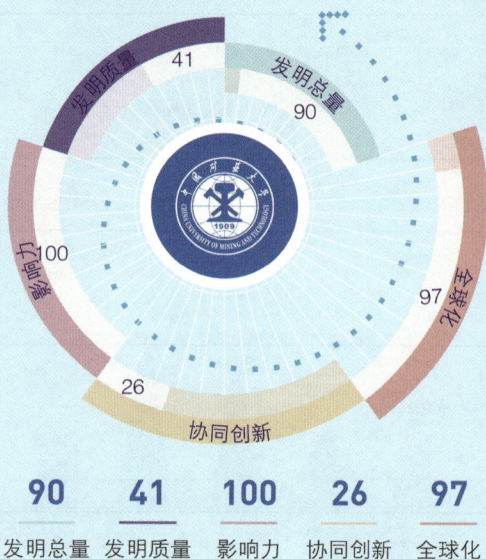

90	41	100	26	97
发明总量	发明质量	影响力	协同创新	全球化

类比画像图

● 中国矿业大学　● 百强均值　● 标杆中位值

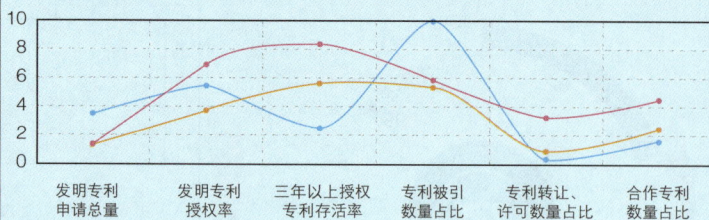

发明专利申请总量 | 发明专利授权率 | 三年以上授权专利存活率 | 专利被引数量占比 | 专利转让、许可数量占比 | 合作专利数量占比

同比画像图

中国矿业大学　单位：%

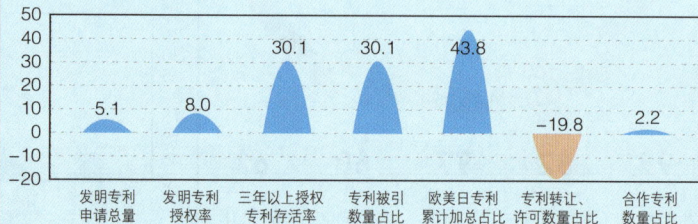

发明专利申请总量 5.1 | 发明专利授权率 8.0 | 三年以上授权专利存活率 30.1 | 专利被引累计加总占比 30.1 | 欧美日专利累计加总占比 43.8 | 专利转让、许可数量占比 −19.8 | 合作专利数量占比 2.2

中国矿业大学是教育部直属的全国重点高校，先后进入国家"211工程""985优势学科创新平台项目"和国家"双一流"建设高校行列。学校现坐落于素有"五省通衢"之称的国家历史文化名城——江苏省徐州市。学校设23个学院，72个本科专业，已经形成了以工科为主、以矿业为特色，理工文管法经教艺等多学科协调发展的学科专业体系和多科性大学的办学格局。学校现有5个国家级科研平台（2个国家重点实验室、1个国家工程研究中心、1个国家工程技术研究中心、1个国家地方联合工程实验室），33个省部级科研平台，1个国家大学科技园；另设有1个独立学院——徐海学院。学校入选首批"高等学校科技成果转化和技术转移基地""国家知识产权示范高校"。学校连续两年上榜，创新百强机构中综合排名位列第一梯级，在影响力和全球化维度表现突出。具体为：发明总量排名第11位，发明质量排名第60位，影响力排名第1位，全球化排名第4位，协同创新排名第75位。2021年，其在专利被引数量占比、欧美日专利累计加总占比方面表现较好，分别比上年榜单测算指标增长30.1%和43.8%，这表明机构在影响力及全球化布局方面极具优势。机构网址：http://www.cumt.edu.cn/main.htm.

江苏高校群英谱

江南大学

标准画像图
江南大学

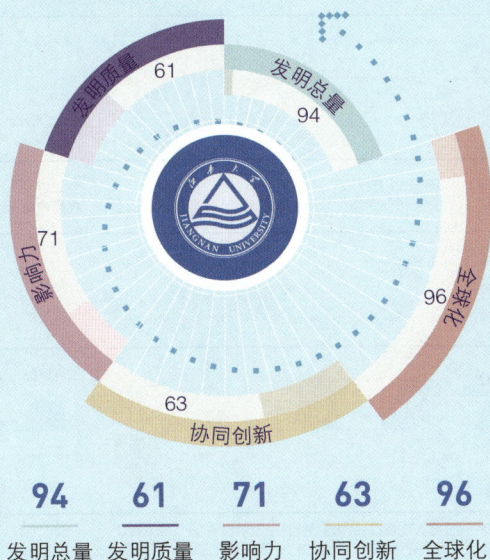

94	61	71	63	96
发明总量	发明质量	影响力	协同创新	全球化

类比画像图

● 江南大学　　● 百强均值　　● 标杆中位值

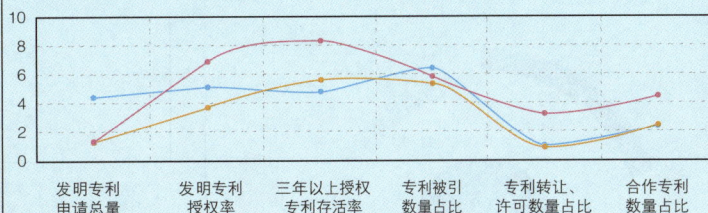

发明专利申请总量　发明专利授权率　三年以上授权专利存活率　专利被引数量占比　专利转让、许可数量占比　合作专利数量占比

同比画像图

江南大学　单位：%

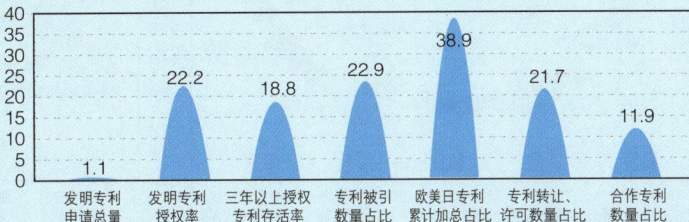

1.1　22.2　18.8　22.9　38.9　21.7　11.9

发明专利申请总量　发明专利授权率　三年以上授权专利存活率　专利被引数量占比　欧美日专利累计加总占比　专利转让、许可数量占比　合作专利数量占比

江南大学是教育部直属、国家"211工程"重点建设高校和双一流学科建设高校。学校坐落于江苏省无锡市，设有19个学院（部），涵盖理、工、医、文、法、经济、管理、教育、艺术等9个学科门类。建有博士后流动站7个，博士学位授权一级学科10个，硕士学位授权一级学科31个。轻工技术与工程、食品科学与工程2个学科入选"双一流"建设学科名单；建有食品科学与工程国家一级重点学科1个和二级重点学科5个。学校建有食品科学与技术国家重点实验室、粮食发酵工艺与技术国家工程实验室、国家功能食品工程技术研究中心等国家级科研平台8个，针织技术教育部工程研究中心等省部级科研平台43个；建有创新引智平台6个。学校依托江南大学国家大学科技园，累计孵化创业企业300余家，获批健康食品国家专业化众创空间。学校连续两年上榜，创新百强机构中综合排名位列第一梯级，在发明总量和全球化维度表现亮眼。具体为：发明总量排名第7位，发明质量排名第40位，影响力排名第30位，全球化排名第5位，协同创新排名第38位。2021年，其欧美日专利累计加总占比较上年榜单测算指标增长38.9%，这表明学校在全球化布局方面极具优势。机构网址：https://www.jiangnan.edu.cn/.

JIANG SU

江苏高校群英谱

南京大学

标准画像图
南京大学

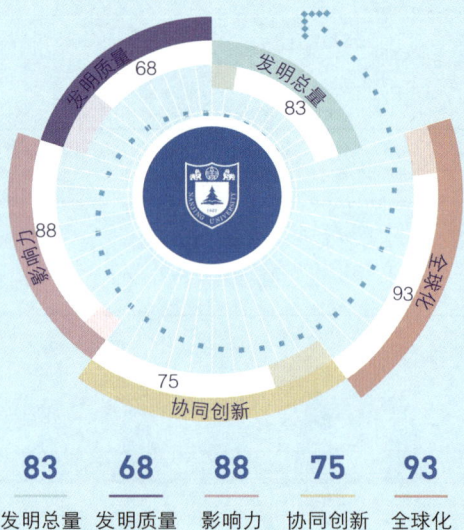

83	68	88	75	93
发明总量	发明质量	影响力	协同创新	全球化

类比画像图

● 南京大学　　● 百强均值　　● 标杆中位值

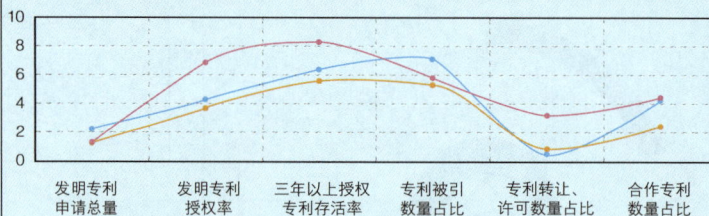

发明专利申请总量　发明专利授权率　三年以上授权专利存活率　专利被引数量占比　专利转让、许可数量占比　合作专利数量占比

同比画像图

南京大学　单位：%

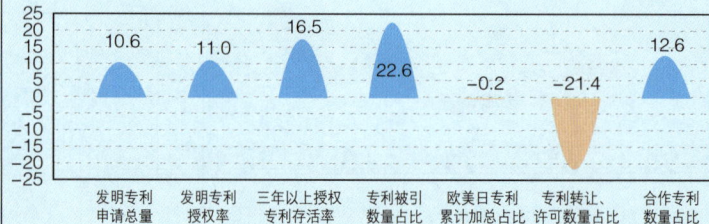

发明专利申请总量　发明专利授权率　三年以上授权专利存活率　专利被引数量占比　欧美日专利累计加总占比　专利转让、许可数量占比　合作专利数量占比

南京大学坐落于南京，是一所历史悠久、声誉卓著的百年名校。2017 年，南京大学入选 A 类世界一流大学建设高校名单，现有 16 个学科入选世界一流学科建设名单。学校有中国科学院院士 28 人，中国工程院院士 5 人。学校有国家实验室（筹）、国家重点实验室、国家工程技术研究中心等国家级科研平台 15 个；教育部前沿科学中心、教育部重点实验室、江苏省重点实验室等省部级平台 38 个；建有创新引智平台 15 个。学校连续两年上榜，创新百强机构中综合排名位列第一梯级，在影响力和全球化维度表现亮眼。具体为：发明总量排名第 18 位，发明质量排名第 33 位，影响力排名第 13 位，全球化排名第 8 位，协同创新排名第 26 位。2021 年，其专利被引数量占比比上年榜单测算指标增长 22.6%，这显示出学校在影响力方面的优势；其欧美日专利累计加总占比比上年榜单测算指标略有下降（−0.2%），其在全球化布局方面仍具优势。机构网址：https://www.nju.edu.cn/main.htm.

江苏高校群英谱

JIANG SU

南京航空航天大学

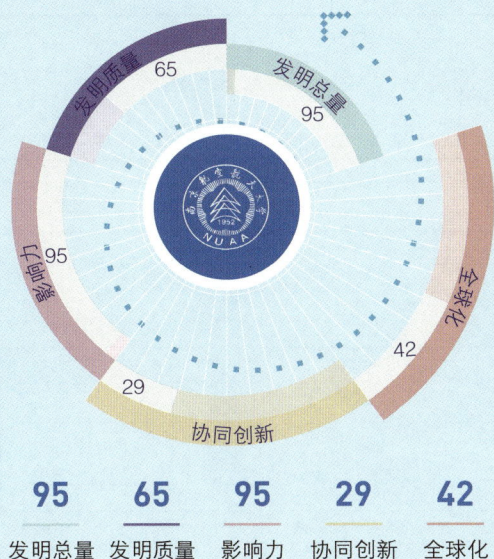

标准画像图

南京航空航天大学

发明总量 95
发明质量 65
影响力 95
协同创新 29
全球化 42

95	65	95	29	42
发明总量	发明质量	影响力	协同创新	全球化

类比画像图

● 南京航空航天大学　● 百强均值　● 标杆中位值

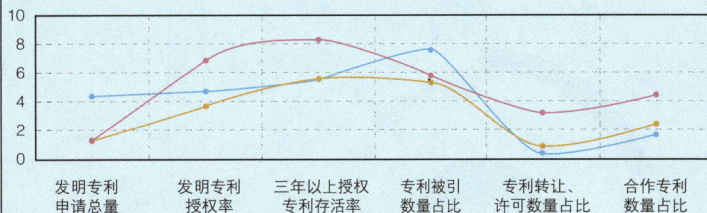

发明专利申请总量 / 发明专利授权率 / 三年以上授权专利存活率 / 专利被引数量占比 / 专利转让、许可数量占比 / 合作专利数量占比

同比画像图

南京航空航天大学　单位：%

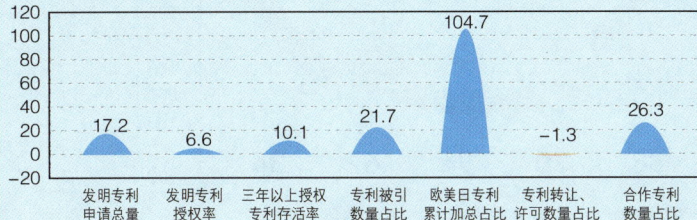

17.2　6.6　10.1　21.7　104.7　-1.3　26.3

发明专利申请总量 / 发明专利授权率 / 三年以上授权专利存活率 / 专利被引数量占比 / 欧美日专利累计加总占比 / 专利转让、许可数量占比 / 合作专利数量占比

南京航空航天大学创建于 1952 年 10 月。学校现有航空宇航科学与技术、力学一级学科国家重点学科 2 个。目前，学校已发展成为一所以工为主，理工结合，工、理、经、管、文等多学科协调发展，具有航空航天民航特色的高水平研究型大学。学校现设有 18 个学院和 192 个科研机构，建有国家（级）重点实验室 3 个、国防科技工业创新中心 1 个、省部共建协同创新中心 1 个、国家地方联合工程实验室 1 个、国家工科基础课程教学基地 2 个、国家基础学科拔尖学生培养基地 1 个、国家级实验教学示范中心 4 个。建校以来，学校获省部级以上科技成果奖 1718 项，其中国家奖 82 项，建有机械结构力学及控制国家重点实验室等 6 个国家级科研平台、81 个省部级科研平台，为我国贡献了若干个第一。学校连续两年上榜，创新百强机构中综合排名位列第一梯级，在发明总量和影响力维度表现突出。具体为：发明总量排名第 6 位，发明质量排名第 36 位，影响力排名第 6 位，全球化排名第 59 位，协同创新排名第 72 位。2021 年，其专利被引数量占比比上年榜单测算指标增长 21.7%，显示出学校在影响力方面的优势；其欧美日专利累计加总占比比上年榜单测算指标增长 104.7%，这说明其在全球化布局方面有进步。机构网址：https://www.nuaa.edu.cn/.

江苏高校群英谱

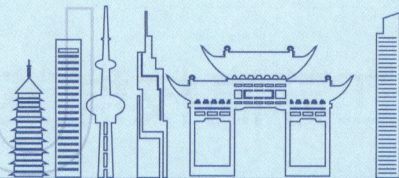

JIANG SU

南京邮电大学

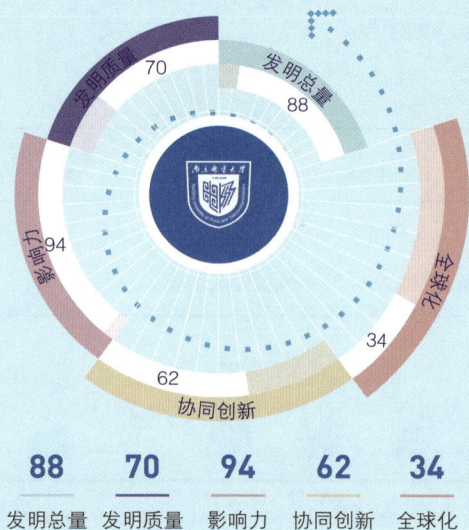

标准画像图
南京邮电大学

88	70	94	62	34
发明总量	发明质量	影响力	协同创新	全球化

类比画像图

● 南京邮电大学　● 百强均值　● 标杆中位值

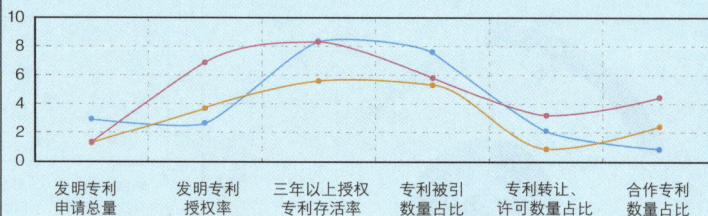

发明专利申请总量　发明专利授权率　三年以上授权专利存活率　专利被引数量占比　专利转让、许可数量占比　合作专利数量占比

同比画像图

南京邮电大学　单位：%

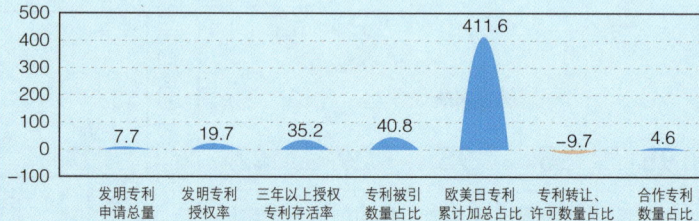

发明专利申请总量	发明专利授权率	三年以上授权专利存活率	专利被引数量占比	欧美日专利累计加总占比	专利转让、许可数量占比	合作专利数量占比
7.7	19.7	35.2	40.8	411.6	−9.7	4.6

南京邮电大学是国家"双一流"建设高校和江苏高水平大学高峰计划A类建设高校。目前学校已发展成为一所以工学为主体，以电子信息为特色，理、工、经、管、文、教、艺、法等多学科相互交融，博士后、博士、硕士、本科等多层次教育协调发展的高校。学校坐落于历史文化名城南京。学校现有国家重点实验室1个，国家地方联合工程研究中心1个，国家地方联合工程实验室1个，省部共建教育部重点实验室1个，教育部工程研究中心2个。近3年，新增国家科技重大专项、国家"973计划"、国家重大科研仪器研制等各类国家级科研课题438项。学校与地方政府共建校地研究院和技术转移分中心、高价值专利培育中心8个，与企业共建校企创新平台27个。围绕通信、物联网等学科特色，建成国家大学科技园1个，国家技术转移示范机构1个，全国科普教育基地1个，国家备案众创空间3个。学校连续两年上榜，创新百强机构中综合排名位列第一梯级，在影响力维度表现突出。具体为：发明总量排名第13位，发明质量排名第31位，影响力排名第7位，全球化排名第67位，协同创新排名第39位。2021年，其在专利被引数量占比、欧美日专利累计加总占比方面表现较好，分别比上年榜单测算指标增长40.8%和411.6%，这表明机构在影响力方面极具优势，在全球化布局方面有较大提升。机构网址：http://www.njupt.edu.cn/.

江苏高校群英谱

JIANG SU

江苏大学

标准画像图

江苏大学

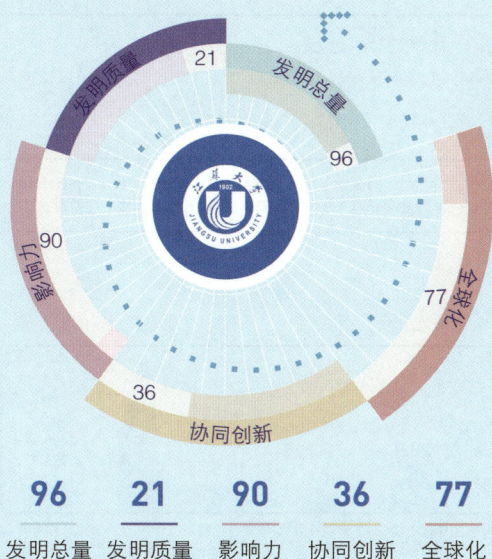

96	21	90	36	77
发明总量	发明质量	影响力	协同创新	全球化

类比画像图

● 江苏大学　● 百强均值　● 标杆中位值

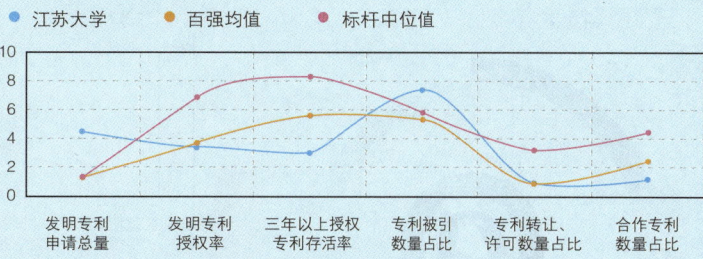

发明专利申请总量　发明专利授权率　三年以上授权专利存活率　专利被引数量占比　专利转让、许可数量占比　合作专利数量占比

同比画像图

江苏大学　单位：%

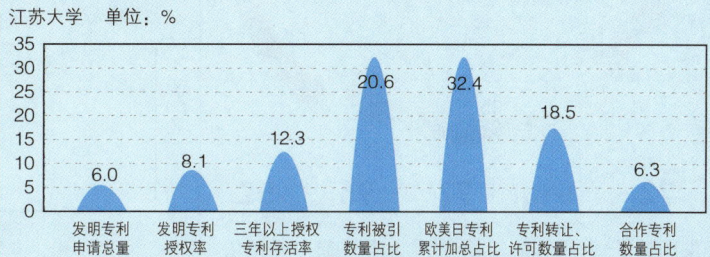

6.0	8.1	12.3	20.6	32.4	18.5	6.3
发明专利申请总量	发明专利授权率	三年以上授权专利存活率	专利被引数量占比	欧美日专利累计加总占比	专利转让、许可数量占比	合作专利数量占比

江苏大学是 2001 年 8 月经教育部批准，由原江苏理工大学、镇江医学院、镇江师范专科学校合并组建的重点综合性大学，是江苏省人民政府和教育部、农业农村部共建的高校。学校拥有 2 个国家重点学科，1 个国家重点（培育）学科，10 个江苏高校优势学科。学校拥有国家水泵及系统工程技术研究中心等一批国家级科技创新平台；与镇江市共建镇江国家大学科技园；建有国家知识产权培训（江苏）基地。学校牵头成立的现代农业装备与技术协同创新中心被认定为江苏省首批高校协同创新中心。"十三五"期间，学校获批国家自然科学基金项目 847 项（连续 6 年居全国高校前 50 位）。截至 2022 年 3 月，学校共获得国家级科技成果奖 16 项、何梁何利基金科学与技术创新奖 2 项、国家杰出青年科学基金项目 3 项、中国专利金奖 1 项。学校连续两年上榜，创新百强机构中综合排名位列第一梯级，在发明总量和影响力维度表现亮眼。具体为：发明总量排名第 5 位，发明质量排名第 80 位，影响力排名第 11 位，全球化排名第 24 位，协同创新排名第 65 位。2021 年，其在专利被引数量占比、欧美日专利累计加总占比方面表现较好，分别比上年榜单测算指标增长 20.6% 和 32.4%，这表明机构在影响力方面极具优势，在全球化布局方面也有一定提升。机构网址：https://www.ujs.edu.cn/.

江苏高校群英谱

江苏科技大学

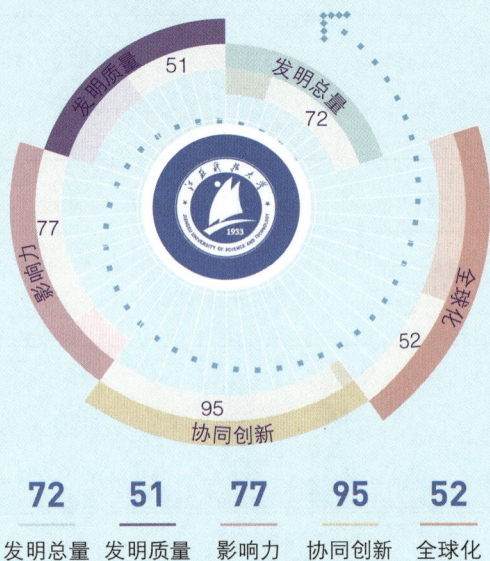

标准画像图
江苏科技大学

发明质量 51
发明总量 72
影响力 77
全球化 52
协同创新 95

72	51	77	95	52
发明总量	发明质量	影响力	协同创新	全球化

类比画像图

● 江苏科技大学　● 百强均值　● 标杆中位值

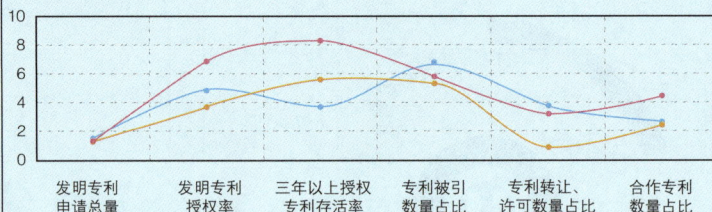

发明专利申请总量 / 发明专利授权率 / 三年以上授权专利存活率 / 专利被引数量占比 / 专利转让、许可数量占比 / 合作专利数量占比

同比画像图

江苏科技大学　　单位：%

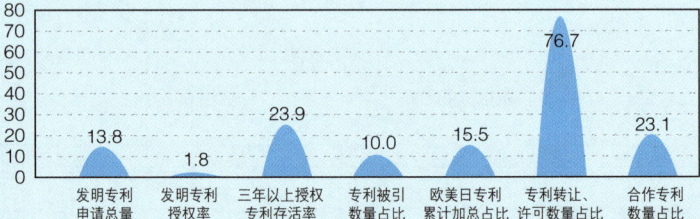

项目	数值
发明专利申请总量	13.8
发明专利授权率	1.8
三年以上授权专利存活率	23.9
专利被引数量占比	10.0
欧美日专利累计加总占比	15.5
专利转让、许可数量占比	76.7
合作专利数量占比	23.1

江苏科技大学坐落在风景秀丽的国家历史文化名城——江苏省镇江市，是一所以工科为主，特色鲜明的普通高等学校，是江苏高水平大学建设高校，教育部本科教学工作水平评估优秀学校，教育部卓越工程师教育培养计划高校。学校在全国相关高校中船舶工业相关学科专业设置最全，是具有船舶特色整体性和应用性优势的高校之一。学校拥有完备的教学、科研设备和研究平台，有 15 个国家级、省部级实验教学示范中心，11 个国家级、省部级重点实验室和工程实验室，22 个国家级、省部级研究中心，1 个江苏省重点产业学院建设点，1 个江苏省大学生创新创业实践教育中心，1 个江苏省高校哲学社会科学重点研究基地和 1 个江苏省高校哲学社会科学重点研究（建设）基地。学校获国家科学技术进步奖特等奖 2 项、二等奖 2 项，国家技术发明奖二等奖 1 项。学校连续两年上榜，创新百强机构中综合排名位列第一梯级，在协同创新维度表现突出。具体为：发明总量排名第 29 位，发明质量排名第 50 位，影响力排名第 24 位，全球化排名第 49 位，协同创新排名第 6 位。2021 年，其在专利转让、许可数量占比和合作专利数量占比方面表现较好，分别比上年榜单测算指标增长 76.7% 和 23.1%，这表明机构在协同创新方面极具优势。机构网址：https://www.just.edu.cn/.

江苏高校群英谱

河海大学

标准画像图
河海大学

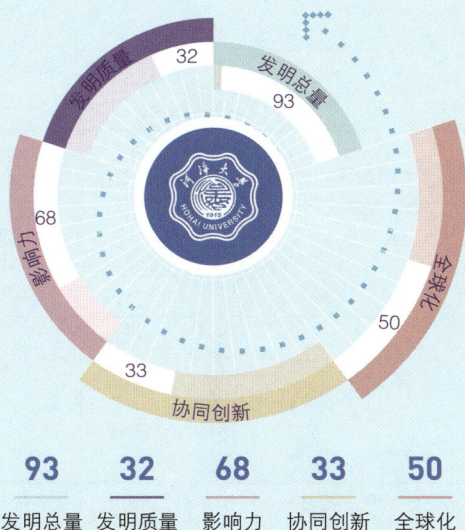

93	32	68	33	50
发明总量	发明质量	影响力	协同创新	全球化

类比画像图

● 河海大学　　● 百强均值　　● 标杆中位值

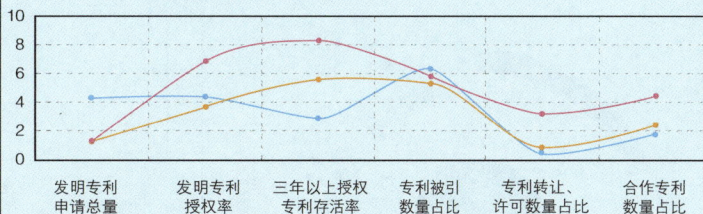

同比画像图

河海大学　单位：%

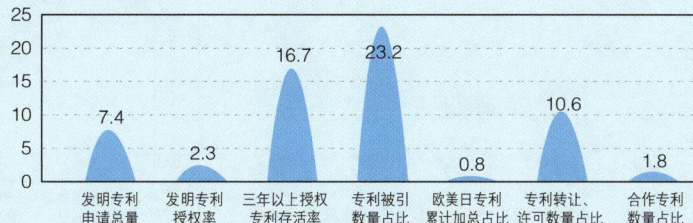

河海大学是一所拥有百余年办学历史，以水利为特色，工科为主，多学科协调发展的教育部直属全国重点大学，是实施国家"211工程"重点建设、国家优势学科创新平台建设、"双一流"建设及教育部批准设立研究生院的高校。拥有1个一级学科国家重点学科，7个二级学科国家重点学科，2个二级学科国家重点学科培育点，10个一级学科省级重点学科；16个博士后流动站。学校拥有水文水资源与水利工程科学国家重点实验室和水资源高效利用与工程安全国家工程研究中心，7个省部级重点实验室，18个省部级工程研究中心（工程技术研究中心），1个省部共建协同创新中心和4个江苏省高校协同创新中心。2010年以来，获国家级科技成果奖30项，省部级科技成果奖700余项。学校连续两年上榜，在创新百强机构中综合排名位列第一梯级，在发明总量维度表现突出。具体为：发明总量排名第8位，发明质量排名第69位，影响力排名第33位，全球化排名第51位，协同创新排名第68位。2021年，其发明专利申请总量比上年榜单测算指标增长7.4%；其专利被引数量占比比上年榜单测算指标增长23.2%，这表明学校在影响力方面也有一定提升。机构网址：https://www.hhu.edu.cn/.

JIANG SU

江苏高校群英谱

南京理工大学

标准画像图

南京理工大学

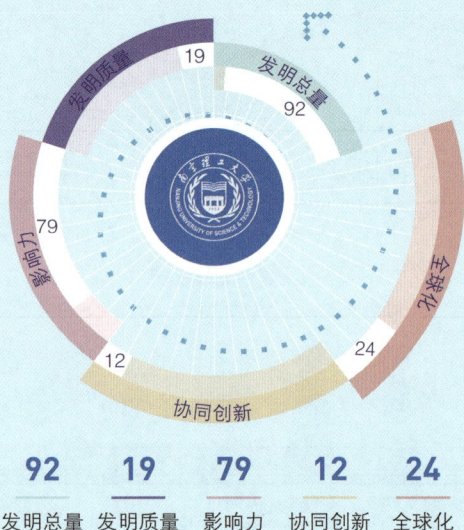

92	19	79	12	24
发明总量	发明质量	影响力	协同创新	全球化

类比画像图

● 南京理工大学　　● 百强均值　　● 标杆中位值

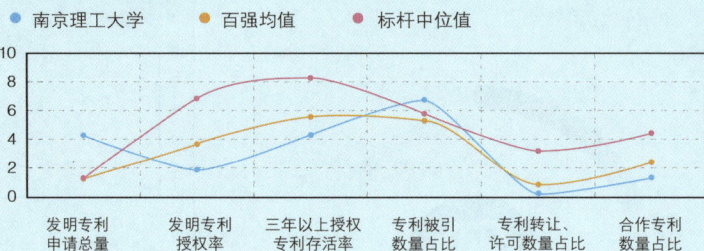

发明专利申请总量／发明专利授权率／三年以上授权专利存活率／专利被引数量占比／专利转让、许可数量占比／合作专利数量占比

同比画像图

南京理工大学　　单位：%

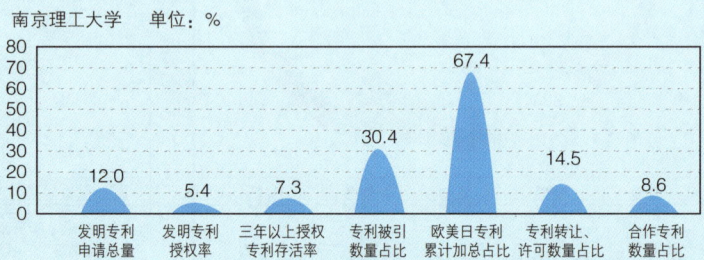

发明专利申请总量	发明专利授权率	三年以上授权专利存活率	专利被引数量占比	欧美日专利累计加总占比	专利转让、许可数量占比	合作专利数量占比
12.0	5.4	7.3	30.4	67.4	14.5	8.6

南京理工大学是隶属于工业和信息化部的全国重点大学。学校在长期发展过程中形成了兵器与装备、信息与控制、化工与材料三大优势学科群。现有一级学科博士学位授权点 20 个、一级学科硕士学位授权点 35 个。现有教职工 3500 余人。学校现有国家级重点实验室 1 个，国家级工程技术研究中心 1 个，国家地方联合工程实验室 1 个，前沿科学中心 1 个，国家级技术研究推广中心 1 个，国家级技术转移示范机构 1 个，国家级质检中心 1 个，省部共建协同创新中心 1 个，国防技术创新中心分中心 2 个，省部级重点实验室 28 个，省部级工程（技术）研究中心 26 个，省部级哲学社会科学研究基地 13 个，建有国家大学科技园。"十三五"以来，获得省部级及以上科技奖励 213 项，其中国家级科技奖励 17 项。学校连续两年上榜，在创新百强机构中综合排名位列第二梯级，在发明总量维度表现亮眼，在影响力维度也有较好表现。具体为：发明总量排名第 9 位，发明质量排名第 82 位，影响力排名第 22 位，全球化排名第 77 位，协同创新排名第 89 位。2021 年，其在专利被引数量占比、欧美日专利累计加总占比方面表现较好，分别比上年榜单测算指标增长 30.4% 和 67.4%，这表明机构在影响力及全球化布局方面有提升潜力。机构网址：https://www.njust.edu.cn/.

江苏高校群英谱

苏州大学

标准画像图
苏州大学

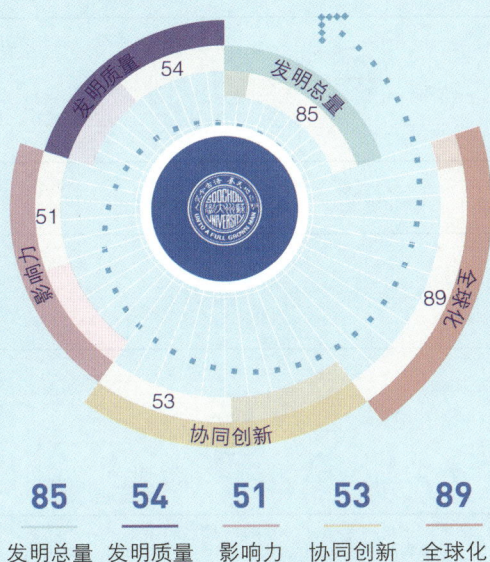

85	**54**	**51**	**53**	**89**
发明总量	发明质量	影响力	协同创新	全球化

类比画像图

● 苏州大学　● 百强均值　● 标杆中位值

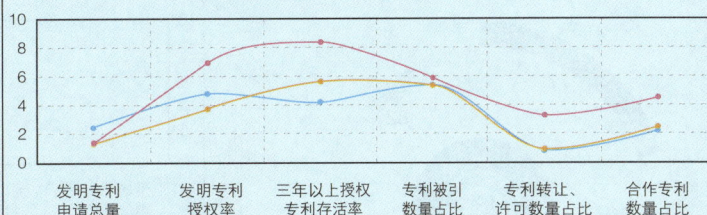

同比画像图

苏州大学　单位：%

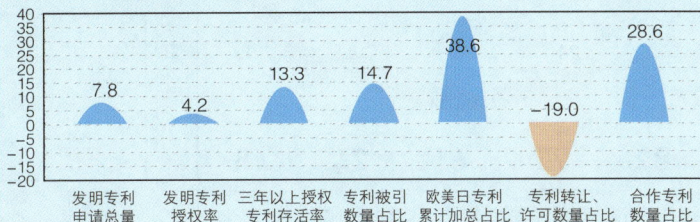

苏州大学坐落于素有"人间天堂"之称的历史文化名城——苏州，是国家"211工程""2011计划"首批入列高校，是教育部与江苏省人民政府共建"双一流"建设高校、国家国防科技工业局和江苏省人民政府共建高校，是江苏省属重点综合性大学。入选科技部、教育部首批专业化国家技术转移机构建设试点高校。截至2021年11月，在人文社会科学领域，获批国家社会科学基金45项；国家社会科学基金后期资助项目立项数为14项，居全国第8位，连续3年居全省首位；获教育部第八届高等学校科学研究优秀成果奖（人文社会科学）14项，一等奖获奖数居全国第11位。在自然科学领域，获批国家自然科学基金项目317项，国家重点研发计划重点专项项目1项，国防重大项目1项；获2020年度国家科学技术进步奖二等奖1项，2020年度中华人民共和国国际科学技术合作奖1项（第一合作单位）。学校连续两年上榜，在创新百强机构中综合排名位列第二梯级，在发明总量、全球化维度表现突出。具体为：发明总量排名第16位，发明质量排名第47位，影响力排名第50位，全球化排名第12位，协同创新排名第48位。2021年，其在合作专利数量占比、欧美日专利累计加总占比方面表现较好，分别比上年榜单测算指标增长28.6%和38.6%，这表明学校在协同创新及全球化布局方面有提升潜力。机构网址：https://www.suda.edu.cn/.

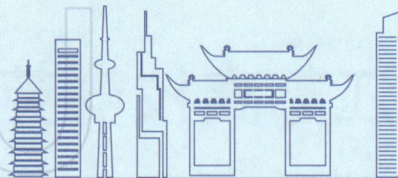

江苏高校群英谱

常州大学

标准画像图
常州大学

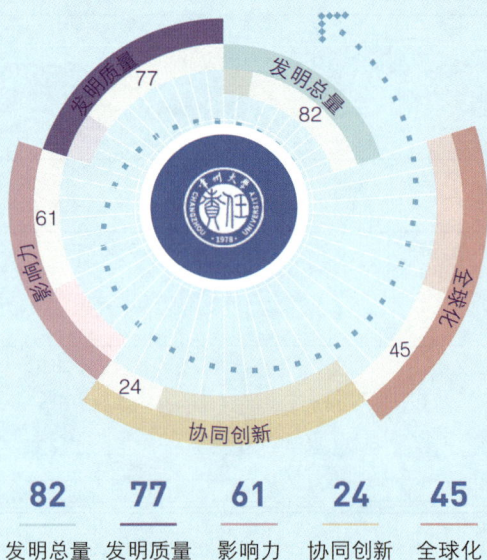

82	77	61	24	45
发明总量	发明质量	影响力	协同创新	全球化

类比画像图

● 常州大学　　● 百强均值　　● 标杆中位值

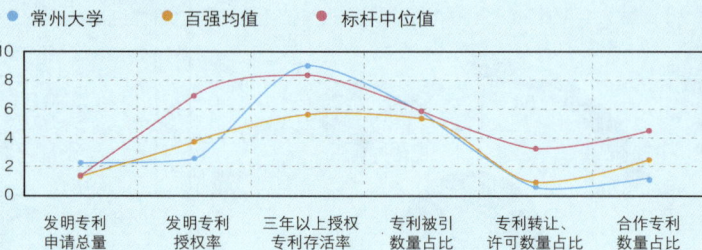

同比画像图

常州大学　单位：%

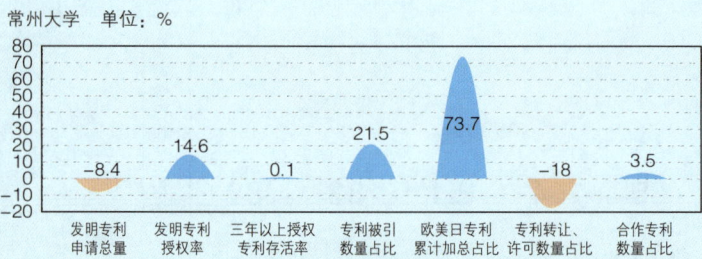

常州大学坐落于江苏常州，是江苏省人民政府与中国石油天然气集团有限公司、中国石油化工集团有限公司及中国海洋石油集团有限公司共建的省属全日制本科院校，是江苏高水平大学建设高峰计划建设高校，以及江苏省教育厅与常州市人民政府共建高校。学校拥有国家地方联合工程研究中心 1 个、国家级重点实验室（培育点）1 个、省部级重点实验室 13 个、省级协同创新中心 2 个、省级人文社会科学研究基地 8 个、省级大学科技园孵化器 1 个。学校与企业共建省级工程技术中心 24 个、校企联合研发中心 48 个、产学研基地 515 个、校企联盟 436 个。2016 年学校荣获"中国产学研合作创新奖"。"十三五"以来，学校荣获国家科学技术进步奖二等奖 1 项、国家技术发明奖二等奖 1 项、中国专利奖银奖 1 项、国家社会科学基金项目优秀成果奖二等奖 1 项、省部级和行业科研成果奖 98 项，入选国家哲学社会科学成果文库 1 项，获发明专利授权 2000 余件。学校连续两年上榜，在创新百强机构中综合排名位列第二梯级，在发明总量、发明质量维度表现突出。具体为：发明总量排名第 19 位，发明质量排名第 24 位，影响力排名第 40 位，全球化排名第 56 位，协同创新排名第 77 位。2021 年，其在发明专利授权率、专利被引数量占比方面表现较好，分别比上年榜单测算指标增长 14.6% 和 21.5%，这表明学校在发明质量及影响力方面仍极具优势。机构网址：https://www.cczu.edu.cn/.

江苏高校群英谱

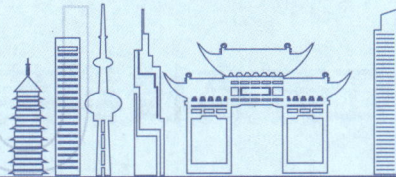

JIANG SU

江苏海洋大学

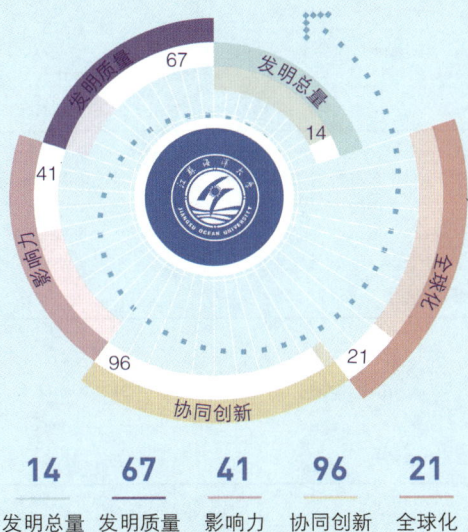

标准画像图

江苏海洋大学

14	67	41	96	21
发明总量	发明质量	影响力	协同创新	全球化

类比画像图

- 江苏海洋大学 ● 百强均值 ● 标杆中位值

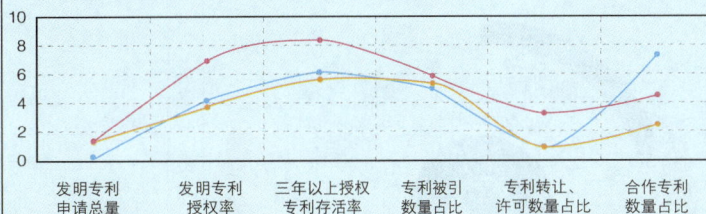

发明专利申请总量　发明专利授权率　三年以上授权专利存活率　专利被引数量占比　专利转让、许可数量占比　合作专利数量占比

同比画像图

江苏海洋大学　单位：%

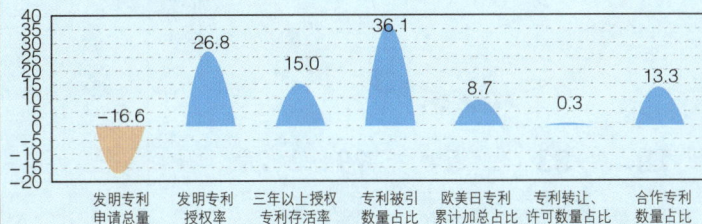

−16.6	26.8	15.0	36.1	8.7	0.3	13.3
发明专利申请总量	发明专利授权率	三年以上授权专利存活率	专利被引数量占比	欧美日专利累计加总占比	专利转让、许可数量占比	合作专利数量占比

江苏海洋大学坐落于江苏省连云港市，是江苏省属全日制普通本科高校。学校拥有 8 个国家级一流本科专业建设点、4 个专业通过教育部工程教育专业认证、3 个国家级特色专业、2 个国家级专业综合改革试点项目。海洋科学为江苏省优势学科，应用经济学、机械工程、生物工程、药学等 4 个学科被列入江苏省"十四五"重点学科建设计划。学校现有博士后科研工作站 1 个，省级重点实验室、工程研究中心 13 个，省社会科学重点研究基地 1 个，省社会科学基地培育点 1 个，省级协同创新中心 1 个。2021 年 5 月，江苏海洋大学大学科技园被科技部、教育部认定为国家大学科技园。近年来，荣获省部级及以上科研奖励 59 项，其中国家级科学技术奖 2 项。学校连续两年上榜，在创新百强机构中综合排名位列第二梯级，在协同创新维度表现亮眼。具体为：发明总量排名第 87 位，发明质量排名第 34 位，影响力排名第 60 位，全球化排名第 80 位，协同创新排名第 5 位。2021 年，其在发明专利授权率、专利被引数量占比方面表现较好，分别比上年榜单测算指标增长 26.8% 和 36.1%，这表明学校在发明质量及影响力方面具有潜力。机构网址：https://www.jou.edu.cn/.

江苏高校群英谱

JIANG SU

南京林业大学

标准画像图
南京林业大学

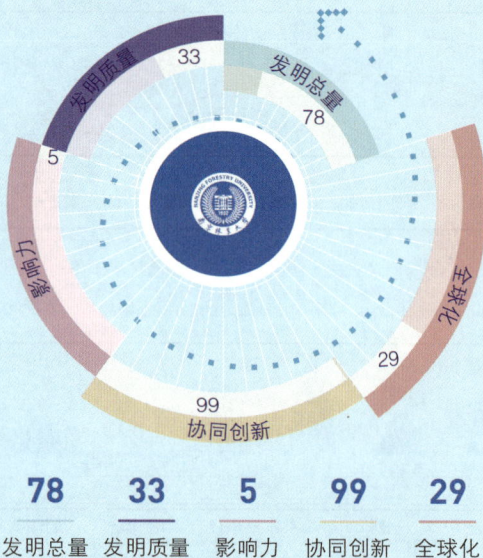

78	33	5	99	29
发明总量	发明质量	影响力	协同创新	全球化

类比画像图

● 南京林业大学　　● 百强均值　　● 标杆中位值

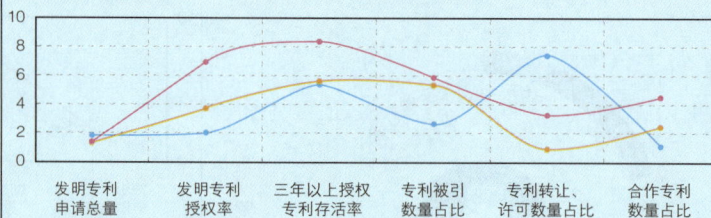

同比画像图

南京林业大学　单位：%

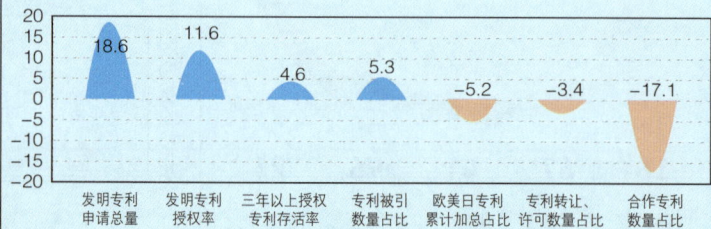

南京林业大学坐落于风景秀丽的紫金山麓、碧波荡漾的玄武湖畔，是中央与地方共建的省属重点高校，国家首批"双一流"建设高校。现设置并招生的本科专业有 70 个，其中，国家级一流本科专业建设点 21 个，国家级特色专业建设点 6 个，省级一流本科专业建设点 28 个，省级品牌特色专业 18 个。现有教职工 2330 余人。学校现有机电产品包装生物质材料国家级工程中心、林木遗传与生物技术教育部重点实验室等 10 余个国家层级创新平台。"十三五"期间，学校授权发明专利 1211 项，审定省级良种 42 个，制/修订国家标准 33 项。多年来，学校 380 余项科技成果获国家级和省部级奖励。目前，智库成果获国家领导人批示 4 份、省部级领导批示 20 余份，获中共中央办公厅、国务院办公厅及省部级政策采纳、采用 8 份。学校连续两年上榜，在创新百强机构中综合排名位列第二梯级，在协同创新维度表现亮眼。具体为：发明总量排名第 23 位，发明质量排名第 68 位，影响力排名第 96 位，全球化排名第 72 位，协同创新排名第 2 位。2021 年，其合作专利数量占比比上年榜单测算指标下降 17.1%，这表明协同创新维度指标的维护需引起注意。机构网址：https://www.njfu.edu.cn/.

江苏高校群英谱

JIANG SU

南京工业大学

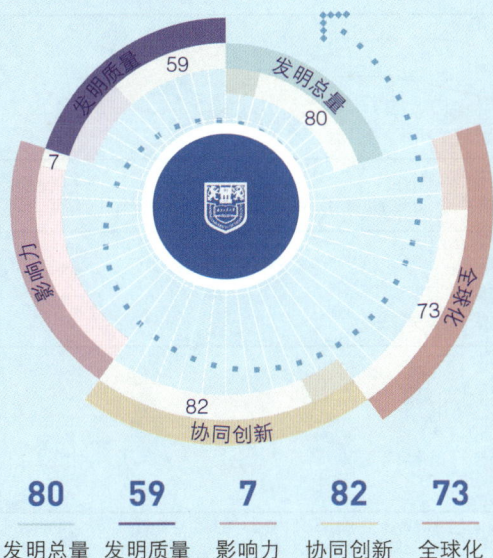

标准画像图

南京工业大学

发明质量 59
发明总量 80
影响力 7
全球化 73
协同创新 82

80	**59**	**7**	**82**	**73**
发明总量	发明质量	影响力	协同创新	全球化

类比画像图

● 南京工业大学　● 百强均值　● 标杆中位值

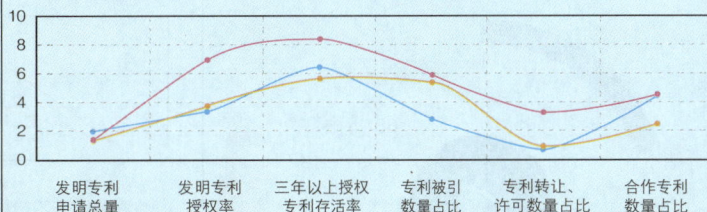

发明专利申请总量　发明专利授权率　三年以上授权专利存活率　专利被引数量占比　专利转让、许可数量占比　合作专利数量占比

同比画像图

南京工业大学　单位：%

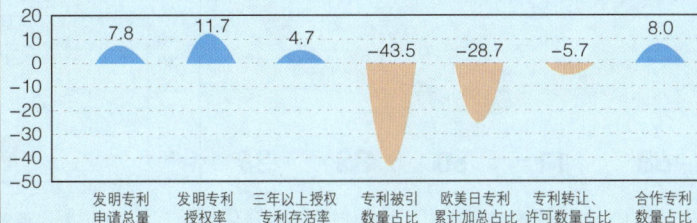

| 7.8 | 11.7 | 4.7 | −43.5 | −28.7 | −5.7 | 8.0 |

发明专利申请总量　发明专利授权率　三年以上授权专利存活率　专利被引数量占比　欧美日专利累计加总占比　专利转让、许可数量占比　合作专利数量占比

南京工业大学办学历史可溯源于 1902 年创办的三江师范学堂，2001 年由南京化工大学与南京建筑工程学院合并组建，是首批入选国家"高等学校创新能力提升计划"（2011 计划）高校。学校设有 11 个学部，28 个学院，各类学生 3.8 万余人。现有教职工 3000 余人。学校设有国家级科研平台 7 个，省部级研究中心 28 个，省部级重点实验室 29 个。"十二五"以来，学校科研项目及成果获各级各类奖励 500 余项。南京工业大学科技园为国家级大学科技园，南京工业大学技术转移中心为国家技术转移示范机构，拥有国家知识产权培训（江苏）基地。学校连续两年上榜，在创新百强机构中综合排名位列第二梯级，在协同创新维度表现突出。具体为：发明总量排名第 21 位，发明质量排名第 42 位，影响力排名第 94 位，全球化排名第 28 位，协同创新排名第 19 位。2021 年，其专利被引数量占比、欧美日专利累计加总占比分别比上年榜单测算指标下降 43.5% 和 28.7%，这表明学校在影响力及全球化布局方面仍需要维护和提升。机构网址：http://www.njtech.edu.cn/.

JIANG SU

江苏高校群英谱

盐城工学院

标准画像图
盐城工学院

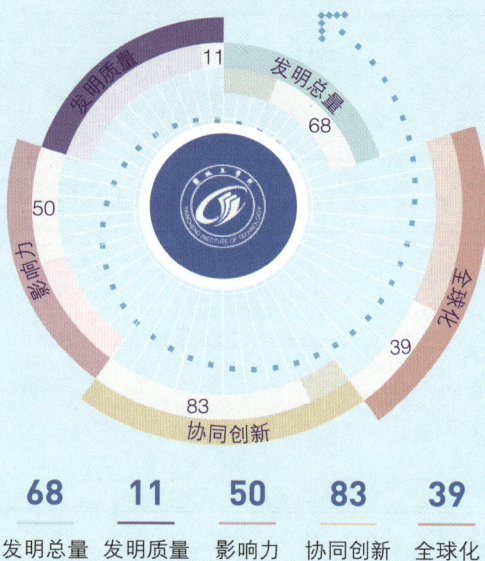

68	11	50	83	39
发明总量	发明质量	影响力	协同创新	全球化

类比画像图

● 盐城工学院　● 百强均值　● 标杆中位值

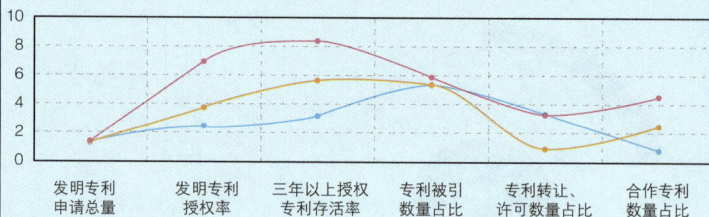

发明专利申请总量　发明专利授权率　三年以上授权专利存活率　专利被引数量占比　专利转让、许可数量占比　合作专利数量占比

同比画像图

盐城工学院　单位：%

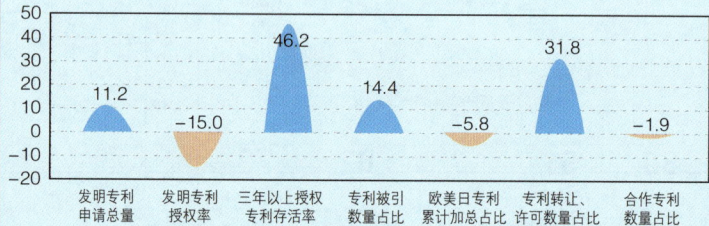

发明专利申请总量 11.2　发明专利授权率 −15.0　三年以上授权专利存活率 46.2　专利被引累计加总占比 14.4　欧美日专利累计加总占比 −5.8　专利转让、许可数量占比 31.8　合作专利数量占比 −1.9

盐城工学院是江苏省属全日制普通本科高校，坐落于素有"东方湿地之都、仙鹤麋鹿之乡"美誉的沿海开放城市——盐城。学校于 1996 年 5 月由盐城工业专科学校与盐城职业大学合并组建而成，是教育部"卓越工程师教育培养计划"试点高校，是国家"十三五"产教融合发展工程规划项目实施高校。近年来，学校共获批国家自然科学基金、国家社会科学基金等国家级项目 239 项，省部级项目 400 多项；获批省级以上奖励 112 项，其中高等学校科学研究优秀成果奖二等奖 2 项、江苏省科学技术奖 20 项、省哲学社会科学优秀成果奖 4 项；SCI、EI 等收录文章 4466 篇；获授权发明专利 1699 项，其中 2021 年获授权发明专利 232 项。据权威机构统计，学校专利转让数累计达 604 项，位列全国高校第 22 名。学校连续两年上榜，在创新百强机构中综合排名位列第二梯级，在协同创新维度表现突出。具体为：发明总量排名第 33 位，发明质量排名第 90 位，影响力排名第 51 位，全球化排名第 62 位，协同创新排名第 18 位。2021 年，其在专利转让、许可数量占比方面表现较好，比上年榜单测算指标增长 31.8%，这表明学校在协同创新方面仍极具优势。机构网址：https://www.ycit.cn/.

江苏高校群英谱

南京师范大学

标准画像图
南京师范大学

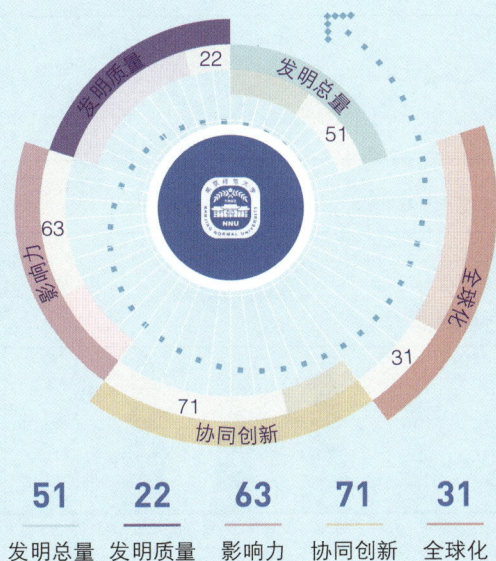

51	22	63	71	31
发明总量	发明质量	影响力	协同创新	全球化

类比画像图

● 南京师范大学　● 百强均值　● 标杆中位值

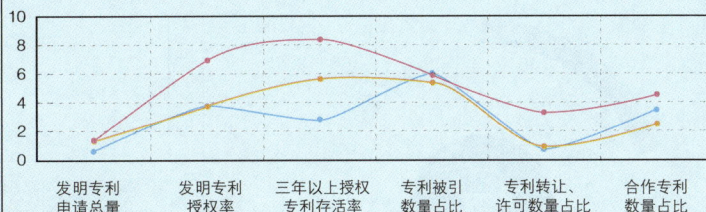

发明专利申请总量　发明专利授权率　三年以上授权专利存活率　专利被引数量占比　专利转让、许可数量占比　合作专利数量占比

同比画像图

南京师范大学　单位：%

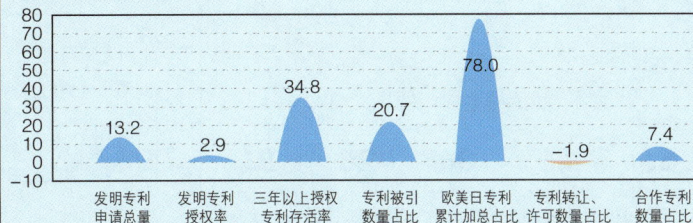

发明专利申请总量 13.2　发明专利授权率 2.9　三年以上授权专利存活率 34.8　专利被引数量占比 20.7　欧美日专利累计加总占比 78.0　专利转让、许可数量占比 -1.9　合作专利数量占比 7.4

南京师范大学是国家"双一流"建设高校和江苏高水平大学建设高校。2017 年入选国家首轮"双一流"建设高校。2018 年成为教育部与江苏省共建"双一流"建设高校。2022 年入选国家第二轮"双一流"建设高校。学校共有在职教职工 3271 人，专任教师 2170 人。学校拥有省部共建协同创新中心 1 个、江苏省高校协同创新中心 4 个、江苏省高校国际问题研究中心 1 个、江苏省决策咨询研究基地 3 个、江苏首批新型重点高端智库 1 个、江苏省重点实验室 2 个、江苏省开放实验室 1 个、江苏省高校重点实验室 10 个、江苏省工程研究中心 9 个、江苏省工程实验室 7 个、江苏省渔业重点实验室 2 个、江苏省公共服务平台 3 个。学校连续两年上榜，在创新百强机构中综合排名位列第三梯级，在协同创新维度表现相对较好。具体为：发明总量排名第 50 位，发明质量排名第 79 位，影响力排名第 38 位，全球化排名第 70 位，协同创新排名第 30 位。2021 年，其在专利被引数量占比、欧美日专利累计加总占比方面表现较好，分别比上年榜单测算指标增长 20.7% 和 78.0%，这表明机构在影响力及全球化布局方面也具有潜力。机构网址：http://www.njnu.edu.cn/.

JIANG SU

江苏高校群英谱

中国药科大学

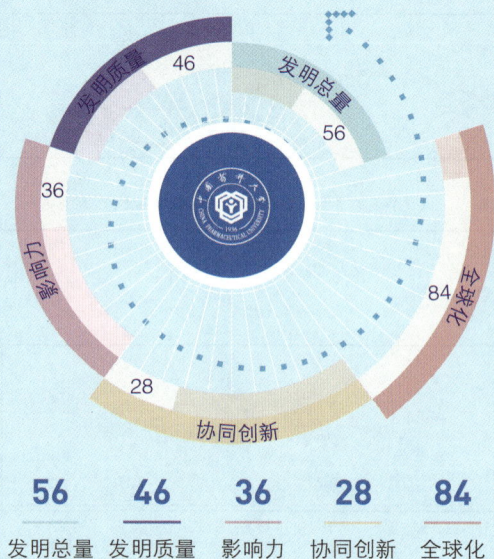

标准画像图
中国药科大学

发明质量 46
发明总量 56
影响力 36
全球化 84
协同创新 28

56	46	36	28	84
发明总量	发明质量	影响力	协同创新	全球化

类比画像图

● 中国药科大学　● 百强均值　● 标杆中位值

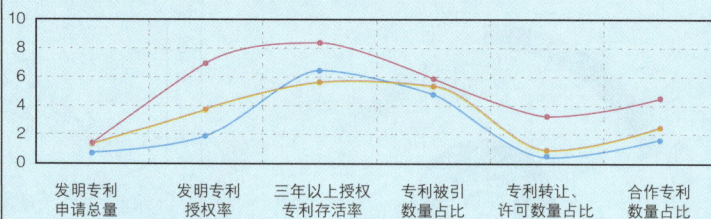

发明专利申请总量 | 发明专利授权率 | 三年以上授权专利存活率 | 专利被引数量占比 | 专利转让、许可数量占比 | 合作专利数量占比

同比画像图
中国药科大学　单位：%

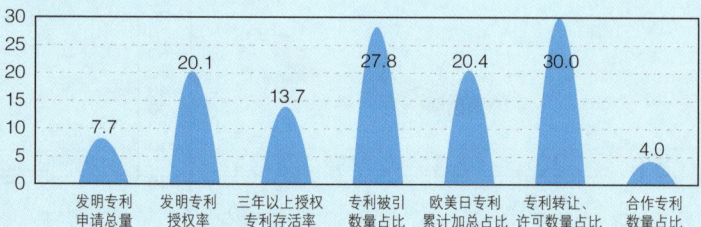

发明专利申请总量 7.7
发明专利授权率 20.1
三年以上授权专利存活率 13.7
专利被引数量占比 27.8
欧美日专利累计加总占比 20.4
专利转让、许可数量占比 30.0
合作专利数量占比 4.0

中国药科大学坐落于古都南京，始建于 1936 年，是我国历史上第一所由国家创办的药学高等学府。学校为教育部直属、国家"211 工程"和"985 工程优势学科创新平台"建设高校，是一所以药学为特色的多科性、研究型大学，素有"中国生物医药人才摇篮"的美誉。2017 年，成为国家"双一流"建设高校。在职教职工 1799 人，其中专任教师 1077 人。建有"天然药物活性组分与药效"国家重点实验室和省部级重点实验室、工程技术中心及创新平台。与海外 40 多个国家和地区的院校及科研机构建立实质性学术合作关系。近年来，获国家科学技术进步奖二等奖 4 项、国家技术发明奖二等奖 1 项，获批国家"重大新药创制"科技重大专项项目数稳居全国高校之首。学校连续两年上榜，在创新百强机构中综合排名位列第三梯级，在全球化维度表现亮眼。具体为：发明总量排名第 45 位，发明质量排名第 55 位，影响力排名第 65 位，全球化排名第 17 位，协同创新排名第 73 位。2021 年，其在专利被引数量占比、欧美日专利累计加总占比方面表现较好，分别比上年榜单测算指标增长 27.8% 和 20.4%，这表明机构在影响力及全球化布局方面仍极具优势。机构网址：http://www.cpu.edu.cn/.

江苏高校群英谱

JIANG SU

南京农业大学

标准画像图
南京农业大学

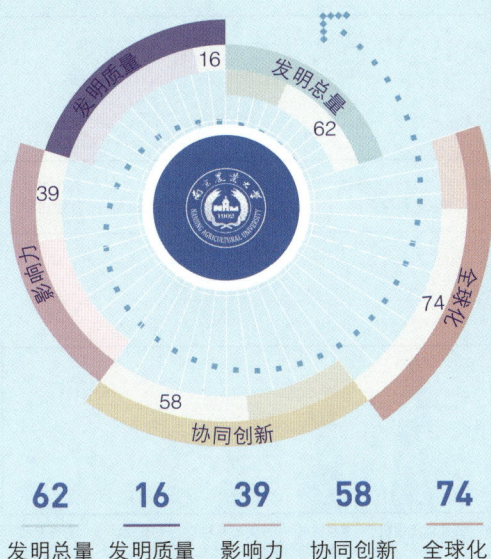

62	16	39	58	74
发明总量	发明质量	影响力	协同创新	全球化

类比画像图

● 南京农业大学　● 百强均值　● 标杆中位值

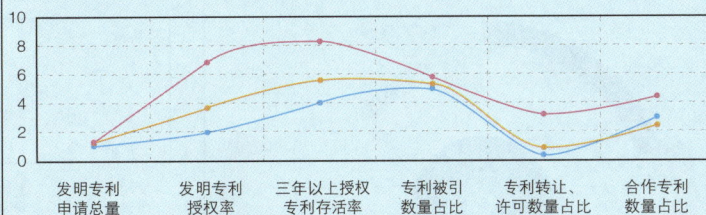

发明专利申请总量　发明专利授权率　三年以上授权专利存活率　专利被引数量占比　专利转让、许可数量占比　合作专利数量占比

同比画像图

南京农业大学　单位：%

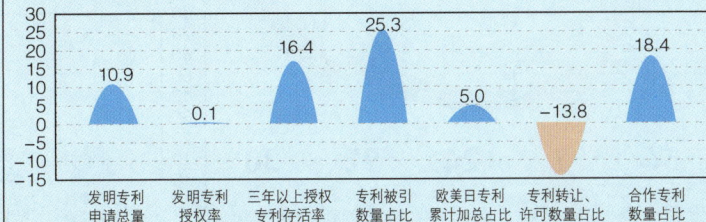

10.9　0.1　16.4　25.3　5.0　−13.8　18.4

发明专利申请总量　发明专利授权率　三年以上授权专利存活率　专利被引数量占比　欧美日专利累计加总占比　专利转让、许可数量占比　合作专利数量占比

南京农业大学坐落于南京，是一所以农业和生命科学为优势和特色，农、理、经、管、工、文、法多学科协调发展的教育部直属全国重点大学，是国家"211工程"重点建设大学、"985优势学科创新平台"和"双一流"建设高校。现有教职员工2900余人。南京农业大学建有作物遗传与种质创新国家重点实验室等103个国家及省部级科研平台。"十二五"以来，到位科研经费60多亿元，获得国家及省部级科技成果奖200余项，其中作为第一完成单位获得国家科学技术奖12项。主动服务国家脱贫攻坚、乡村振兴战略，多次被评为"国家科教兴农先进单位"。学校连续两年上榜，在创新百强机构中综合排名位列第三梯级，在全球化维度表现突出。具体为：发明总量排名第39位，发明质量排名第85位，影响力排名第62位，全球化排名第27位，协同创新排名第43位。2021年，其在专利被引数量占比方面表现较好，比上年榜单测算指标增长25.3%，这表明机构在影响力方面具有提升潜力。机构网址：http://www.njau.edu.cn/.

江苏高校群英谱

JIANG SU

江苏师范大学

标准画像图

江苏师范大学

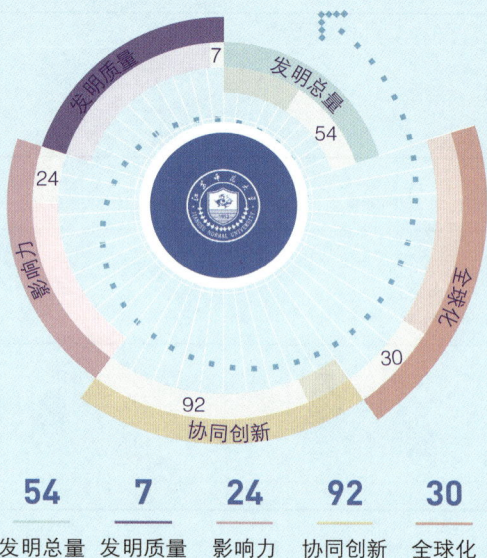

54	7	24	92	30
发明总量	发明质量	影响力	协同创新	全球化

类比画像图

● 江苏师范大学　● 百强均值　● 标杆中位值

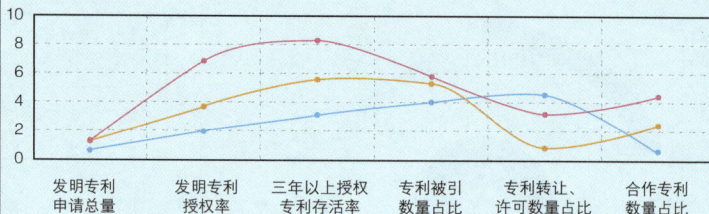

发明专利申请总量　发明专利授权率　三年以上授权专利存活率　专利被引数量占比　专利转让、许可数量占比　合作专利数量占比

同比画像图

江苏师范大学　单位：%

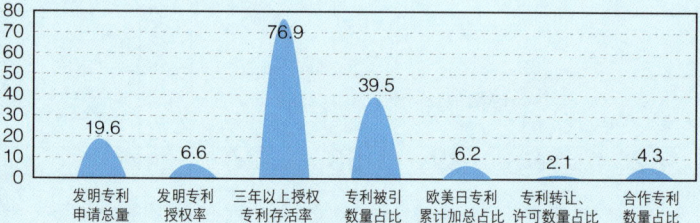

| 发明专利申请总量 19.6 | 发明专利授权率 6.6 | 三年以上授权专利存活率 76.9 | 专利被引数量占比 39.5 | 欧美日专利累计加总占比 6.2 | 专利转让、许可数量占比 2.1 | 合作专利数量占比 4.3 |

江苏师范大学是江苏省人民政府和教育部共建高校，是江苏高水平大学建设高校。现有 59 个本科招生专业，35 个一级学科硕士点，1 个服务国家特殊需求博士人才培养项目，1 个博士后科研流动站。6 个省优势学科、10 个省重点学科。现有专任教师 1897 人。拥有省部共建协同创新中心 1 个、省部级科研平台 44 个。拥有 2 个江苏省重点培育建设智库。共建新型研发机构、各类产学研合作基地 200 余家。技术转移中心获批国家技术转移示范机构。大学科技园获批国家大学科技园、国家级科技企业孵化器、国家级高校学生科技创业实习基地、江苏省科技服务业"百强机构"荣誉称号。近 5 年获批国家级科研项目 504 项。学校连续两年上榜，在创新百强机构中综合排名位列第三梯级，在协同创新维度表现亮眼。具体为：发明总量排名第 47 位，发明质量排名第 94 位，影响力排名第 77 位，全球化排名第 71 位，协同创新排名第 9 位。2021 年，其在三年以上授权专利存活率、专利被引数量占比方面表现较好，分别比上年榜单测算指标增长 76.9% 和 39.5%，这表明学校在发明质量和影响力方面有所提升。机构网址：http://www.jsnu.edu.cn/.

江苏高校群英谱

JIANG SU

常州工学院

标准画像图
常州工学院

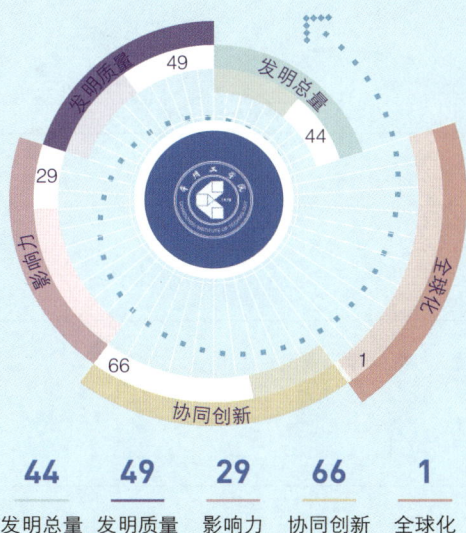

44	49	29	66	1
发明总量	发明质量	影响力	协同创新	全球化

类比画像图

● 常州工学院　　● 百强均值　　● 标杆中位值

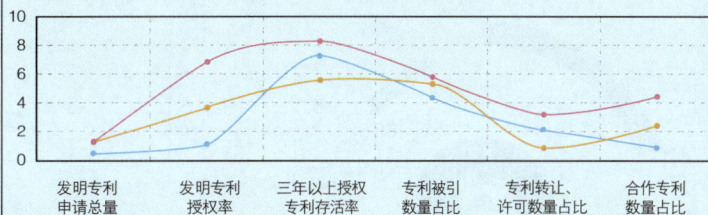

发明专利申请总量　发明专利授权率　三年以上授权专利存活率　专利被引数量占比　专利转让、许可数量占比　合作专利数量占比

同比画像图

常州工学院　　单位：%

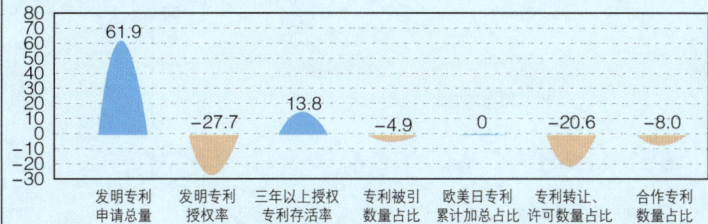

发明专利申请总量 61.9　发明专利授权率 −27.7　三年以上授权专利存活率 13.8　专利被引数量占比 −4.9　欧美日专利累计加总占比 0　专利转让、许可数量占比 −20.6　合作专利数量占比 −8.0

常州工学院是一所全日制普通本科院校，坐落于经济发达、文教昌盛、交通便捷、美丽富饶的国家历史文化名城——常州。历经 44 年的建设和发展，学校现已成为一所以工科为主、多学科门类协调发展、特色明显的地方应用型本科高校。在职教职工 1300 余人，其中专任教师 1000 余人。学校现拥有 2 个江苏省高校重点（建设）实验室，9 个常州市重点实验室，3 个省工程研究中心，与 11 家企业共建了省级工程技术研究中心；建有 3 个行业联合创新实验室。建有常州工学院大学科技园及 10 个校内产学研一体化中心。拥有习近平新时代中国特色社会主义思想研究院等 24 个社会科学研究智库平台。学校连续两年上榜，在创新百强机构中综合排名位列第三梯级，在协同创新维度表现相对较好。具体为：发明总量排名第 57 位，发明质量排名第 52 位，影响力排名第 72 位，全球化排名第 93 位，协同创新排名第 35 位。2021 年，其发明专利申请总量比上年榜单测算指标增长 61.9%，这说明其在发明总量方面极具优势。机构网址：https://www.czu.cn/.

江苏高校群英谱

JIANG SU

江苏理工学院

标准画像图

江苏理工学院

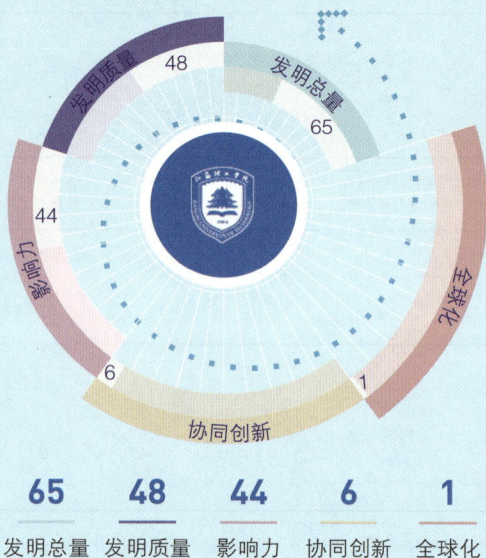

65	48	44	6	1
发明总量	发明质量	影响力	协同创新	全球化

类比画像图

● 江苏理工学院　● 百强均值　● 标杆中位值

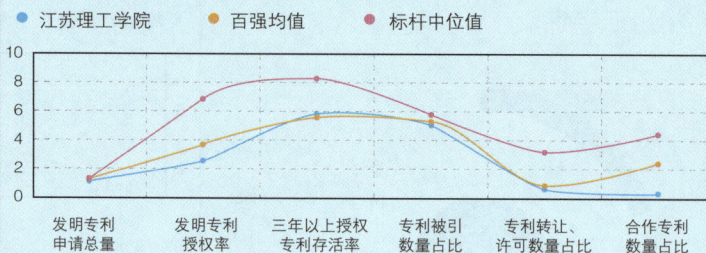

发明专利申请总量　发明专利授权率　三年以上授权专利存活率　专利被引数量占比　专利转让、许可数量占比　合作专利数量占比

同比画像图

江苏理工学院　单位：%

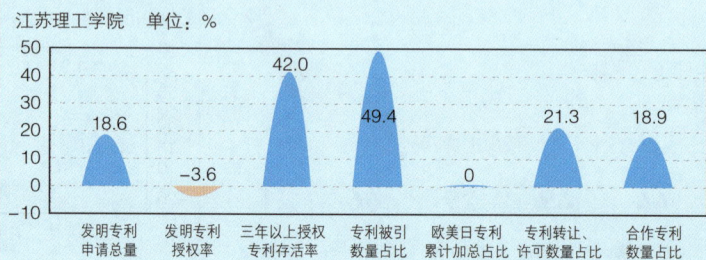

18.6	-3.6	42.0	49.4	0	21.3	18.9
发明专利申请总量	发明专利授权率	三年以上授权专利存活率	专利被引数量占比	欧美日专利累计加总占比	专利转让、许可数量占比	合作专利数量占比

江苏理工学院是省属全日制普通高校，地处被誉为"千载读书地，现代创新城"的国家历史文化名城、长江三角洲重要的现代制造业基地——江苏省常州市。学校创建于1984年，设有21个教学科研单位，建有多个行业产业学院和研究院。现有教职工1500余人，专任教师近1200人。现有江苏省重点学科5个，省级以上学科科研平台20个。近5年，学校获省部级科研成果奖近60项，主持承担国家级和省部级科研项目400余项，横向科研课题近1800项，科研到账经费4亿多元，国家授权发明专利1000余项。与10多个省内外市、区建立校地战略合作关系，与行业协会、知名企业、大院大所共建产学研基地230余家及研究机构40余家，与地方政府部门共建常州产业研究院、常州市名人研究院等多个研究平台。学校连续两年上榜，在创新百强机构中综合排名位列第三梯级，在发明总量维度表现相对较好。具体为：发明总量排名第36位，发明质量排名第53位，影响力排名第57位，全球化排名第93位，协同创新排名第95位。2021年，其在三年以上授权专利存活率和专利被引数量占比方面表现较好，分别比上年榜单测算指标增长42.0%和49.4%，这表明其在发明质量和影响力上仍具备提升潜力。机构网址：http://www.jstu.edu.cn/.

江苏高校群英谱

JIANG SU

南京工程学院

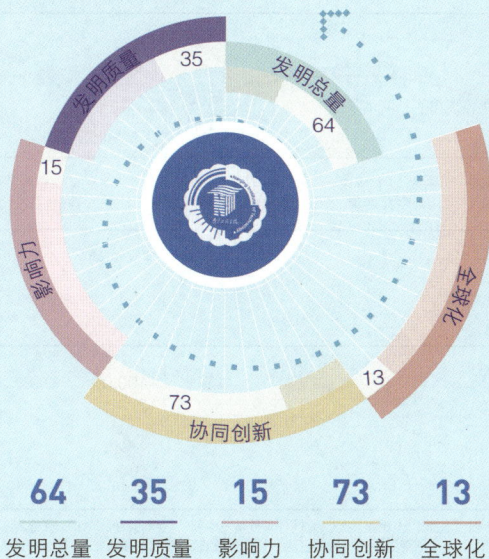

标准画像图

南京工程学院

发明质量 35
发明总量 64
影响力 15
全球化
协同创新 73
13

64	35	15	73	13
发明总量	发明质量	影响力	协同创新	全球化

类比画像图

● 南京工程学院　● 百强均值　● 标杆中位值

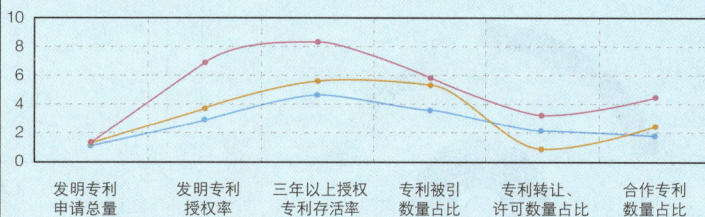

发明专利申请总量 / 发明专利授权率 / 三年以上授权专利存活率 / 专利被引数量占比 / 专利转让、许可数量占比 / 合作专利数量占比

同比画像图

南京工程学院　单位：%

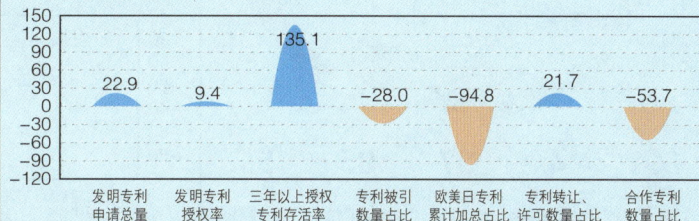

发明专利申请总量	发明专利授权率	三年以上授权专利存活率	专利被引数量占比	欧美日专利累计加总占比	专利转让、许可数量占比	合作专利数量占比
22.9	9.4	135.1	−28.0	−94.8	21.7	−53.7

南京工程学院位于江苏省南京市，是一所具有百年办学历史、深厚工科底蕴、鲜明应用特色的江苏省属普通本科高校，是全国高等学校应用型本科院校专门委员会主任委员单位，全国应用型高校研究生教育发展联盟副理事长单位，教育部"卓越工程师教育培养计划"和"CDIO 工程教育改革"首批试点高校，国家机电控制类人才培养模式创新试验区，全国产学研合作典型高校，全国毕业生就业典型经验高校。学校建有国家级学科科研平台 5 个，省级学科科研平台 20 个。近年来，获批省部级及以上项目 384 项，省部级及国家直管行业科技奖 67 项，授权发明专利 726 项，转让专利近 400 项，获批省知识产权贯标示范高校、省专利转化专项实施单位和南京市智能制造产业知识产权运营中心，获评省科技工作先进单位、省技术转移工作先进集体、省科技服务业"百强"机构。学校连续两年上榜，在创新百强机构中综合排名位列第三梯级，在协同创新维度表现相对突出。具体为：发明总量排名第 37 位，发明质量排名第 66 位，影响力排名第 86 位，全球化排名第 88 位，协同创新排名第 28 位。2021 年，其三年以上授权专利存活率比上年榜单测算指标增长 135.1%，表明其在授权专利存活率方面有较好表现；其欧美日专利累计加总占比比上年榜单测算指标下降 94.8%，说明其在全球化方面仍需提升。机构网址：https://www.njit.edu.cn/.

JIANG SU

江苏高校群英谱

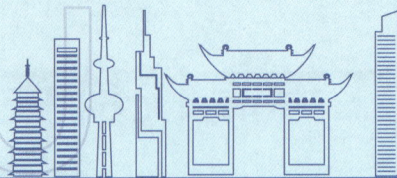

南京财经大学

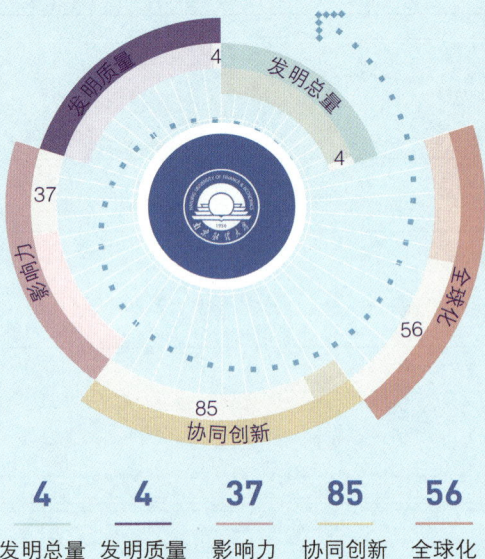

标准画像图
南京财经大学

发明质量 4
发明总量
37
影响力
56 全球化
85 协同创新

4	4	37	85	56
发明总量	发明质量	影响力	协同创新	全球化

类比画像图

- 南京财经大学
- 百强均值
- 标杆中位值

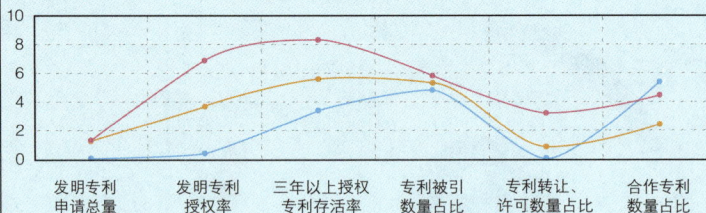

发明专利申请总量 / 发明专利授权率 / 三年以上授权专利存活率 / 专利被引数量占比 / 专利转让、许可数量占比 / 合作专利数量占比

同比画像图

南京财经大学　单位：%

发明专利申请总量	发明专利授权率	三年以上授权专利存活率	专利被引数量占比	欧美日专利累计加总占比	专利转让、许可数量占比	合作专利数量占比
0.8	24.0	-7.5	31.3	-1.9	-100.0	0.9

南京财经大学为一所以经济管理类学科为主，经济学、管理学、法学、工学、理学、文学、艺术学等多学科支撑配套、协调发展的江苏高水平大学。获批现代服务业协同创新中心等省级协同创新中心 3 个。建成粮食储运国家工程实验室（稻谷平台）1 个，国家重点实验室培育建设点 1 个，江苏省重点培育智库 1 个。学校现代服务业科技园获评国家小型微型企业创业创新示范基地。2010 年，学校作为完成单位之一荣获国家科学技术进步奖一等奖。2019 年，学校作为第一完成单位、学校教师作为第一完成人荣获江苏省科学技术奖一等奖。"十三五"以来，60 余项研究成果获得省部级以上科研成果奖。学校连续两年上榜，在创新百强机构中综合排名位列第四梯级，在协同创新维度表现亮眼。具体为：发明总量排名第 97 位，发明质量排名第 97 位，影响力排名第 64 位，全球化排名第 45 位，协同创新排名第 16 位。2021 年，其专利被引数量占比比上年榜单测算指标增长 31.3%，表明其在影响力方面有较好表现；但是，其专利转让、许可数量占比比上年榜单测算指标下降 100.0%，说明其在协同创新方面仍需维护与提升。机构网址：http://www.nufe.edu.cn/.

江苏高校群英谱

JIANG SU

南通大学

标准画像图

南通大学

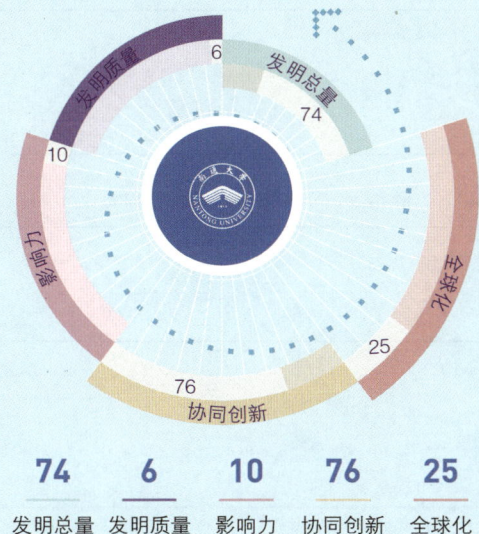

74	6	10	76	25
发明总量	发明质量	影响力	协同创新	全球化

类比画像图

● 南通大学　● 百强均值　● 标杆中位值

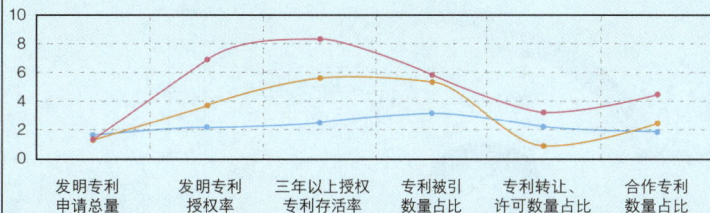

发明专利申请总量　发明专利授权率　三年以上授权专利存活率　专利被引数量占比　专利转让、许可数量占比　合作专利数量占比

同比画像图

南通大学　单位：%

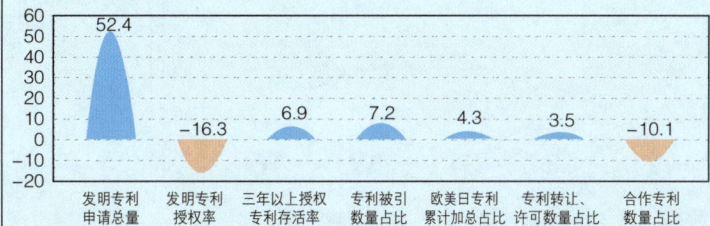

52.4	−16.3	6.9	7.2	4.3	3.5	−10.1
发明专利申请总量	发明专利授权率	三年以上授权专利存活率	专利被引累计加总占比	欧美日专利累计加总占比	专利转让、许可数量占比	合作专利数量占比

南通大学始建于 1912 年，是江苏省人民政府和交通运输部共建的综合性大学，江苏高水平大学建设高峰计划建设高校。学校设有 104 个本科专业（2021 年招生专业有 77 个），现有教职工 3315 人（含杏林学院）。学校拥有国家地方联合工程研究中心、教育部重点实验室等一批高端科研平台。拥有国家大学科技园、国家级众创空间等创新创业服务平台。5 年来，承担国家重点研发计划项目、国家自然科学基金项目（474 项）和国家社会科学基金项目（90 项）等近 600 项，获专利授权 2000 余件，荣获国家技术发明奖、全国创新争先奖等一批高层次奖励，连续多年被评为江苏省科技工作先进高校。学校连续两年上榜，在创新百强机构中综合排名位列第四梯级，在发明总量和协同创新维度表现突出。具体为：发明总量排名第 27 位，发明质量排名第 95 位，影响力排名第 91 位，全球化排名第 76 位，协同创新排名第 25 位。2021 年，其发明专利申请总量比上年榜单测算指标增长 52.4%，说明其发明总量极具优势；其合作专利数量占比比上年榜单测算指标下降 10.1%，说明其在协同创新维度仍需要维护与提升。机构网址：https://www.ntu.edu.cn/.

江苏高校群英谱

JIANG SU

常熟理工学院

标准画像图

常熟理工学院

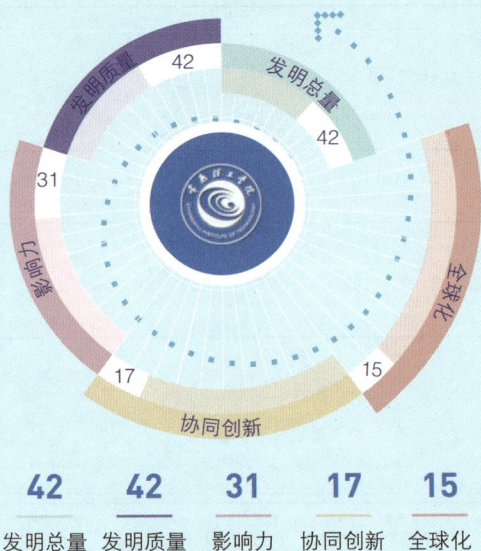

发明质量 42
发明总量 42
影响力 31
协同创新 17
全球化 15

42	42	31	17	15
发明总量	发明质量	影响力	协同创新	全球化

类比画像图

● 常熟理工学院　● 百强均值　● 标杆中位值

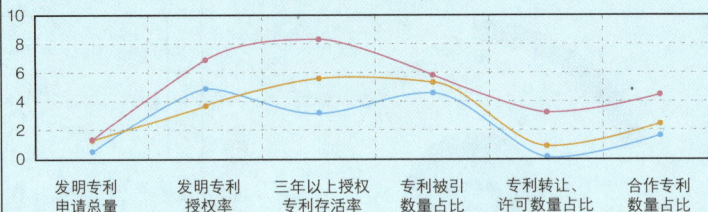

发明专利申请总量　发明专利授权率　三年以上授权专利存活率　专利被引数量占比　专利转让、许可数量占比　合作专利数量占比

同比画像图

常熟理工学院　单位：%

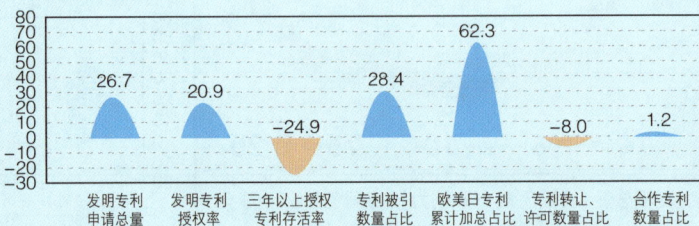

26.7　20.9　−24.9　28.4　62.3　−8.0　1.2

发明专利申请总量　发明专利授权率　三年以上授权专利存活率　专利被引数量占比　欧美日专利累计加总占比　专利转让、许可数量占比　合作专利数量占比

常熟理工学院坐落于人文荟萃、山明水秀的国家历史文化名城、国际花园城市——常熟，是江苏省省属公立全日制普通本科院校。学校现设有 14 个二级学院（部），49 个招生本科专业，现有教职工 1546 人。现建有省级重点建设实验室 3 个、省级工程研究中心 2 个、省级联合技术转移中心 1 个、省高校人文社会科学校外研究基地 1 个，省科协科技创新智库基地 1 个，省外国专家工作室 2 个；拥有国家中小企业公共服务示范平台 1 个，共建国家级大学科技园 1 个。近年来，共承担国家级科研项目近 200 项、省部级科研项目近 350 项，获得各级各类省部级以上科研奖励 60 余项，参与编写国家标准 5 项；建有技术转移分中心 7 个，共建产学研合作基地 40 余个。学校连续两年上榜，在创新百强机构中综合排名位列第四梯级，在发明总量和发明质量维度表现相对较好。具体为：发明总量排名第 59 位，发明质量排名第 59 位，影响力排名第 70 位，全球化排名第 86 位，协同创新排名第 84 位。2021 年，其在专利被引数量占比、欧美日专利累计加总占比方面表现较好，分别比上年榜单测算指标增长 28.4% 和 62.3%，这表明机构在影响力及全球化布局方面仍极具潜力。机构网址：https://www.cslg.edu.cn/.

江苏高校群英谱

JIANG SU

扬州大学

标准画像图
扬州大学

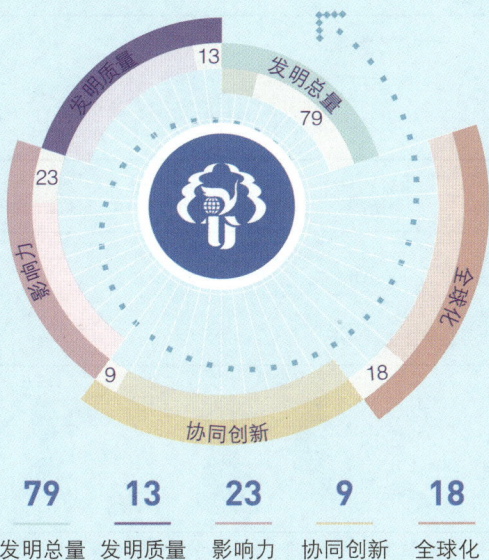

79	13	23	9	18
发明总量	发明质量	影响力	协同创新	全球化

类比画像图

● 扬州大学　● 百强均值　● 标杆中位值

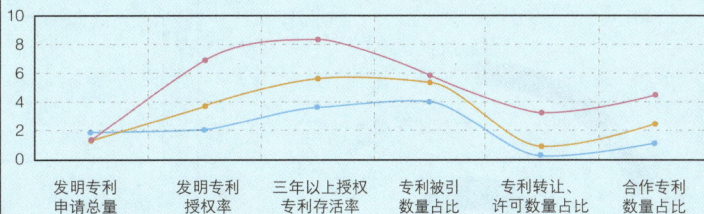

同比画像图

扬州大学　单位：%

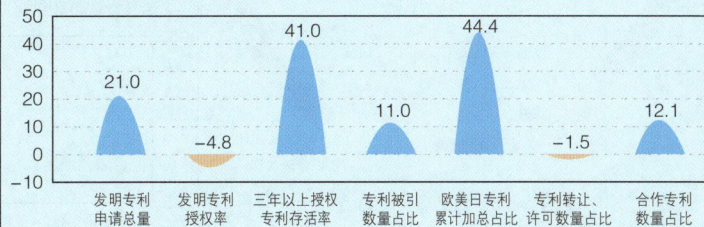

扬州大学坐落于国家首批历史文化名城扬州，是江苏省人民政府和教育部共建高校、江苏省属重点综合性大学、江苏高水平大学建设高峰计划 A 类建设高校，全国首批博士、硕士学位授予单位，全国率先进行合并办学的高校。拥有国际合作联合实验室 1 个，教育部国别和区域研究中心（备案名单）1 个，部级、省级重点（建设）实验室 25 个和工程技术研究中心、公共技术服务中心、研究院（基地）54 个，省级协同创新中心 2 个，国家技术转移示范机构 1 个、国家级科技特派员创业培训基地 1 个。"十三五"以来，荣获国家科学技术奖二等奖 7 项（第一完成单位 5 项）；省部级自然科学类成果奖 116 项（第一完成单位），其中一等奖 14 项，人文社会科学类省部级成果奖 74 项（第一完成单位），其中一等奖 16 项。学校连续两年上榜，在创新百强机构中综合排名位列第四梯级，在发明总量维度表现突出。具体为：发明总量排名第 22 位，发明质量排名第 88 位，影响力排名第 78 位，全球化排名第 83 位，协同创新排名第 92 位。2021 年，其在三年以上授权专利存活率和欧美日专利累计加总占比方面表现较好，分别比上年榜单测算指标增长 41.0% 和 44.4%，这表明其在发明质量和全球化方面仍具备提升潜力。机构网址：http://www.yzu.edu.cn/.

9.3 江苏院所群英谱

中国科学院苏州纳米技术与纳米仿生研究所

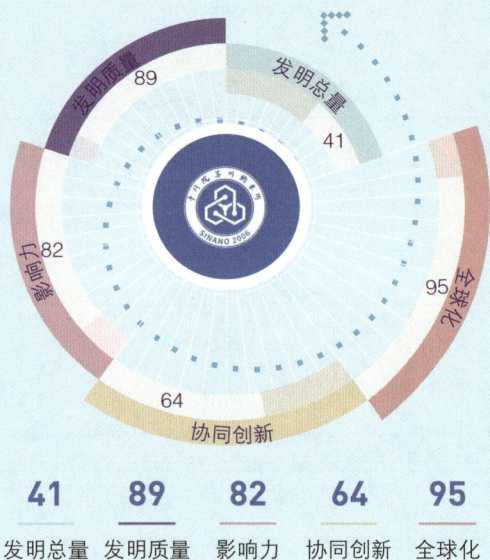

标准画像图

中国科学院苏州纳米技术与纳米仿生研究所

发明质量 89
发明总量 41
全球化 95
影响力 82
协同创新 64

41	89	82	64	95
发明总量	发明质量	影响力	协同创新	全球化

类比画像图

● 中国科学院苏州纳米技术与纳米仿生研究所 ● 百强均值 ● 标杆中位值

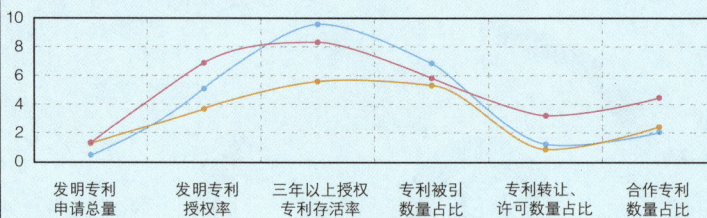

发明专利申请总量 / 发明专利授权率 / 三年以上授权专利存活率 / 专利被引数量占比 / 专利转让、许可数量占比 / 合作专利数量占比

同比画像图

中国科学院苏州纳米技术与纳米仿生研究所   单位：%

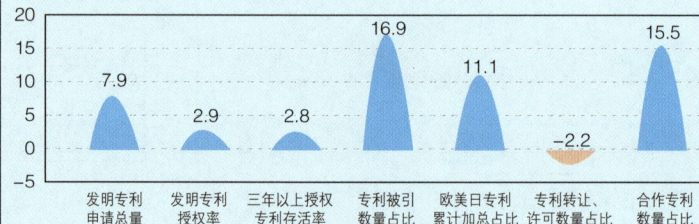

发明专利申请总量 7.9 / 发明专利授权率 2.9 / 三年以上授权专利存活率 2.8 / 专利被引数量占比 16.9 / 欧美日专利累计加总占比 11.1 / 专利转让、许可数量占比 -2.2 / 合作专利数量占比 15.5

中国科学院苏州纳米技术与纳米仿生研究所（简称"苏州纳米所"）由中国科学院与江苏省人民政府、苏州市人民政府和苏州工业园区于 2006 年共同创建，位于风景秀丽的苏州工业园区独墅湖科教创新区内。苏州纳米所前瞻布局了电子信息、纳米材料、生物医学等重点研究领域，整合优势力量，凝练学科方向。苏州纳米所密切围绕重点攻关领域，建设了纳米真空互联实验站、纳米加工平台、测试分析平台、生化平台 4 个集科研攻关与公共服务于一体的公共技术平台。入选国家双创示范基地，并在 2020 年发布的国家双创示范基地评估中位列全国 120 家双创示范基地第四。苏州纳米所在创新百强机构中综合排名位列第一梯级，在全球化和发明质量维度表现亮眼。具体为：发明总量排名第 60 位，发明质量排名第 12 位，影响力排名第 19 位，全球化排名第 6 位，协同创新排名第 37 位。2021 年，其在欧美日专利累计加总占比方面表现较好，比上年榜单测算指标增长 11.1%，这表明机构在全球化布局方面仍极具优势。机构网址：http://www.sinano.cas.cn/.

江苏院所群英谱

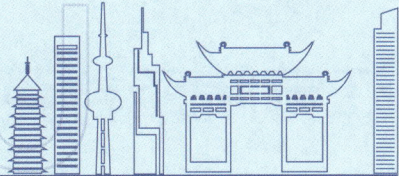

JIANG SU

南京水利科学研究院

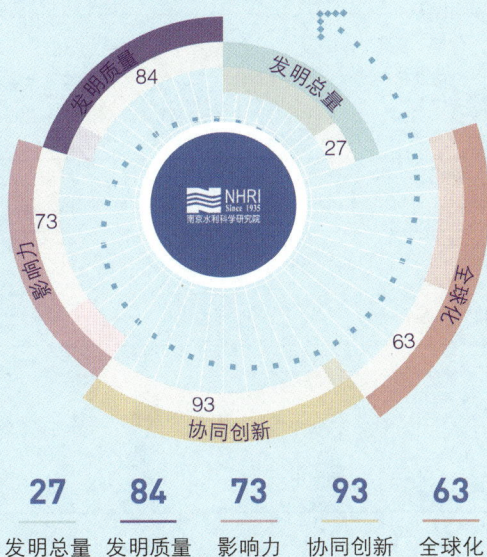

标准画像图

南京水利科学研究院

发明总量 27
发明质量 84
影响力 73
协同创新 93
全球化 63

27	84	73	93	63
发明总量	发明质量	影响力	协同创新	全球化

类比画像图

● 南京水利科学研究院　● 百强均值　● 标杆中位值

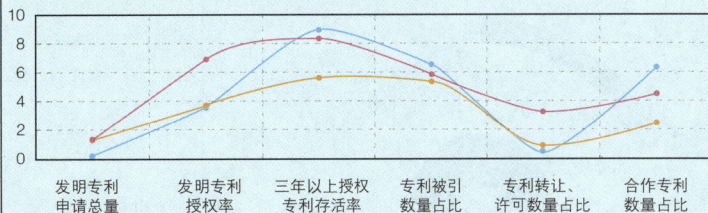

发明专利申请总量　发明专利授权率　三年以上授权专利存活率　专利被引数量占比　专利转让、许可数量占比　合作专利数量占比

同比画像图

南京水利科学研究院　单位：%

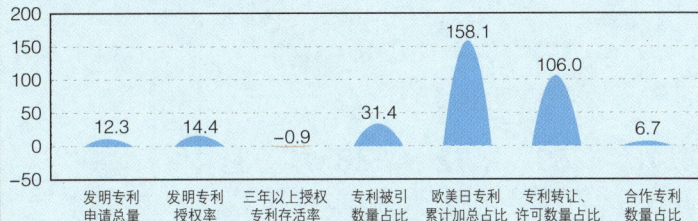

发明专利申请总量	发明专利授权率	三年以上授权专利存活率	专利被引数量占比	欧美日专利累计加总占比	专利转让、许可数量占比	合作专利数量占比
12.3	14.4	−0.9	31.4	158.1	106.0	6.7

南京水利科学研究院建于 1935 年，是我国最早成立的综合性水利、交通、能源科学研究机构；2001 年被确定为国家级社会公益类非营利性科研机构。承担水利、交通、能源等领域中具有前瞻性、基础性和关键性的科学研究任务。全院现有科研人员 1300 余人，其中中国工程院院士 2 人、英国皇家工程院外籍院士 1 人，是国家创新人才培养示范基地，荣获"全国专业技术人才先进集体"称号。南京水利科学研究院设水文水资源研究所、水工水力学研究所、河流海岸研究所等研究机构和南京瑞迪建设科技有限公司等研发机构。建有水文水资源与水利工程科学国家重点实验室和国家级国际联合研究中心，以及水利、交通、能源行业 9 个部级重点实验室、技术研发中心、工程技术研究中心。1978—2021 年，南京水利科学研究院获得国家级和省部级科学技术进步奖 793 项，其中国家级奖励 84 项。出版专著 535 部，获国家发明和实用新型专利 1139 项。南京水利科学研究院在创新百强机构中综合排名位列第一梯级，在协同创新维度表现突出。具体为：发明总量排名第 74 位，发明质量排名第 17 位，影响力排名第 28 位，全球化排名第 38 位，协同创新排名第 8 位。2021 年，其在专利转让、许可数量占比和欧美日专利累计加总占比方面表现较好，分别比上年榜单测算指标增长 106.0% 和 158.1%，这表明机构在协同创新方面仍极具优势，在全球化布局方面也有较大提升。机构网址：http://www.nhri.cn/.

江苏院所群英谱

中国科学院南京土壤研究所

标准画像图

中国科学院南京土壤研究所

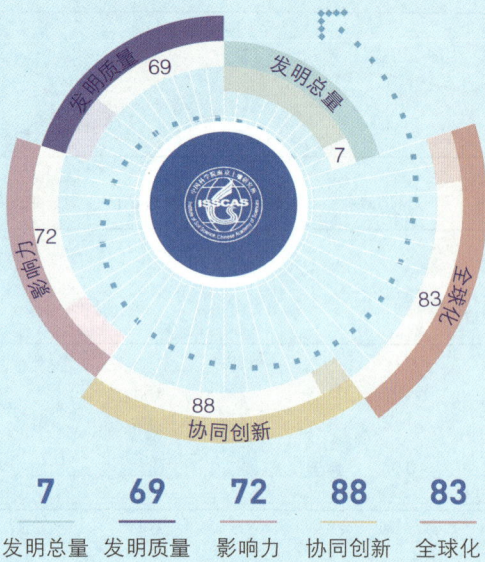

发明总量	发明质量	影响力	协同创新	全球化
7	**69**	**72**	**88**	**83**

类比画像图

● 中国科学院南京土壤研究所　● 百强均值　● 标杆中位值

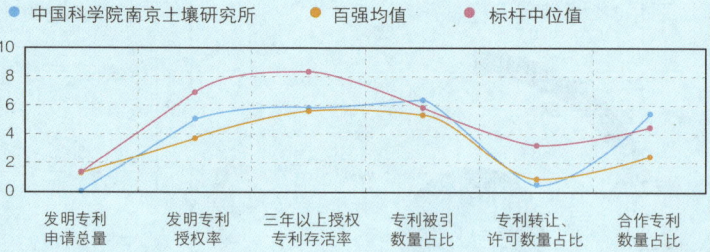

发明专利申请总量 / 发明专利授权率 / 三年以上授权专利存活率 / 专利被引数量占比 / 专利转让、许可数量占比 / 合作专利数量占比

同比画像图

中国科学院南京土壤研究所　单位：%

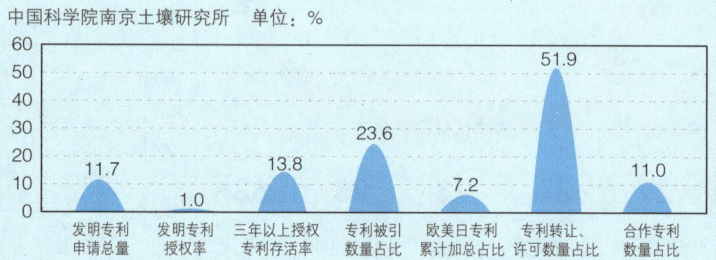

发明专利申请总量	发明专利授权率	三年以上授权专利存活率	专利被引数量占比	欧美日专利累计加总占比	专利转让、许可数量占比	合作专利数量占比
11.7	1.0	13.8	23.6	7.2	51.9	11.0

中国科学院南京土壤研究所（简称"南京土壤研究所"）成立于 1953 年，其前身为 1930 年创立的中央地质调查所土壤研究室。南京土壤研究所是 1981 年国务院学位委员会批准的首批具有硕士和博士学位授予权的单位之一。南京土壤研究所现有土壤与农业可持续发展国家重点实验室、土壤养分管理与污染修复国家工程研究中心、中国科学院土壤环境与污染修复重点实验室、农业农村部耕地保育综合性重点实验室等重要研究平台。近 5 年来，累计获得 18 项各级科学技术进步奖，发表 SCI 论文 1500 多篇、国内核心期刊论文 1200 余篇，出版学术专著 40 余部，授权发明专利 90 多项。南京土壤研究所在创新百强机构中综合排名位列第二梯级，在协同创新和全球化维度表现亮眼。具体为：发明总量排名第 94 位，发明质量排名第 32 位，影响力排名第 29 位，全球化排名第 18 位，协同创新排名第 13 位。2021 年，其专利转让、许可数量占比比上年榜单测算指标增长 51.9%，表明机构在协同创新方面仍极具优势；其专利被引数量占比比上年榜单测算指标增长 23.6%，说明其在影响力方面也有一定提升。机构网址：http://www.issas.ac.cn/.

江苏院所群英谱

JIANG SU

中国科学院苏州生物医学工程技术研究所

标准画像图

中国科学院苏州生物医学工程技术研究所

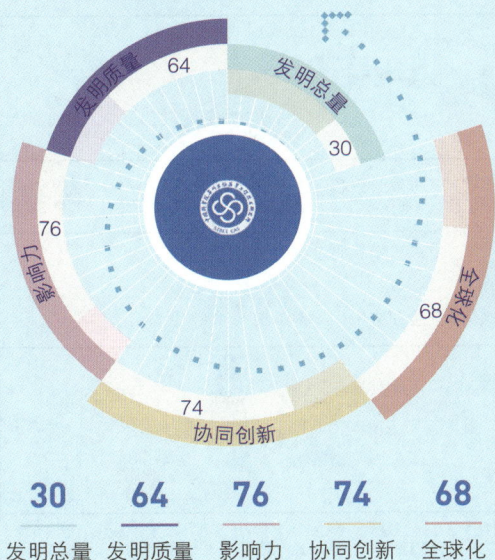

30	64	76	74	68
发明总量	发明质量	影响力	协同创新	全球化

类比画像图

● 中国科学院苏州生物医学工程技术研究所　● 百强均值　● 标杆中位值

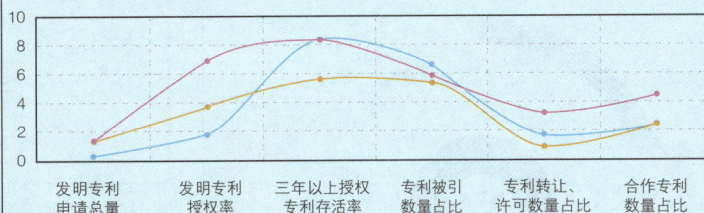

横轴：发明专利申请总量、发明专利授权率、三年以上授权专利存活率、专利被引数量占比、专利转让、许可数量占比、合作专利数量占比

同比画像图

中国科学院苏州生物医学工程技术研究所　　单位：%

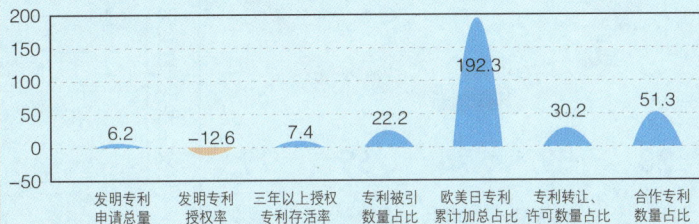

发明专利申请总量	发明专利授权率	三年以上授权专利存活率	专利被引数量占比	欧美日专利累计加总占比	专利转让、许可数量占比	合作专利数量占比
6.2	−12.6	7.4	22.2	192.3	30.2	51.3

中国科学院苏州生物医学工程技术研究所（简称"苏州医工所"）是中国科学院唯一以生物医学仪器、试剂和生物材料为主要研发方向的研究机构，由中国科学院、江苏省人民政府和苏州市人民政府三方共同出资建设。2012年11月通过验收正式成立。苏州医工所已建成半导体照明联合创新国家重点实验室——光与健康研究基地（苏州）、中科院生物医学检验技术重点实验室、江苏省医用光学重点实验室、中科院先进体外诊断技术工程实验室和9个苏州市高技术重点实验室。搭建了独具特色的价值5000多万元的包括设计、加工、测试与检验等功能的工程化平台。苏州医工所已成功孵化项目公司59家，注册资本9.4亿元，吸引社会投资3.3亿元。苏州医工所在创新百强机构中综合排名位列第二梯级，在影响力和协同创新维度表现相对靠前。具体为：发明总量排名第71位，发明质量排名第37位，影响力排名第25位，全球化排名第33位，协同创新排名第27位。2021年，其在合作专利数量占比、欧美日专利累计加总占比方面表现较好，分别比上年榜单测算指标增长51.3%和192.3%，这表明苏州医工所在协同创新及全球化布局方面有很大潜力。机构网址：http://www.sibet.ac.cn/.

江苏院所群英谱

中国林业科学研究院林产化学工业研究所

标准画像图

中国林业科学研究院林产化学工业研究所

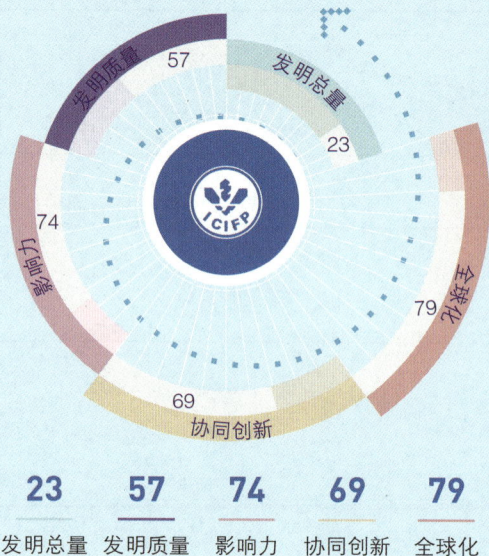

23	57	74	69	79
发明总量	发明质量	影响力	协同创新	全球化

类比画像图

● 中国林业科学研究院林产化学工业研究所　● 百强均值　● 标杆中位值

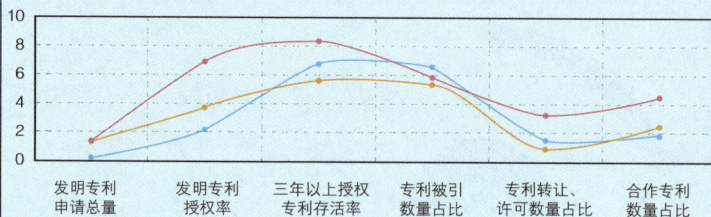

同比画像图

中国林业科学研究院林产化学工业研究所　　单位：%

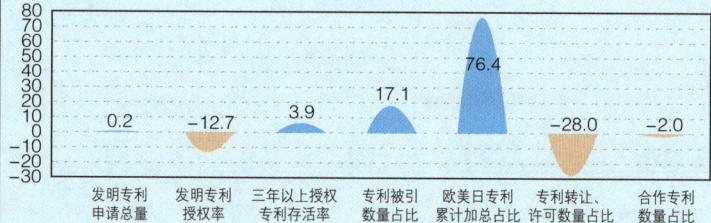

中国林业科学研究院林产化学工业研究所（简称"林化所"），于1960年7月2日建所，是国家林业和草原局直属副司局级科研事业单位，所本部坐落于南京市锁金五村16号，是集基础理论、应用技术、新产品开发和工程设计于一体的综合性科学研究机构。其具有生物质化学利用国家工程实验室（发展改革委）、国家林产化学工程技术研究中心（科技部）等多个附设及挂靠在林化所的全国性学术、技术机构及组织。50多年来，共承担国家级、部级、省级课题943项，成果鉴定（验收）641项，其中获得国家级奖励31项，省部级奖励89项；专利授权447项；成果推广到全国27个省份200多家企业；共承担国际合作61项，与国际上20多个国家50多家机构建立了技术交流与合作联系，中外专家互访频繁。林化所在创新百强机构中综合排名位列第二梯级，在影响力和全球化维度表现较好。具体为：发明总量排名第78位，发明质量排名第44位，影响力排名第27位，全球化排名第22位，协同创新排名第32位。2021年，其在专利被引数量占比、欧美日专利累计加总占比方面表现较好，分别比上年榜单测算指标增长17.1%和76.4%，这表明机构在影响力及全球化布局方面仍极具优势。机构网址：http://icifp.ac.cn/.

江苏院所群英谱

JIANG SU

中国电子科技集团公司第五十五研究所

标准画像图

中国电子科技集团公司第五十五研究所

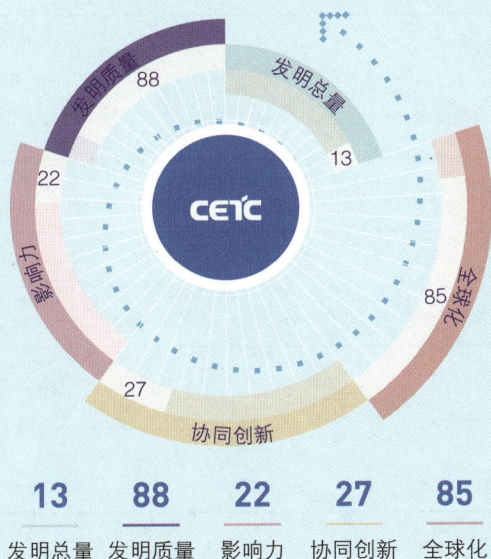

13	88	22	27	85
发明总量	发明质量	影响力	协同创新	全球化

类比画像图

● 中国电子科技集团公司第五十五研究所　● 百强均值　● 标杆中位值

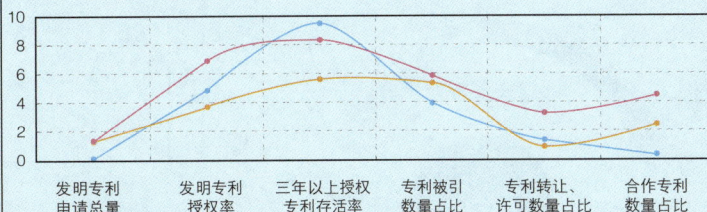

发明专利申请总量　发明专利授权率　三年以上授权专利存活率　专利被引数量占比　专利转让、许可数量占比　合作专利数量占比

同比画像图

中国电子科技集团公司第五十五研究所　单位：%

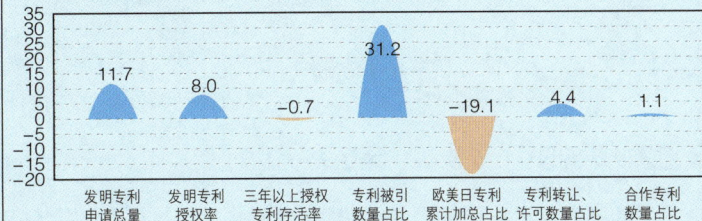

发明专利申请总量 11.7　发明专利授权率 8.0　三年以上授权专利存活率 −0.7　专利被引数量占比累计加总占比 31.2　欧美日专利累计加总占比 −19.1　专利转让、许可数量占比 4.4　合作专利数量占比 1.1

中国电子科技集团公司第五十五研究所（简称"五十五所"）是我国大型电子器件研究、开发及应用研究所之一，拥有砷化镓微波毫米波单片和模块电路国家重点实验室、国家平板显示工程技术研究中心，主要从事微电子、光电子、真空电子和 MEMS 等领域的各种器件、电路、部件和整机系统的开发和生产。全所占地面积 21.5 万平方米，固定资产 9 亿多元。五十五所自建所 50 年来，取得科研成果 1600 多项，其中获国家级奖励 60 多项，省部级奖励 300 多项。1999 年起连续获得"江苏省文明单位"称号；2002 年度被评为信息产业部军工电子质量与可靠性先进性单位；2003 年荣获全国信息产业系统先进集体称号；2006 年荣获江苏国防科技工业"十五"科技进步先进单位。五十五所和其全资控股的南京国盛电子有限公司被国家发展改革委、原信息产业部、海关总署、税务总局四部门评为第一批国家鼓励的集成电路企业。五十五所在创新百强机构中综合排名位列第二梯级，在发明质量和全球化维度表现突出。具体为：发明总量排名第 88 位，发明质量排名第 13 位，影响力排名第 79 位，全球化排名第 16 位，协同创新排名第 74 位。2021 年，其专利被引数量占比比上年榜单测算指标增长 31.2%，这说明其在影响力方面也有提升潜力。机构网址：http://www.cetc55.com/.

江苏院所群英谱

JIANG SU

中国电子科技集团公司第二十八研究所

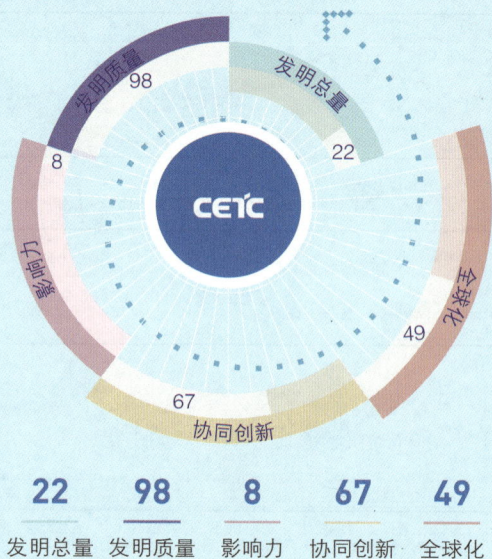

标准画像图

中国电子科技集团公司第二十八研究所

发明质量 98
发明总量 22
发明质量 8
全球化 49
协同创新 67

CETC

22	98	8	67	49
发明总量	发明质量	影响力	协同创新	全球化

类比画像图

● 中国电子科技集团公司第二十八研究所　● 百强均值　● 标杆中位值

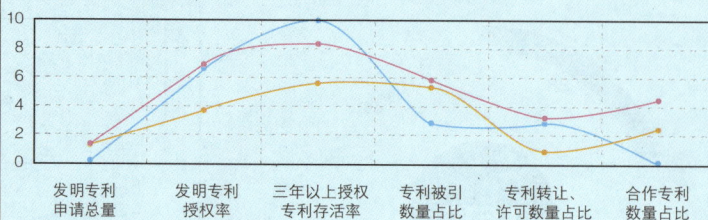

发明专利申请总量｜发明专利授权率｜三年以上授权专利存活率｜专利被引数量占比｜专利转让、许可数量占比｜合作专利数量占比

同比画像图

中国电子科技集团公司第二十八研究所　单位：%

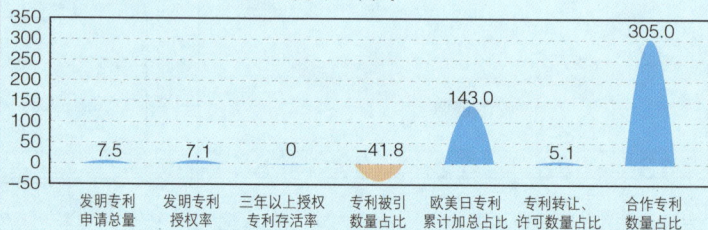

发明专利申请总量	发明专利授权率	三年以上授权专利存活率	专利被引数量占比	欧美日专利累计加总占比	专利转让、许可数量占比	合作专利数量占比
7.5	7.1	0	−41.8	143.0	5.1	305.0

中国电子科技集团公司第二十八研究所（简称"二十八所"）又称南京电子工程研究所，始建于 1964 年，是主要从事军民用信息系统顶层设计及总体论证、军事指挥信息系统及民用信息系统研制生产、共性及应用软件设计开发、系统专用设备设计制造与装备集成、信息系统装备联试与集成验证服务的大型骨干研究所。自建所以来，二十八所凭借在系统总体设计、软件开发和系统综合集成领域的技术优势，共获得 100 余项重要科技科研成果，包括国家科学技术进步奖特等奖 3 项、一等奖 4 项、二等奖 10 项；各类省部级科学技术进步奖特等奖 11 项、一等奖 36 项。获得全国五一劳动奖章，先后被授予全国文明单位、江苏省文明单位标兵等多项荣誉称号。二十八所在创新百强机构中综合排名位列第二梯级，在发明质量维度表现亮眼。具体为：发明总量排名第 79 位，发明质量排名第 3 位，影响力排名第 93 位，全球化排名第 52 位，协同创新排名第 34 位。2021 年，其在欧美日专利累计加总占比、合作专利数量占比方面表现较好，分别比上年榜单测算指标增长 143.0% 和 305.0%，这表明其在全球化布局和协同创新方面也极具潜力。机构网址：http://28.cetc.com.cn/.

江苏院所群英谱

JIANG SU

中国科学院南京地理与湖泊研究所

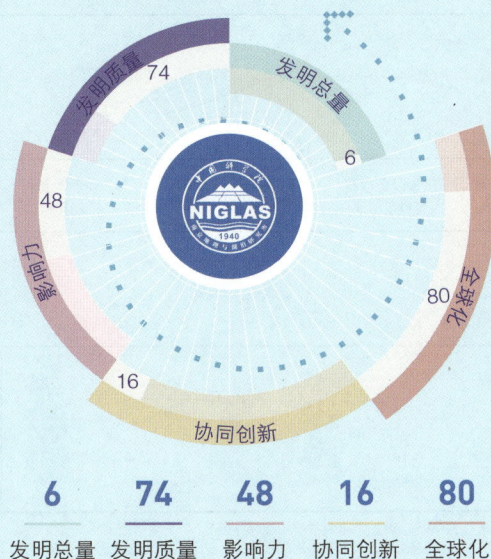

标准画像图

中国科学院南京地理与湖泊研究所

发明质量 74
发明总量 6
外粒辛 80
协同创新 16
影响力 48

6	74	48	16	80
发明总量	发明质量	影响力	协同创新	全球化

类比画像图

● 中国科学院南京地理与湖泊研究所　● 百强均值　● 标杆中位值

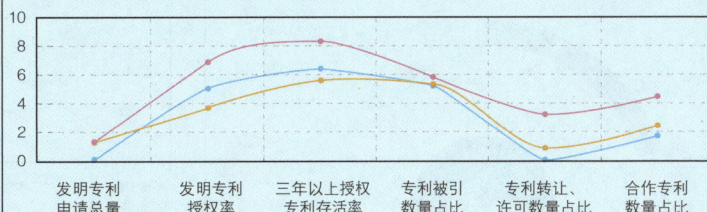

发明专利申请总量　发明专利授权率　三年以上授权专利存活率　专利被引数量占比　专利转让、许可数量占比　合作专利数量占比

同比画像图

中国科学院南京地理与湖泊研究所　单位：%

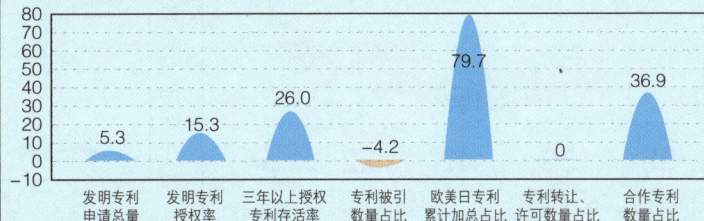

发明专利申请总量 5.3
发明专利授权率 15.3
三年以上授权专利存活率 26.0
专利被引数量占比 −4.2
欧美日专利累计加总占比 79.7
专利转让、许可数量占比 0
合作专利数量占比 36.9

中国科学院南京地理与湖泊研究所前身为 1940 年 8 月在重庆北碚成立的中国地理研究所，中国科学院南京地理与湖泊研究所以湖泊科学和流域地理学为特色学科，目前是全国唯一以湖泊 – 流域系统为主要研究对象的综合研究机构。截至 2020 年年底，中国科学院南京地理与湖泊研究所共有在职职工 269 人。目前，在研各类重大重点项目 100 余项，其中，国家 973 项目 3 项，国家重大水专项项目 1 项，课题 3 项，科技部基础工作专项 1 项，国家自然科学基金 80 余项。创新三期以来，中国科学院南京地理与湖泊研究所主持获得国家自然科学奖二等奖 1 项，参与主持获得国家自然科学奖二等奖和国家科学技术进步奖二等奖各 1 项，江苏省科学技术进步奖二等奖 6 项；5 年累计发表科学技术论文 2000 余篇，其中 SCI 论文 500 余篇；出版专著 30 余部；获得专利授权 60 余项，其中发明专利近 50 项。中国科学院南京地理与湖泊研究所在创新百强机构中综合排名位列第三梯级，在发明质量和全球化维度表现相对较好。具体为：发明总量排名第 95 位，发明质量排名第 27 位，影响力排名第 53 位，全球化排名第 21 位，协同创新排名第 85 位。2021 年，其在合作专利数量占比、欧美日专利累计加总占比方面表现较好，分别比上年榜单测算指标增长 36.9% 和 79.7%，这表明机构在协同创新方面具有潜力，在全球化布局方面极具优势。机构网址：http://www.niglas.ac.cn/.

江苏院所群英谱

JIANG SU

江苏省农业科学院

标准画像图

江苏省农业科学院

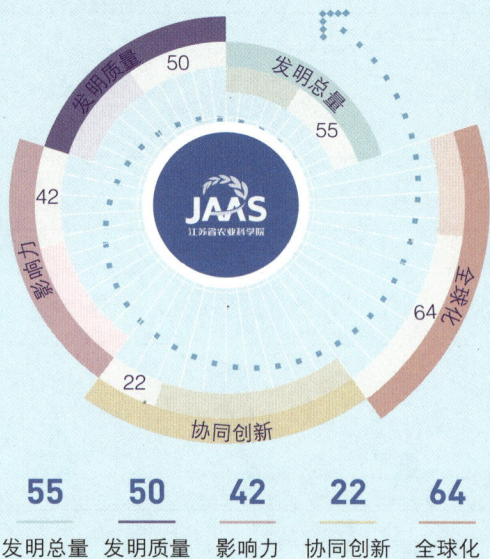

发明质量 50
发明总量 55
外种多 64
协同创新 22
影响力 42

55	50	42	22	64
发明总量	发明质量	影响力	协同创新	全球化

类比画像图

● 江苏省农业科学院　　● 百强均值　　● 标杆中位值

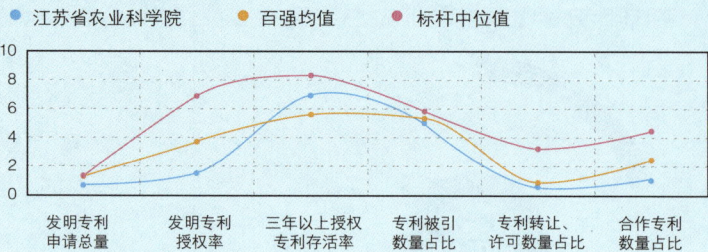

发明专利申请总量　发明专利授权率　三年以上授权专利存活率　专利被引数量占比　专利转让、许可数量占比　合作专利数量占比

同比画像图

江苏省农业科学院　单位：%

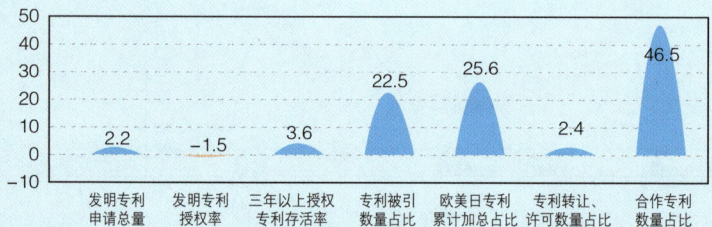

2.2　-1.5　3.6　22.5　25.6　2.4　46.5

发明专利申请总量　发明专利授权率　三年以上授权专利存活率　专利被引数量占比　欧美日专利累计加总占比　专利转让、许可数量占比　合作专利数量占比

江苏省农业科学院是江苏省人民政府直属的综合性农业科研机构，前身为 1931 年创立的中央农业实验所，是我国最早按照现代农业科技创新组织架构建立的农业科研院所。全院共有 28 个研究所（中心、试验站），院本部按专业划分设有 16 个专业研究所（中心），按照农业生态区划分在全省建有 12 个农区所（试验站）。全院现有在编职工 2262 人。拥有省部级以上科技创新平台 93 个，其中，国家工程中心 1 个、省部级重点实验室 12 个。"十三五"期间，作为主持单位省部级以上成果奖 66 项，其中国家科学技术进步奖二等奖 1 项；14 个品种入选农业部主推品种，128 项技术入选省级以上主推技术。"十三五"期间，知识产权成果转化收益达 5 亿元，超千万元转化成果 7 个，成果转让国际化取得突破。江苏省农业科学院在创新百强机构中综合排名位列第三梯级，在全球化维度表现相对较好。具体为：发明总量排名第 46 位，发明质量排名第 51 位，影响力排名第 59 位，全球化排名第 37 位，协同创新排名第 79 位。2021 年，其在欧美日专利累计加总占比、合作专利数量占比方面表现较好，分别比上年榜单测算指标增长 25.6% 和 46.5%，这表明机构在全球化布局方面仍极具优势，在协同创新方面具有潜力。机构网址：http://home.jaas.ac.cn/.

江苏院所群英谱

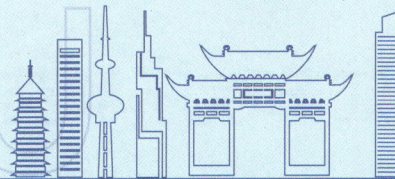

JIANG SU

生态环境部南京环境科学研究所

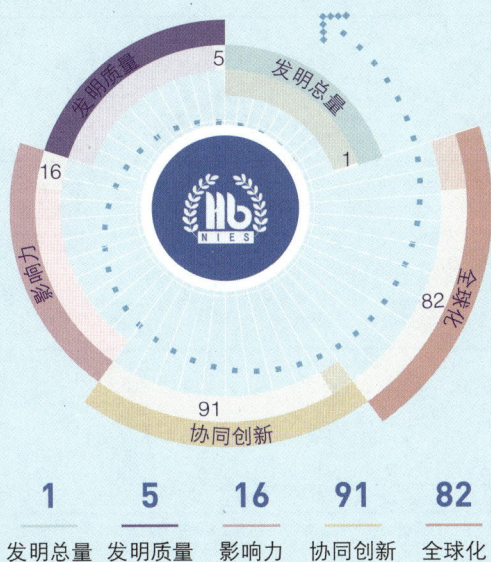

标准画像图
生态环境部南京环境科学研究所

发明质量 5
发明总量
16
影响力
82
外球化
91
协同创新

1	5	16	91	82
发明总量	发明质量	影响力	协同创新	全球化

类比画像图
● 生态环境部南京环境科学研究所　● 百强均值　● 标杆中位值

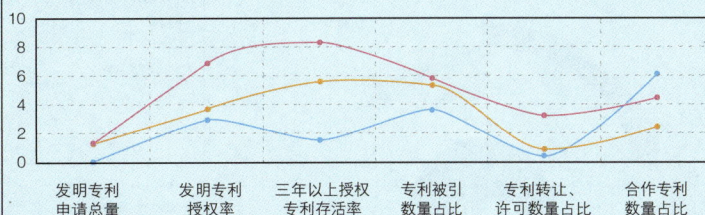

发明专利申请总量｜发明专利授权率｜三年以上授权专利存活率｜专利被引数量占比｜专利转让、许可数量占比｜合作专利数量占比

同比画像图
生态环境部南京环境科学研究所　单位：%

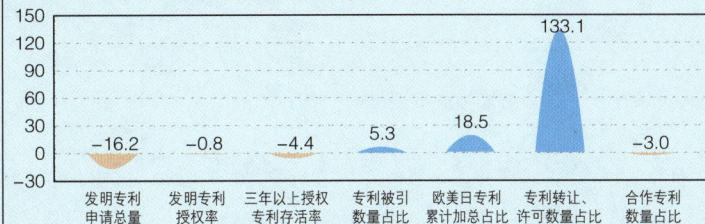

-16.2 / -0.8 / -4.4 / 5.3 / 18.5 / 133.1 / -3.0

发明专利申请总量｜发明专利授权率｜三年以上授权专利存活率｜专利被引数量占比｜欧美日专利累计加总占比｜专利转让、许可数量占比｜合作专利数量占比

生态环境部南京环境科学研究所（简称"南京所"）成立于1978年，是生态环境部直属公益性科研机构，也是我国最早开展环境保护科研的院所之一。自成立以来，一直以生态保护与农村环境为主要研究方向，致力于前瞻性、战略性、基础性及应用性环境课题的研究。现有在职职工592人。已建成国家环境保护农药环境评价与污染控制、国家环境保护生物安全、国家环境保护土壤环境管理与污染控制3个部级重点实验室，装备了国内一流的仪器设备千余台（套）。建所40多年来，获国家级发明和实用新型专利520余项，获国家级和省部级科学技术进步奖60余项，"十二五"以来，全所共主持制定并由国家相关部委颁布实施了150项国家环境保护标准、技术规范、技术政策等。南京所在创新百强机构中综合排名位列第四梯级，在协同创新维度表现亮眼。具体为：发明总量排名第100位，发明质量排名第96位，影响力排名第85位，全球化排名第39位，协同创新排名第10位。2021年，其在欧美日专利累计加总占比、专利转让、许可数量占比方面表现较好，分别比上年榜单测算指标增长18.5%和133.1%，这表明机构在全球化布局方面仍具发展潜力，在协同创新方面仍极具优势。
机构网址：https://www.nies.org/.

江苏院所群英谱

中国电子科技集团公司第五十八研究所

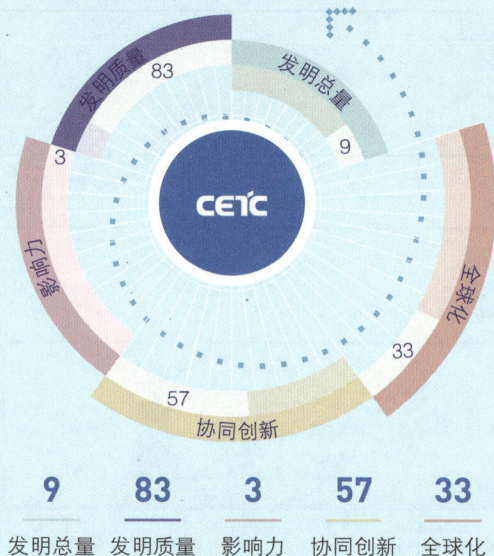

标准画像图

中国电子科技集团公司第五十八研究所

发明质量 83
发明总量 9
全球化 33
协同创新 57
影响力 3

9 发明总量
83 发明质量
3 影响力
57 协同创新
33 全球化

类比画像图

● 中国电子科技集团公司第五十八研究所　● 百强均值　● 标杆中位值

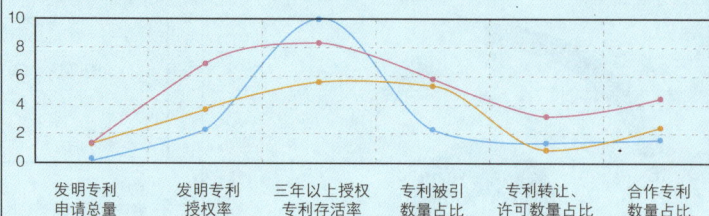

| 发明专利申请总量 | 发明专利授权率 | 三年以上授权专利存活率 | 专利被引数量占比 | 专利转让、许可数量占比 | 合作专利数量占比 |

同比画像图

中国电子科技集团公司第五十八研究所　单位：%

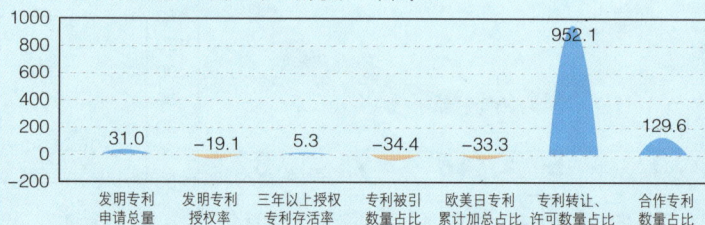

31.0　−19.1　5.3　−34.4　−33.3　952.1　129.6

| 发明专利申请总量 | 发明专利授权率 | 三年以上授权专利存活率 | 专利被引数量占比 | 欧美日专利累计加总占比 | 专利转让、许可数量占比 | 合作专利数量占比 |

中国电子科技集团公司第五十八研究所主要从事超大规模集成电路的研发和生产，具备集成电路设计、制造、测试、封装、可靠性、应用支持等完整的产业链。承担过多项国家重点科研任务，为国家微电子事业各个阶段的发展做出过突出贡献。中国电子科技集团公司第五十八研究所在创新百强机构中综合排名位列第四梯级，在发明质量维度表现亮眼。具体表现是：发明总量排名第 92 位，发明质量排名第 18 位，影响力排名第 98 位，全球化排名第 68 位，协同创新排名第 44 位。2021 年，其专利转让、许可数量占比和合作专利数量占比分别比上年榜单测算指标增长 952.1% 和 129.6%，这说明其在协同创新方面具备极大发展潜力。机构网址：无官网。

江苏院所群英谱

江苏省中国科学院植物研究所

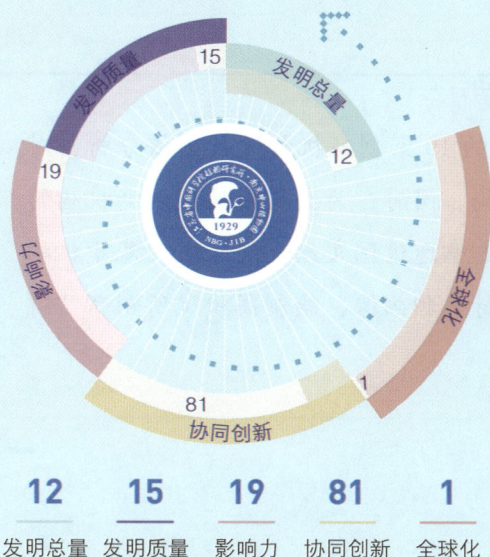

标准画像图

江苏省中国科学院植物研究所

12	15	19	81	1
发明总量	发明质量	影响力	协同创新	全球化

类比画像图

● 江苏省中国科学院植物研究所　● 百强均值　● 标杆中位值

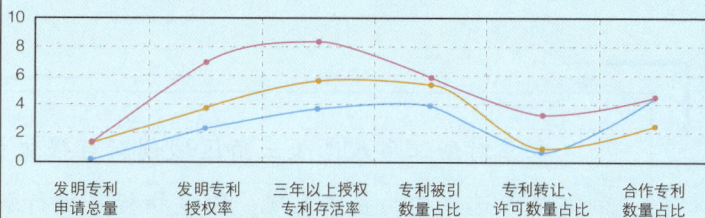

发明专利申请总量　发明专利授权率　三年以上授权专利存活率　专利被引数量占比　专利转让、许可数量占比　合作专利数量占比

同比画像图

江苏省中国科学院植物研究所　单位：%

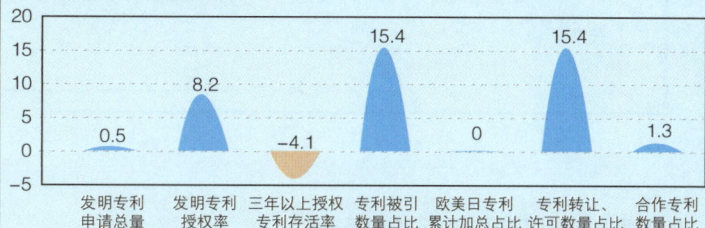

发明专利申请总量	发明专利授权率	三年以上授权专利存活率	专利被引数量占比	欧美日专利累计加总占比	专利转让、许可数量占比	合作专利数量占比
0.5	8.2	−4.1	15.4	0	15.4	1.3

江苏省中国科学院植物研究所（南京中山植物园）前身为建于 1929 年的中央研究院自然历史博物馆和建于 1929 年的"总理陵园纪念植物园"（中国第一座国立植物园）。主要开展植物分类、药用植物、经济植物、观赏植物、植物化学、植物生态等领域的研究，成果丰硕。拥有国家林业和草原局"暖季型草坪草种质创新与利用工程技术研究中心""江苏省植物资源研究与利用重点实验室"等一批国家级、省部级科技平台，设有植物多样性与系统演化、药用植物等研究中心，以及园艺科普中心和华东地区最大的植物标本馆。保存植物 10 000 余种（品种），建成专类植物园（区）19 个，拥有馆藏植物标本约 80 万份。江苏省中国科学院植物研究所（南京中山植物园）在创新百强机构中综合排名位列第四梯级，在协同创新维度表现亮眼。具体为：发明总量排名第 89 位，发明质量排名第 86 位，影响力排名第 82 位，全球化排名第 93 位，协同创新排名第 20 位。2021 年，其在专利被引数量占比方面表现较好，比上年榜单测算指标增长 15.4%，这表明机构在影响力方面也极具潜力。机构网址：http://www.jib.ac.cn/.

第十章　百强机构创新图谱：浙江画像

　　本章对浙江省入选长三角区域创新百强机构的 19 家创新机构进行图谱分析，对浙江省入选机构的整体表现、维度指标等进行解构。同时，为更好地展现创新机构的示范引领作用，发挥报告研究的导航指引作用，本章通过图文结合的方式，基于机构官网资料及报告采集数据，对浙江省入选机构进行单独画像，绘制高校院所创新"群英谱"。

10.1　浙江机构综合表现

10.1.1　机构分布

　　2021 年长三角区域创新百强机构中，浙江省入选机构数量在长三角地区中位居第三，共有 19 家创新机构入选，与上年机构数量持平，第二梯级机构数量新增 2 家，整体质量有所提升。从梯级表现来看，浙江省第一梯级机构有 3 家，在长三角地区中位居第三，与上年持平；第二、第三、第四梯级机构分别有 4 家、6 家、6 家。从机构排名来看，2021 年浙江省创新百强机构的最高排名为第 2 名，较 2020 年度下降了 1 名。最低排名为第 99 名，较 2020 年度上升了 1 名。从机构的极值分布来看，2021 年浙江省创新百强机构在长三角区域创新百强机构中的排名较 2020 年有明显的提升（图 10-1）。

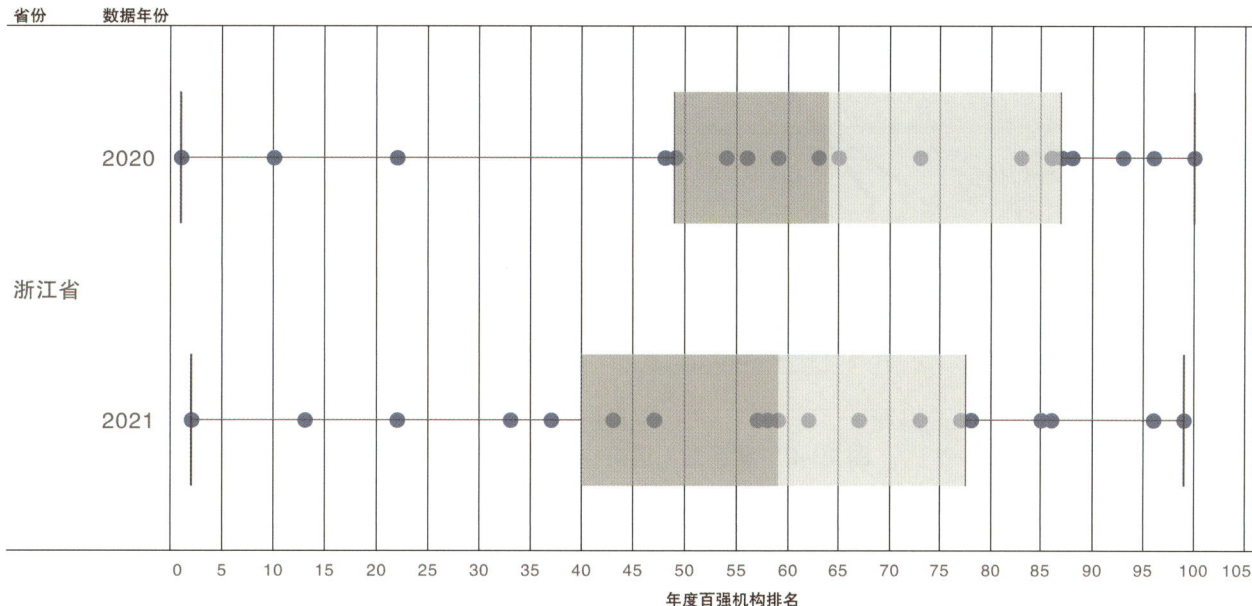

图 10-1　2020—2021 年浙江省入选机构的年度排名对比

从机构类型来看，浙江省 19 家入选机构中，高等院校为 14 家，占入选高等院校的比重约为 23%；科研机构为 5 家，占入选科研机构的比重约为 13%。2021 年，浙江省入选机构的总量与上年持平，但高等院校相较于上年增加了 1 家，科研机构减少了 1 家。同时，浙江省与江苏省、安徽省一样，表现出高等院校数量多于科研机构的特点，前者是后者的近 3 倍。

10.1.2　特征分析

浙江省入选机构在发明总量维度表现较好，五年平均发明总量高于长三角平均水平，浙江大学的发明总量超过 2 万件，居长三角地区创新机构首位。浙江省在发明质量和影响力维度基本与长三角整体水平持平，在协同创新和全球化维度方面有待进一步提升（图 10-2）。

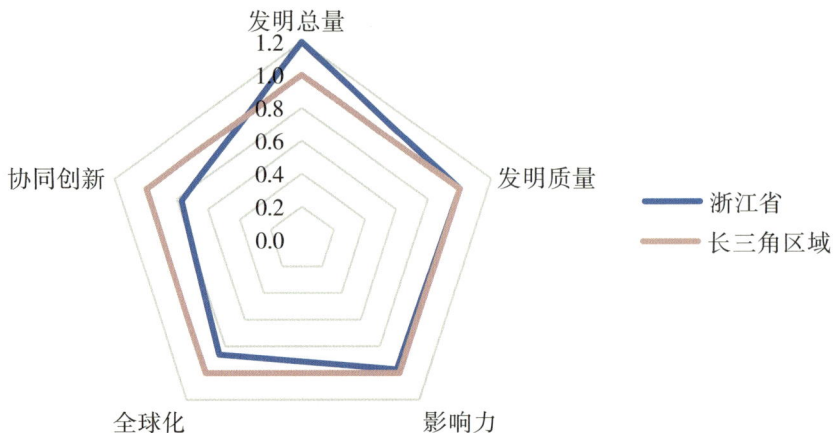

图 10-2　浙江省入选机构的创新表现特征

从发明总量来看，2021 年浙江省入选机构发明专利申请总量为 62 104 件，均值约为 3269 件。浙江大学以超过 2 万件的发明专利申请总量居于首位，约为浙江省均值的 6 倍，占浙江省申请总量的比重为 32.3%。浙江省有 4 家机构发明专利申请总量超过均值，15 家机构的申请量在均值以下。从发明专利授权率来看，2021 年浙江省入选机构发明专利授权率均值为 41.2%，浙江省海洋水产研究所发明专利授权率为 63.6%，发明质量表现突出。从浙江省入选机构类型的角度来看，高等学校在发明专利申请总量方面占据绝对优势，高等学校和科研机构平均发明专利申请总量之比约为 5：1。科研机构在发明专利授权率方面表现略胜一筹，高等学校和科研机构发明专利授权率分别为 41.10% 和 42.14%（图 10-3 至图 10-5）。

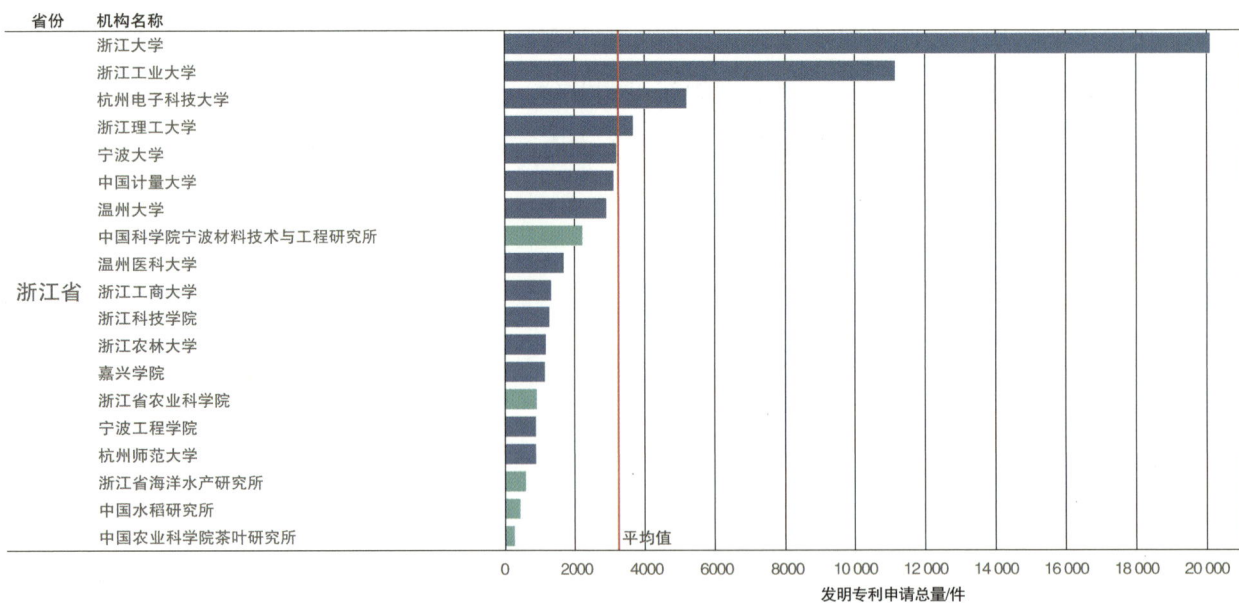

图 10-3　浙江省入选机构的发明专利申请总量

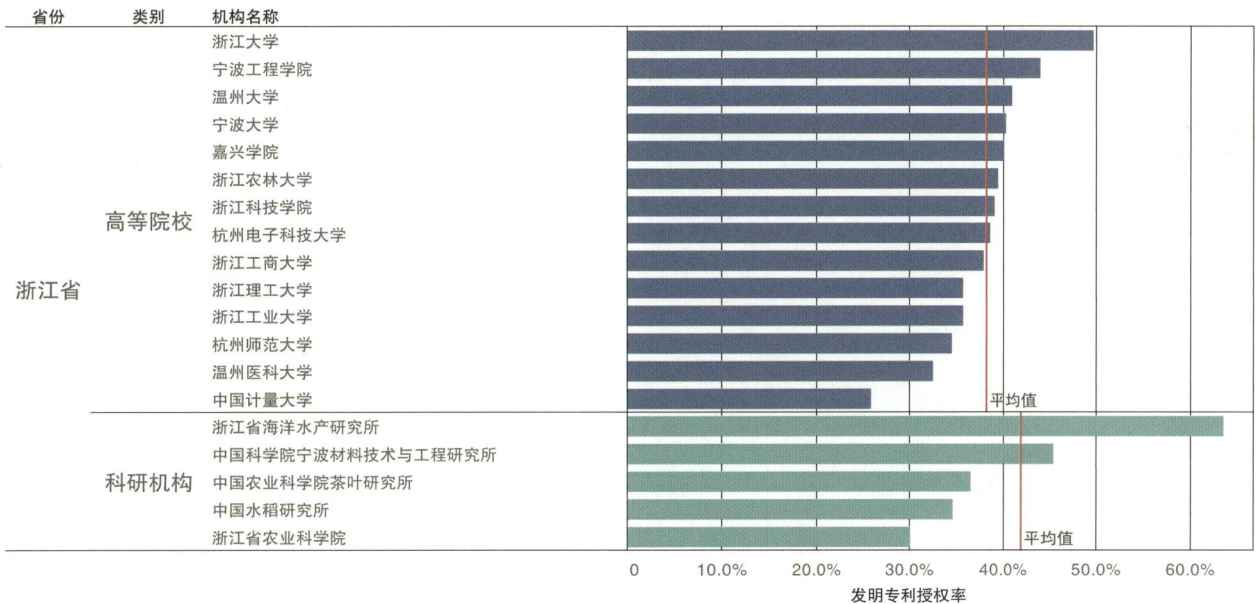

图 10-4　浙江省入选机构的发明专利授权率

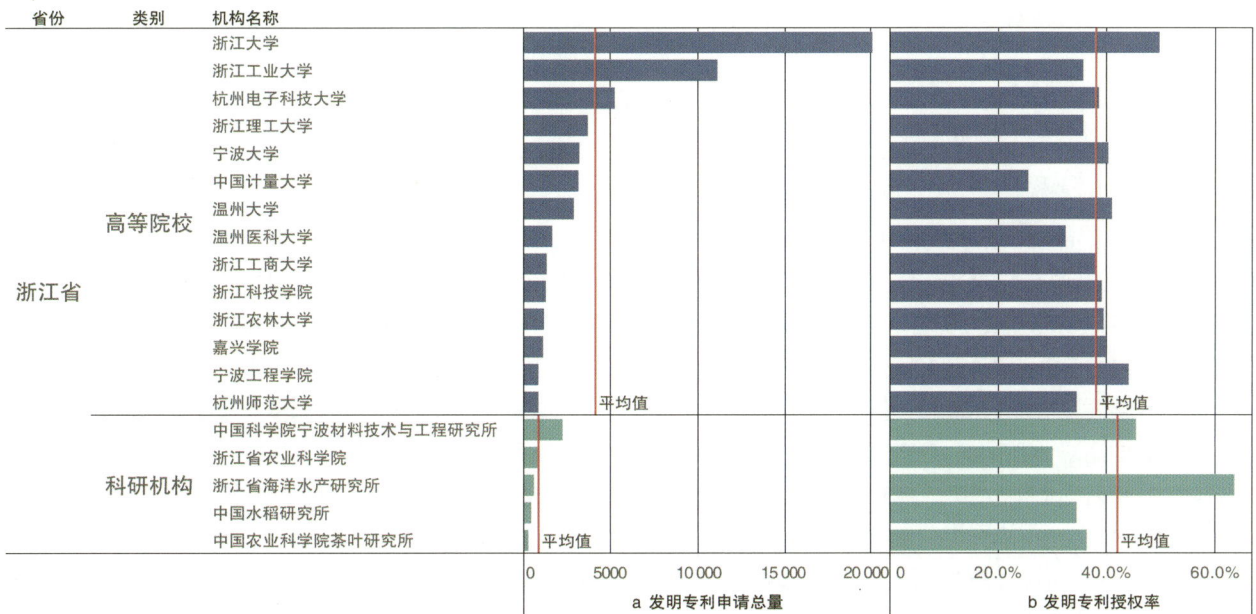

图 10-5　浙江省不同类型入选机构的发明专利申请总量和发明专利授权率

10.2 浙江高校群英谱

浙江大学

标准画像图

浙江大学

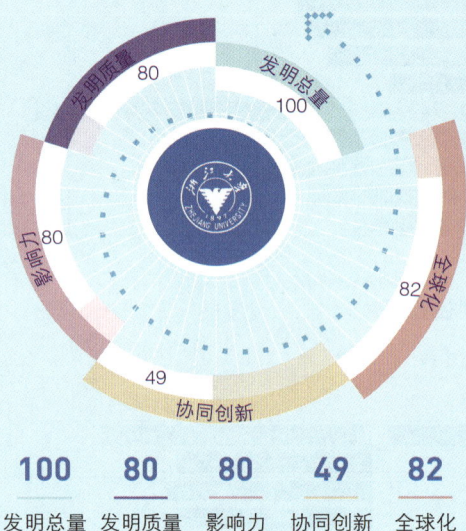

100	80	80	49	82
发明总量	发明质量	影响力	协同创新	全球化

类比画像图

● 浙江大学　● 百强均值　● 标杆中位值

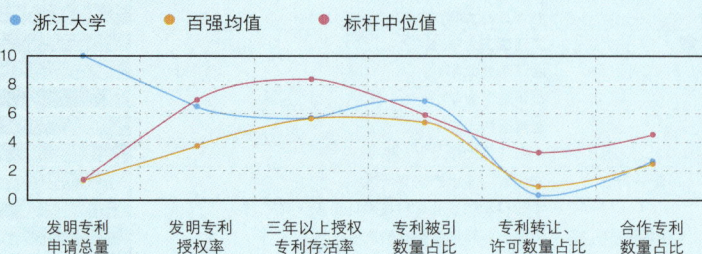

发明专利申请总量 | 发明专利授权率 | 三年以上授权专利存活率 | 专利被引数量占比 | 专利转让、许可数量占比 | 合作专利数量占比

同比画像图

浙江大学　单位：%

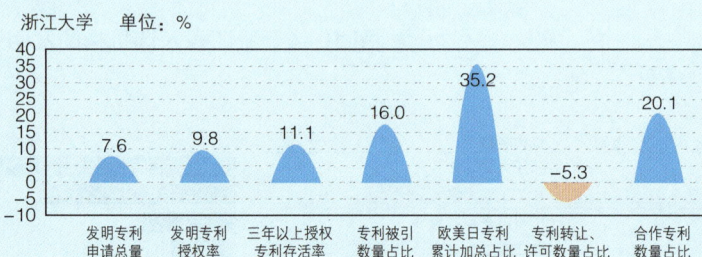

浙江大学是一所特色鲜明、在海内外有较大影响的综合型、研究型、创新型大学。截至 2021 年年底，学校有教职工 9778 人，教师中有中国科学院院士（含双聘）30 人、中国工程院院士（含双聘）31 人、文科资深教授 15 人。在 2022 年 2 月国家最新公布的名单中，浙江大学及其 21 个学科分别入选第二轮"双一流"建设高校及建设学科。浙江大学拥有国家重点实验室 10 个、国家（地方联合）工程研究中心（实验室）12 个、国家工程技术研究中心 4 个。浙江大学注重精研学术和科技创新，主动服务重大战略需求，加快打造国家战略科技力量，建设了一批开放性、国际化的高端学术平台，汇聚了各学科的学者大师和高水平研究团队，产出了以国家科学技术进步奖特等奖为代表的一系列重大科技成果。浙江大学连续 3 年上榜，在创新百强机构中综合排名位列第一梯级，在发明总量、全球化维度表现突出。具体为：发明总量排名第 1 位，发明质量排名第 21 位，影响力排名第 21 位，全球化排名第 19 位，协同创新排名第 52 位。2021 年，其在欧美日专利累计加总占比、合作专利数量占比方面表现较好，分别比上年榜单测算指标增长 35.2% 和 20.1%，这表明机构在全球化布局和协同创新方面极具优势。机构网址：https://www.zju.edu.cn.

浙江高校群英谱

ZHE JIANG

浙江工业大学

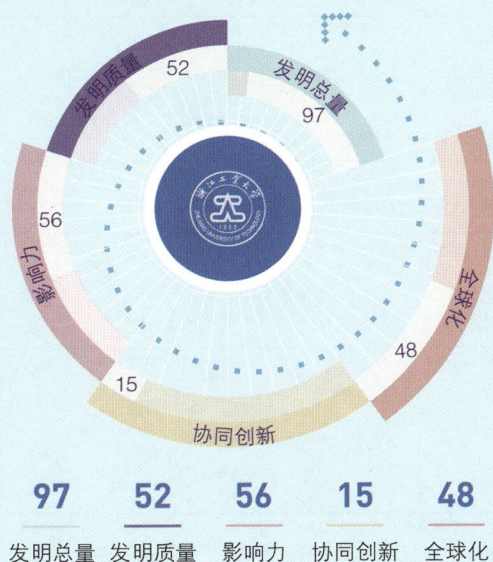

标准画像图
浙江工业大学

发明质量 52
发明总量 97
影响力 56
全球化 48
协同创新 15

97	52	56	15	48
发明总量	发明质量	影响力	协同创新	全球化

类比画像图

● 浙江工业大学　● 百强均值　● 标杆中位值

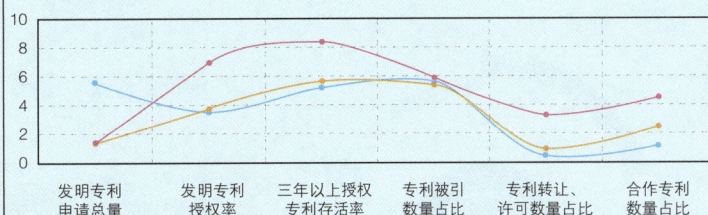

| 发明专利申请总量 | 发明专利授权率 | 三年以上授权专利存活率 | 专利被引数量占比 | 专利转让、许可数量占比 | 合作专利数量占比 |

同比画像图

浙江工业大学　单位：%

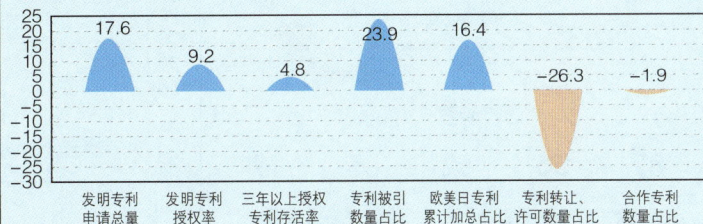

发明专利申请总量	发明专利授权率	三年以上授权专利存活率	专利被引累计加总占比	欧美日专利累计加总占比	专利转让、许可数量占比	合作专利数量占比
17.6	9.2	4.8	23.9	16.4	−26.3	−1.9

浙江工业大学始建于 1953 年，是东部沿海地区第一所省部共建高校、首批国家"高等学校创新能力提升计划"（2011 计划）协同创新中心牵头高校和浙江省首批重点建设高校。在校教职工 3389 人，其中专任教师 2486 人，拥有中国工程院院士 4 人、双聘两院院士 4 人。学校现有国家级研究中心 10 个，省部级科研平台 64 个，先后有近 800 项科研成果获国家级、省部级科研成果奖，其中国家科学技术奖 28 项，高等学校科学研究优秀成果奖（人文社会科学）11 项。"十三五"以来，新增国家重点研发计划重点专项 13 项，省省部级科学技术奖一等奖 48 项，重大横向项目 42 项。浙江工业大学连续 3 年上榜，在创新百强机构中综合排名位列第一梯级，在发明总量维度表现亮眼。具体为：发明总量排名第 4 位，发明质量排名第 49 位，影响力排名第 45 位，全球化排名第 53 位，协同创新排名第 86 位。2021 年，其在专利被引数量占比方面表现较好，比上年榜单测算指标增长 23.9%。机构网址：http://www.zjut.edu.cn.

浙江高校群英谱

ZHE JIANG

杭州电子科技大学

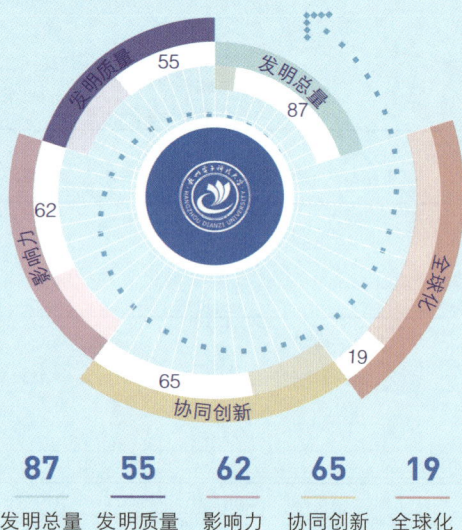

标准画像图

杭州电子科技大学

发明质量 55
发明总量 87
影响力 62
全球化 19
协同创新 65

87	55	62	65	19
发明总量	发明质量	影响力	协同创新	全球化

类比画像图

● 杭州电子科技大学　● 百强均值　● 标杆中位值

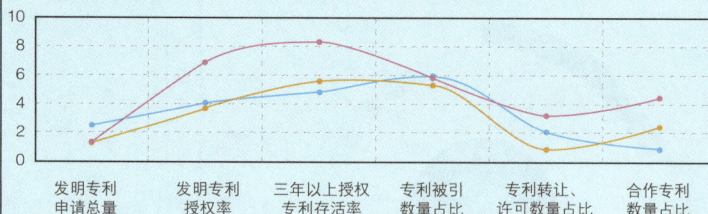

| 发明专利申请总量 | 发明专利授权率 | 三年以上授权专利存活率 | 专利被引数量占比 | 专利转让、许可数量占比 | 合作专利数量占比 |

同比画像图

杭州电子科技大学　单位：%

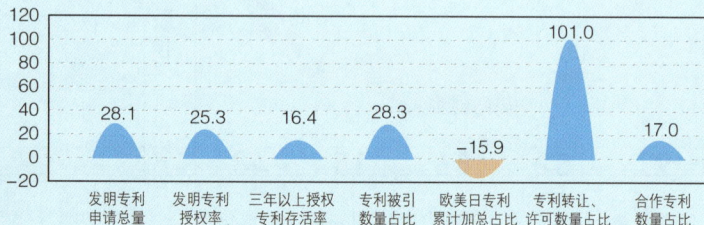

发明专利申请总量	发明专利授权率	三年以上授权专利存活率	专利被引数量占比	欧美日专利累计加总占比	专利转让、许可数量占比	合作专利数量占比
28.1	25.3	16.4	28.3	−15.9	101.0	17.0

杭州电子科技大学始创于1956年，2007年成为浙江省与国防科学技术工业委员会共建高校，2015年被列为浙江省重点建设高校。全校教职工2400余人，专任教师1700余人，具有正高级职称教师350余人，具有博士学位教师1300余人。学校拥有国家级脑机协同智能技术国际联合研究中心及1个国防重点学科实验室，检测仪表与自动化系统集成技术教育部工程研究中心等15个省部级重点实验室。在众多领域参与并完成了一系列国家"六五"至"十三五"规划重点攻关、"973""863"等高科技攻关和国家级、省部级基金科研项目。2021年实到科研经费突破5.2亿元。杭州电子科技大学连续3年上榜，在创新百强机构中综合排名位列第二梯级，在发明总量维度表现亮眼。具体为：发明总量排名第14位，发明质量排名第46位，影响力排名第39位，全球化排名第82位，协同创新排名第36位。2021年，其在专利转让、许可数量占比方面表现较好，较上年榜单测算指标增长101.0%，这表明机构在协同创新方面表现突出。机构网址：https://www.hdu.edu.cn.

浙江高校群英谱

ZHE JIANG

浙江理工大学

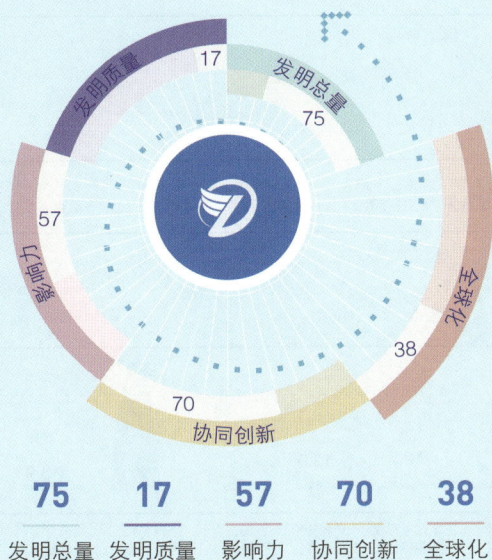

标准画像图

浙江理工大学

发明质量 17
发明总量 75
全球化 38
协同创新 70
影响力 57

75	17	57	70	38
发明总量	发明质量	影响力	协同创新	全球化

类比画像图

● 浙江理工大学　● 百强均值　● 标杆中位值

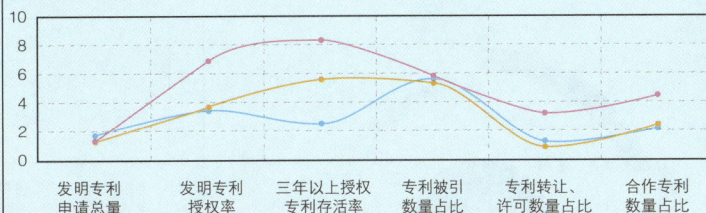

发明专利申请总量	发明专利授权率	三年以上授权专利存活率	专利被引数量占比	专利转让、许可数量占比	合作专利数量占比

同比画像图

浙江理工大学　单位：%

发明专利申请总量	发明专利授权率	三年以上授权专利存活率	专利被引累计加总占比	欧美日专利累计加总占比	专利转让、许可数量占比	合作专利数量占比
−1.0	5.3	38.8	16.0	21.6	130.7	19.7

浙江理工大学是一所以工为主，特色鲜明，优势突出，理、工、文、经、管、法、艺术、教育等多学科协调发展的省重点建设高校。学校现有教职工 2496 人，其中具有正高级职称的有 328 人，副高级职称的有 679 人。学校拥有 2 个国家地方联合工程实验室、1 个国家地方联合工程研究中心、3 个国家国际科技合作基地，1 个教育部重点实验室。在众多领域完成了一系列国家科技计划项目和国家级、省部级基金科研项目，获得国家技术发明奖二等奖 8 项，国家科学技术进步奖二等奖 8 项，国家科学技术进步奖三等奖 1 项，何梁何利基金科学与技术创新奖 2 项，2016 年至今获得省部级奖励 194 项。浙江理工大学连续 3 年上榜，在创新百强机构中综合排名位列第二梯级，在发明总量和协同创新维度表现较好。具体为：发明总量排名第 26 位，发明质量排名第 84 位，影响力排名第 44 位，全球化排名第 63 位，协同创新排名第 31 位。2021 年，其在专利转让、许可数量占比方面表现较好，比上年榜单测算指标增长 130.7%。机构网址：https://www.zstu.edu.cn.

浙江高校群英谱

浙江工商大学

标准画像图
浙江工商大学

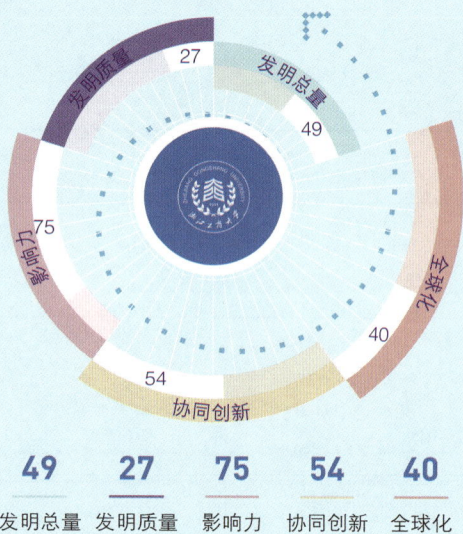

49	27	75	54	40
发明总量	发明质量	影响力	协同创新	全球化

类比画像图

● 浙江工商大学　● 百强均值　● 标杆中位值

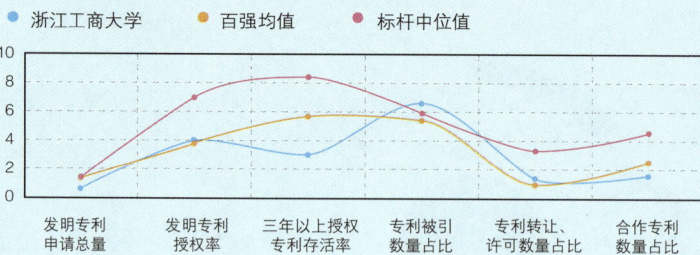

同比画像图

浙江工商大学　单位：%

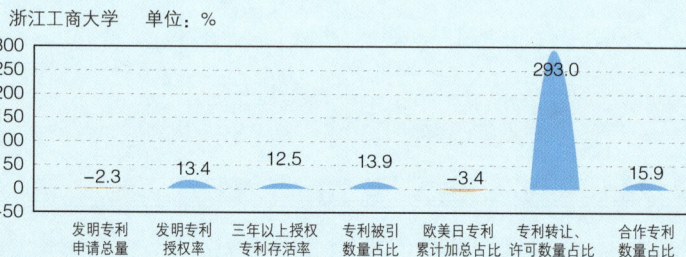

浙江工商大学的前身创建于1911年，2004年经教育部批准更名为浙江工商大学。学校现有教职工2600余人，其中有专任教师2100余人，博士生导师130余人，具有正高级职称的有380余人，具有副高级职称的有650余人，博士有1130余人。学校拥有6个省重点实验室、4个省工程研究中心、4个省级国际科技合作基地、1个省级国际联合实验室、1个中国轻工业重点实验室、1个浙江省统计科学研究基地、2个浙江省社会科学普及示范基地、13个浙江省软科学研究基地。同时还拥有6个浙江省重点创新团队、6个浙江省高等学校创新团队、2个浙江省高校高水平创新团队，曾多次获国家科学技术进步奖。浙江工商大学连续3年上榜，在创新百强机构中综合排名位列第二梯级，在影响力维度表现较好。具体为：发明总量排名第52位，发明质量排名第74位，影响力排名第26位，全球化排名第61位，协同创新排名第47位。2021年，其在专利转让、许可数量占比方面表现较好，较上年榜单测算指标增长293.0%，这表明机构在协同创新方面成效突出。机构网址：http://www.hzic.edu.cn.

浙江高校群英谱

ZHE JIANG

浙江科技学院

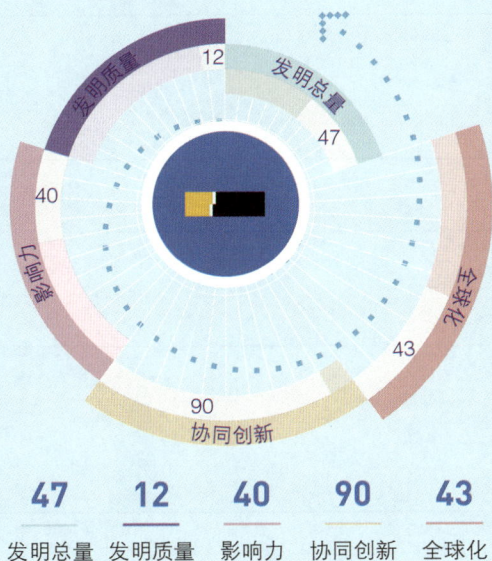

标准画像图

浙江科技学院

47	12	40	90	43
发明总量	发明质量	影响力	协同创新	全球化

类比画像图

● 浙江科技学院　● 百强均值　● 标杆中位值

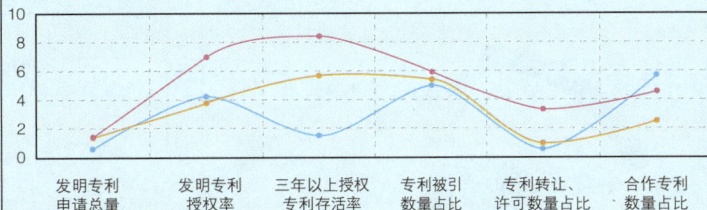

发明专利申请总量 / 发明专利授权率 / 三年以上授权专利存活率 / 专利被引数量占比 / 专利转让、许可数量占比 / 合作专利数量占比

同比画像图

浙江科技学院　单位：%

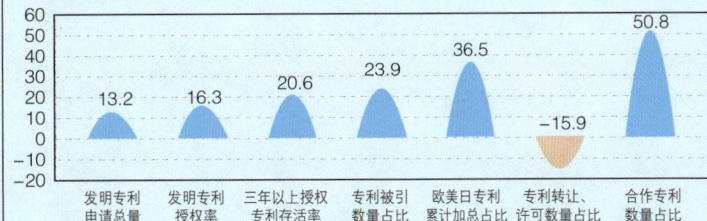

| 13.2 | 16.3 | 20.6 | 23.9 | 36.5 | −15.9 | 50.8 |

发明专利申请总量 / 发明专利授权率 / 三年以上授权专利存活率 / 专利被引累计加总占比 / 欧美日专利累计加总占比 / 专利转让、许可数量占比 / 合作专利数量占比

浙江科技学院是一所应用型省属本科高校。学校现有教职工近1600人，专任教师1240人，其中具有高级职称的有510人；全国优秀教师、享受国务院政府特殊津贴等荣誉的有18人，国家级知名专家等国家级人才7人，省级知名专家等省部级人才140余人。学校现有省重点实验室等省部级以上学科科研平台15个，与企业共建研发机构及科技成果转移转化中心100余个。近年来获得国家级科技计划项目、国家基金100余项，省部级及以上科研奖励50余项，其中国家级科学技术奖2项；发表论文4300余篇，其中三大索引和人文社会科学权威级学术期刊论文1000余篇。浙江科技学院连续3年上榜，在创新百强机构中综合排名位列第三梯级，在协同创新维度表现亮眼。具体为：发明总量排名第54位，发明质量排名第89位，影响力排名第61位，全球化排名第58位，协同创新排名第11位。2021年，其在合作专利数量占比方面表现较好，较上年榜单测算指标增长50.8%。机构网址：https://www.zust.edu.cn.

浙江高校群英谱

杭州师范大学

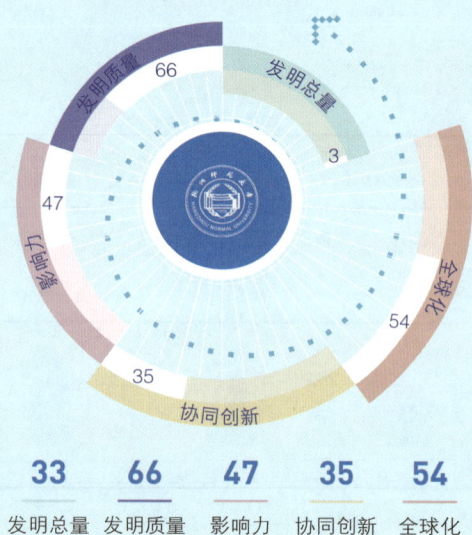

标准画像图

杭州师范大学

发明质量 66
发明总量 3
全球化 54
协同创新 35
影响力 47

33	66	47	35	54
发明总量	发明质量	影响力	协同创新	全球化

类比画像图

● 杭州师范大学　● 百强均值　● 标杆中位值

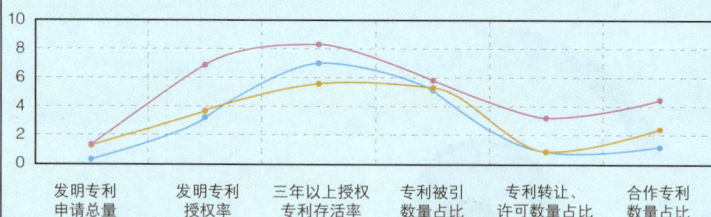

发明专利申请总量 / 发明专利授权率 / 三年以上授权专利存活率 / 专利被引数量占比 / 专利转让、许可数量占比 / 合作专利数量占比

同比画像图

杭州师范大学　单位：%

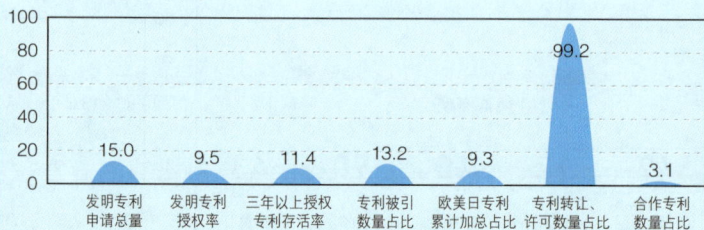

发明专利申请总量	发明专利授权率	三年以上授权专利存活率	专利被引数量占比	欧美日专利累计加总占比	专利转让、许可数量占比	合作专利数量占比
15.0	9.5	11.4	13.2	9.3	99.2	3.1

杭州师范大学是浙江省重点建设高校，是一所以师范教育为传统、文理并重、人文社会科学与自然科学协调发展的综合性大学。现有教职工 2492 人，其中专任教师 1791 人（高级职称占比近 62%），全职院士、共享院士、教育部长江学者、国家杰出青年科学基金获得者等国家级和省级高层次人才 80 余人，全国优秀教师 4 人，学校入选首批浙江省海外高层次人才创新创业基地。学校现有国际合作科研平台 12 个，国家大学科技园 1 个，国家级科技企业孵化器 1 个，教育部重点实验室、工程研究中心各 1 个，浙江省重点实验室、工程实验室、研究基地、科技创新服务平台等 18 个，省部级创新团队 11 个，浙江省新型高校智库 2 个。2012 年以来，获得了国家重大科学研究计划项目、国家重点研发计划项目 3 项。杭州师范大学连续 3 年上榜，在创新百强机构中综合排名位列第三梯级，在发明质量维度表现较好。具体为：发明总量排名第 68 位，发明质量排名第 35 位，影响力排名第 54 位，全球化排名第 47 位，协同创新排名第 66 位。2021 年，其在专利转让、许可数量占比方面表现较好，较上年榜单测算指标增长 99.2%。机构网址：https://www.hznu.edu.cn。

浙江高校群英谱

宁波大学

标准画像图

宁波大学

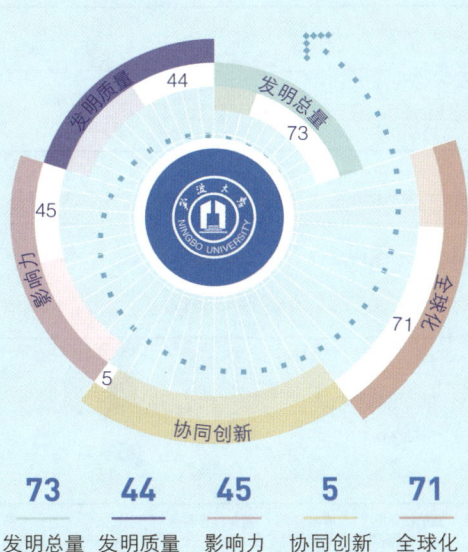

发明质量 44
发明总量 73
全球化 71
协同创新 5
影响力 45

73	44	45	5	71
发明总量	发明质量	影响力	协同创新	全球化

类比画像图

● 宁波大学　● 百强均值　● 标杆中位值

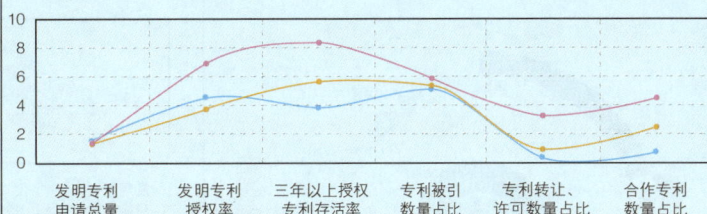

发明专利申请总量　发明专利授权率　三年以上授权专利存活率　专利被引数量占比　专利转让、许可数量占比　合作专利数量占比

同比画像图

宁波大学　单位：%

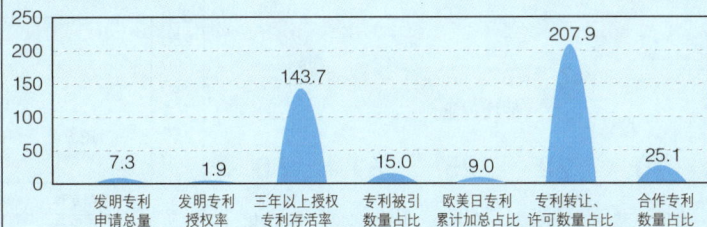

		143.7			207.9	
7.3	1.9		15.0	9.0		25.1
发明专利申请总量	发明专利授权率	三年以上授权专利存活率	专利被引数量占比	欧美日专利累计加总占比	专利转让、许可数量占比	合作专利数量占比

宁波大学于 1986 年创立，是国家"双一流"建设高校，浙江省、教育部、宁波市共建高校，国家海洋局与宁波市共建高校，浙江省首批重点建设高校。现有教职工 3063 名，其中教学科研人员 2059 名。教学科研人员中具有正高级专业技术职务人员 530 人，副高级专业技术职务人员 704 人，博士学位人员 1556 人。学校建有省部共建国家重点实验室 1 个，国家重点实验室培育基地 1 个，国家地方联合工程实验室 1 个，国家大学科技园（牵头单位）1 个，科技部国际科技合作基地 1 个，国家级成果推广机构 1 个，教育部重点实验室 2 个，教育部国际合作联合实验室 1 个，教育部工程技术中心 1 个，浙江省重点实验室 9 个。近年来，获得国家自然科学奖二等奖 1 项、国家技术发明奖二等奖 1 项、国家科学技术进步奖二等奖 2 项，实现了国家科学技术三大奖项的全面突破。宁波大学连续 3 年上榜，在创新百强机构中综合排名位列第三梯级，在发明总量、全球化维度表现较好。具体为：发明总量排名第 28 位，发明质量排名第 57 位，影响力排名第 56 位，全球化排名第 30 位，协同创新排名第 96 位。2021 年，其在三年以上授权专利存活率、专利转让、许可数量占比方面表现较好，分别比上年榜单测算指标增长 143.7% 和 207.9%。机构网址：https://www.nbu.edu.cn.

浙江高校群英谱

温州大学

标准画像图

温州大学

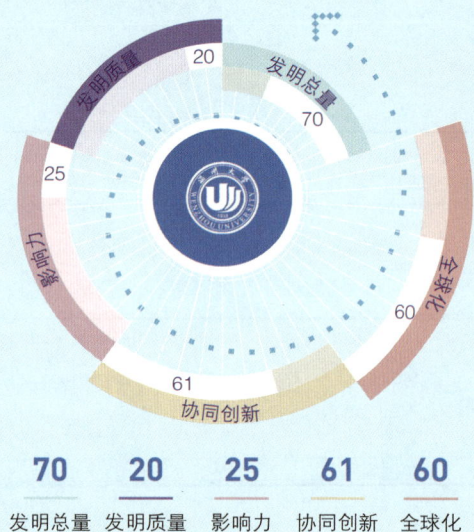

70	20	25	61	60
发明总量	发明质量	影响力	协同创新	全球化

类比画像图

● 温州大学　● 百强均值　● 标杆中位值

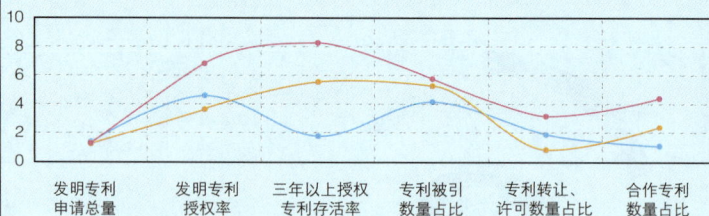

同比画像图

温州大学　单位：%

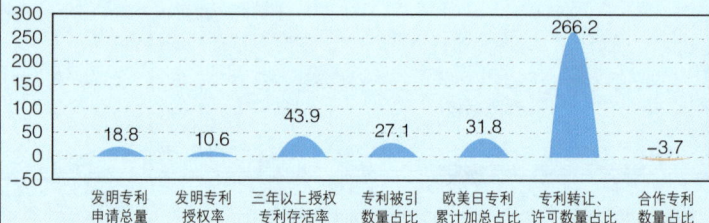

温州大学是浙南闽北赣东区域唯一的综合性大学、浙江省重点建设高校、博士学位授予单位。学校现有教职工2135人，其中专任教师1353人（博士有880人，占65.04%；具有高级职称的有744人，占54.99%）。拥有全职院士、长江学者、国家杰出青年、国家有突出贡献中青年专家等国家级人才32人，现有各类省级以上高层次入选人才159人。温州大学现有国家级科研平台3个、省部级科研平台35个，拥有4个浙江省重点创新团队、4个浙江省高校高水平创新团队。主持国家科技重大专项等国家重大项目10项，国家杰出青年科学基金2项，国家优秀青年科学基金2项，国家级自然科学、社会科学重点项目36项，其他国家项目730项。出版各类著作368部。温州大学获国家级、省部级奖励164项，其中作为第一完成单位获国家技术发明奖二等奖、高等学校科学研究优秀成果奖（人文社会科学）一等奖、中国专利奖金奖，作为主要完成单位获国家科学技术进步奖二等奖。温州大学连续3年上榜，在创新百强机构中综合排名位列第三梯级，在发明总量维度表现较好。具体为：发明总量排名第31位，发明质量排名第81位，影响力排名第76位，全球化排名第41位，协同创新排名第40位。2021年，其在专利转让、许可数量占比方面表现较好，较上年榜单测算指标增长266.2%。机构网址：http://www.wzu.edu.cn.

浙江高校群英谱

宁波工程学院

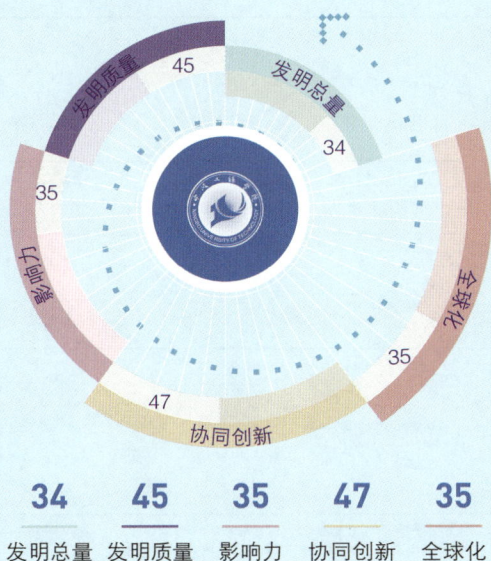

标准画像图

宁波工程学院

34	45	35	47	35
发明总量	发明质量	影响力	协同创新	全球化

类比画像图

● 宁波工程学院　　● 百强均值　　● 标杆中位值

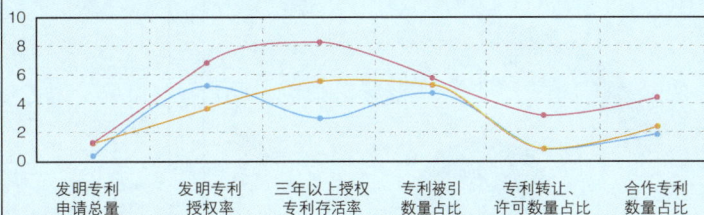

发明专利申请总量　发明专利授权率　三年以上授权专利存活率　专利被引数量占比　专利转让、许可数量占比　合作专利数量占比

同比画像图

宁波工程学院　单位：%

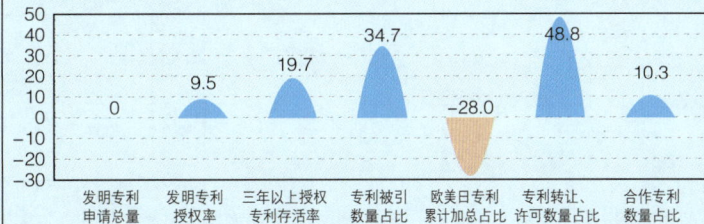

发明专利申请总量　发明专利授权率　三年以上授权专利存活率　专利被引累计加总占比　欧美日专利累计加总占比　专利转让、许可数量占比　合作专利数量占比

宁波工程学院是由宁波市人民政府建设的全日制普通本科院校、硕士学位授予单位，创建于 1983 年。现有教职工 1155 人，专任教师 896 人，具有正高级职称的有 108 人，具有副高级职称的有 287 人，具有博士学位的有 384 人。宁波工程学院与中国科学院武汉岩土力学研究所共建岩土力学与工程国家重点实验室宁波工程学院工程软土实验中心，与厦门大学共建应用技术大学研究中心。荣获国家科学技术奖 1 项、省部级科学技术奖（含一级行业协会／学会奖）25 项，一批高水平论文发表于国内高水平期刊和国际顶尖期刊，承担省部级以上项目 200 余项，2017 年中标工业和信息化部中国制造 2025 重点项目，2019 年宁波市"科技创新 2025"重大专项经费额度居全市高校第一。宁波工程学院连续 3 年上榜，在创新百强机构中综合排名位列第三梯级，在协同创新维度表现较好。具体为：发明总量排名第 67 位，发明质量排名第 56 位，影响力排名第 66 位，全球化排名第 66 位，协同创新排名第 54 位。2021 年，在专利转让、许可数量占比方面表现较好，较上年榜单测算指标增长 48.8%。机构网址：https://www.nbut.edu.cn.

浙江高校群英谱

ZHE JIANG

浙江农林大学

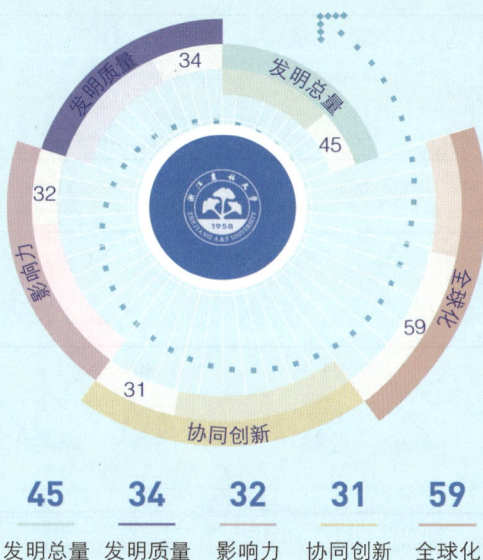

标准画像图

浙江农林大学

发明质量 34
发明总量 45
全球化 59
影响力 32
协同创新 31

45	34	32	31	59
发明总量	发明质量	影响力	协同创新	全球化

类比画像图

● 浙江农林大学　　● 百强均值　　● 标杆中位值

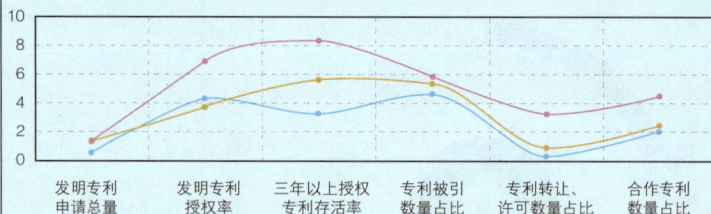

发明专利申请总量 / 发明专利授权率 / 三年以上授权专利存活率 / 专利被引数量占比 / 专利转让、许可数量占比 / 合作专利数量占比

同比画像图

浙江农林大学　单位：%

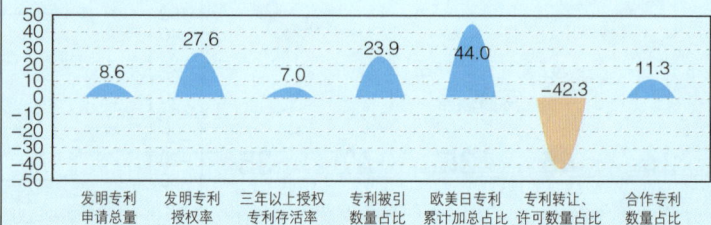

项目	数值
发明专利申请总量	8.6
发明专利授权率	27.6
三年以上授权专利存活率	7.0
专利被引数量占比	23.9
欧美日专利累计加总占比	44.0
专利转让、许可数量占比	-42.3
合作专利数量占比	11.3

浙江农林大学是浙江省重点建设高校、浙江省人民政府与国家林业和草原局共建高校，创建于1958年。学校现有教职工近2100人。拥有中国工程院院士1人、共享院士5人、浙江省特级专家2人、"长江学者"特聘教授2人、国家"杰出青年科学基金"获得者2人、国家"万人计划"领军人才5人。浙江农林大学拥有国家重点实验室、国家工程技术研究中心、国家地方联合工程实验室、国家文化传播基地、国家"111计划"引智基地等国家级创新平台5个，省部级创新平台45个。浙江农林大学获国家技术发明奖二等奖1项、国家科学技术进步奖二等奖8项，国家科学技术进步奖三等奖1项，浙江省科学技术奖一等奖11项，浙江省哲学社会科学优秀成果奖一等奖4项。浙江农林大学连续3年上榜，创新百强机构中综合排名位列第四梯级，在全球化维度表现较好。具体为：发明总量排名第56位，发明质量排名第67位，影响力排名第69位，全球化排名第42位，协同创新排名第70位。2021年，其在欧美日专利累计加总占比方面表现较好，较上年榜单测算指标增长44.0%。机构网址：https://www.zafu.edu.cn.

浙江高校群英谱

嘉兴学院

标准画像图
嘉兴学院

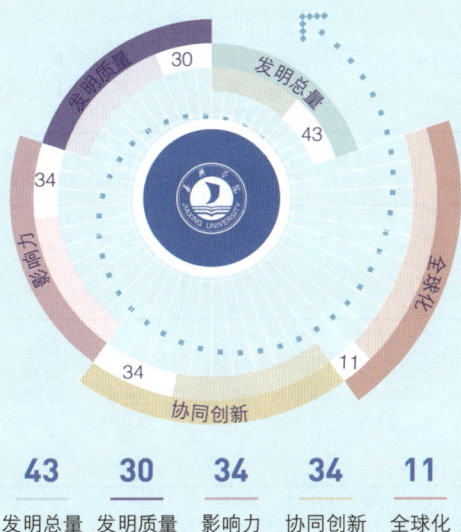

43	30	34	34	11
发明总量	发明质量	影响力	协同创新	全球化

类比画像图

● 嘉兴学院　　● 百强均值　　● 标杆中位值

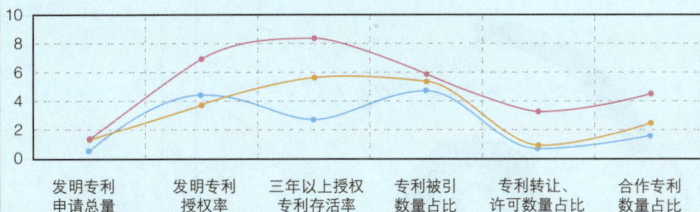

发明专利申请总量　发明专利授权率　三年以上授权专利存活率　专利被引数量占比　专利转让、许可数量占比　合作专利数量占比

同比画像图

嘉兴学院　单位：%

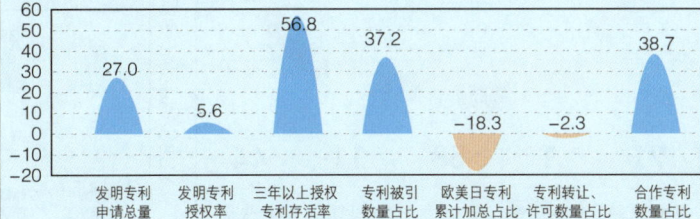

发明专利申请总量 27.0　发明专利授权率 5.6　三年以上授权专利存活率 56.8　专利被引数量占比 37.2　欧美日专利累计加总占比 −18.3　专利转让、许可数量占比 −2.3　合作专利数量占比 38.7

嘉兴学院是 2000 年 3 月经教育部批准，由原浙江经济高等专科学校和嘉兴高等专科学校合并组建的普通本科高校，实行"省市共建共管，以省为主"的管理体制。学校现有教职工 1660 余人，全职院士 3 人，柔性聘用院士 9 人，有省级重点创新团队 2 个。近 5 年，学校教师承担省部级及以上科研项目 550 余项，其中国家级项目 120 余项；获省部级（含一级协会）科研奖励 80 余项。嘉兴学院连续 3 年上榜，创新百强机构中综合排名位列第四梯级，在发明总量维度表现相对较好。具体为：发明总量排名第 58 位，发明质量排名第 71 位，影响力排名第 67 位，全球化排名第 90 位，协同创新排名第 67 位。2021 年，其在三年以上授权专利存活率方面表现较好，较上年榜单测算指标增长 56.8%。机构网址：https://www.zjxu.edu.cn.

浙江高校群英谱

ZHE JIANG

中国计量大学

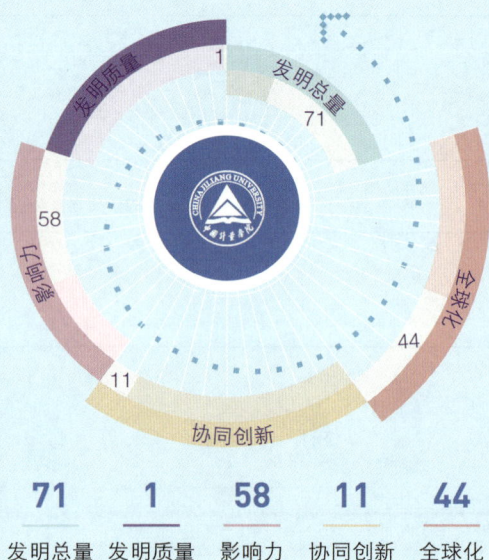

标准画像图
中国计量大学

71	1	58	11	44
发明总量	发明质量	影响力	协同创新	全球化

类比画像图

● 中国计量大学　● 百强均值　● 标杆中位值

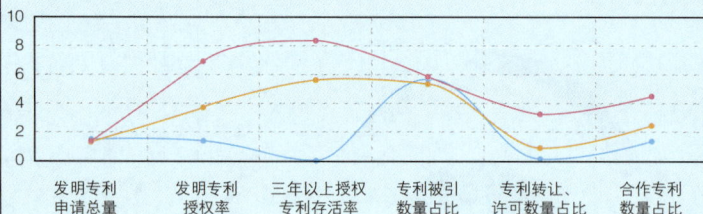

发明专利申请总量　发明专利授权率　三年以上授权专利存活率　专利被引数量占比　专利转让、许可数量占比　合作专利数量占比

同比画像图

中国计量大学　单位：%

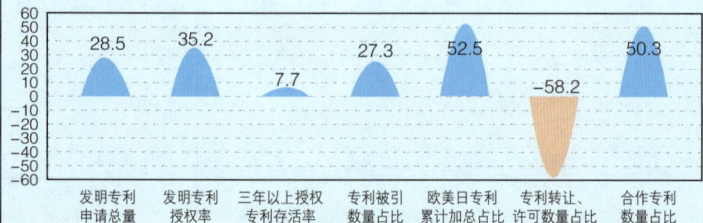

28.5　35.2　7.7　27.3　52.5　−58.2　50.3

发明专利申请总量　发明专利授权率　三年以上授权专利存活率　专利被引数量占比　欧美日专利累计加总占比　专利转让、许可数量占比　合作专利数量占比

中国计量大学是一所以计量、标准、质量、市场监管和检验检疫为办学特色的高等院校。现有专任教师 1500 余人，其中具有高级职称的教师 700 余人，具有博士学位的教师占比近 70%。有共享中国工程院院士 2 人，国家"万人计划"、长江学者等国家级人才 20 余人次，浙江省特级专家、浙江省"万人计划"等省部级人才 60 余人次。中国计量大学现有国家质检中心、国家市场监管总局重点实验室等省部级以上科研平台近 40 个，高水平研究院 35 个；建有地方研究院 10 个、地方技术转移机构 17 个、产业技术联盟 30 个。作为牵头单位，联合 13 所高校共同发起成立"长三角高水平行业特色大学联盟"。作为主要单位参与"超高灵敏极弱磁场和惯性测量装置"国家重大科技基础设施的培育建设工作。获国家科学技术奖二等奖 3 项、省部级奖励百余项。中国计量大学连续 3 年上榜，创新百强机构中综合排名位列第四梯级，在发明总量维度表现亮眼。具体为：发明总量排名第 30 位，发明质量排名第 100 位，影响力排名第 43 位，全球化排名第 57 位，协同创新排名第 90 位。2021 年，其在欧美日专利累计加总占比、合作专利数量占比方面表现较好，分别比上年榜单测算指标增长 52.5% 和 50.3%。机构网址：https://www.cjlu.edu.cn.

浙江高校群英谱

ZHE JIANG

温州医科大学

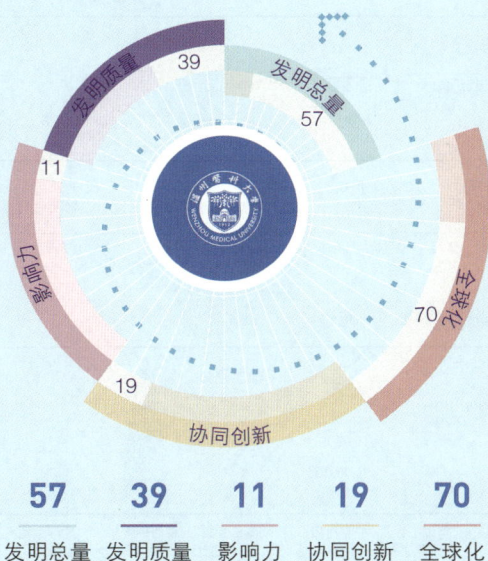

标准画像图

温州医科大学

57	39	11	19	70
发明总量	发明质量	影响力	协同创新	全球化

类比画像图

● 温州医科大学　● 百强均值　● 标杆中位值

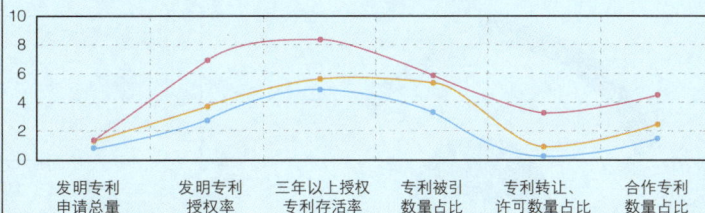

发明专利申请总量　发明专利授权率　三年以上授权专利存活率　专利被引数量占比　专利转让、许可数量占比　合作专利数量占比

同比画像图

温州医科大学　单位：%

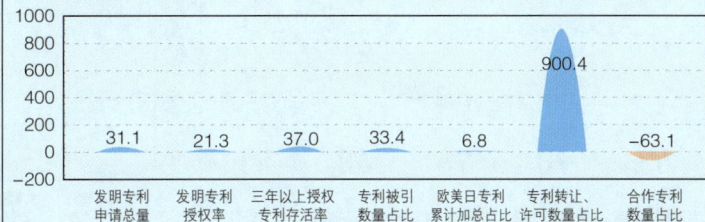

31.1	21.3	37.0	33.4	6.8	900.4	−63.1
发明专利申请总量	发明专利授权率	三年以上授权专利存活率	专利被引数量占比	欧美日专利累计加总占比	专利转让、许可数量占比	合作专利数量占比

温州医科大学是浙江省省属普通高等学校。2015 年成为浙江省人民政府、国家卫生健康委和教育部共建高校。2017 年成为浙江省重点建设高校。现有专任教师 1698 人，其中具有正高级专业技术职称的有 444 人，具有副高级专业技术职称的有 578 人，具有博士学位的有 1273 人。温州医科大学拥有 1 个国家工程技术研究中心、1 个发展改革委工程研究中心、1 个省部共建国家重点实验室、2 个教育部省部共建协同创新中心、1 个国家药监局重点实验室、34 个省部级科研平台。温州医科大学承担国家级科研项目 1200 余项，科研成果获得省部级以上奖励 170 余项，其中获国家科学技术进步奖一等奖 1 项，国家科学技术进步奖二等奖 5 项，国家技术发明奖二等奖 2 项，教育部科技奖一等奖 1 项、二等奖 3 项，浙江省科学技术奖重大贡献奖 1 项，浙江省科学技术奖一等奖 19 项。温州医科大学第 1 年上榜，创新百强机构中综合排名位列第四梯级，在全球化维度表现较好。具体为：发明总量排名第 44 位，发明质量排名第 62 位，影响力排名第 90 位，全球化排名第 31 位，协同创新排名第 82 位。2021 年，其在专利转让、许可数量占比方面表现较好，比上年榜单测算指标增长 900.4%。机构网址：https://www.wmu.edu.cn.

ZHE JIANG

10.3　浙江院所群英谱

中国科学院宁波材料技术与工程研究所

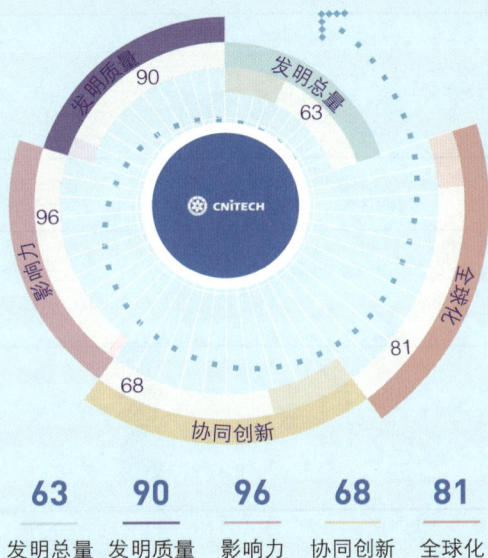

标准画像图

中国科学院宁波材料技术与工程研究所

63	**90**	**96**	**68**	**81**
发明总量	发明质量	影响力	协同创新	全球化

类比画像图

● 中国科学院宁波材料技术与工程研究所　● 百强均值　● 标杆中位值

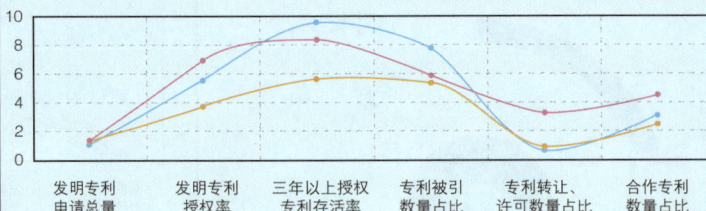

发明专利申请总量　发明专利授权率　三年以上授权专利存活率　专利被引数量占比　专利转让、许可数量占比　合作专利数量占比

同比画像图

中国科学院宁波材料技术与工程研究所　单位：%

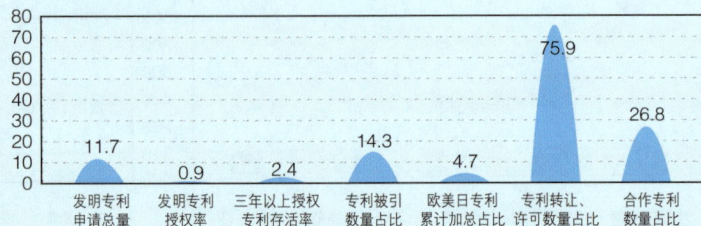

发明专利申请总量 11.7　发明专利授权率 0.9　三年以上授权专利存活率 2.4　专利被引数量占比 14.3　欧美日专利累计加总占比 4.7　专利转让、许可数量占比 75.9　合作专利数量占比 26.8

中国科学院宁波材料技术与工程研究所（简称"宁波材料所"）由中国科学院、浙江省人民政府、宁波市人民政府三方共建。创立以来，宁波材料所围绕"材料研究"，先后布局了材料技术、先进制造、新能源与生物医学工程四大领域，逐渐形成了材料应用链、科研技术链、人才培养引进链相辅相成、"三链融通"的科学布局，成为新材料及相关领域的重要研究基地和技术提供者。全所员工有 1200 多人，其中院士 5 人、杰出青年 7 人，拥有 9 个研究生学位授予点、2 个博士后流动站。宁波材料所建立了公共测试、专业研发、工程化、先进制造等四大类支撑平台，拥有 7.6 亿元的先进科研装备；建成中科院磁性材料与器件重点实验室、中科院海洋新材料与应用技术重点实验室等省部级以上各类平台近 30 个。截至 2021 年 12 月底，共承担了各类科研项目 5300 多项。累计发表论文 7200 多篇；累计申请专利近 5200 件，授权专利近 2700 件，连续 7 年入选全国研究机构专利十强，专利授权量在全国科研机构中排名前五。宁波材料所连续 3 年上榜，在创新百强机构中综合排名位列第一梯级，在发明质量、影响力和全球化维度表现突出。具体为：发明总量排名第 38 位，发明质量排名第 11 位，影响力排名第 5 位，全球化排名第 20 位，协同创新排名第 33 位。2021 年，其在专利转让、许可数量占比和合作专利数量占比方面表现较好，分别比上年榜单测算指标增长 75.9% 和 26.8%，这表明机构在协同创新方面表现突出。机构网址：http://www.nimte.ac.cn.

浙江院所群英谱

浙江省海洋水产研究所

标准画像图
浙江省海洋水产研究所

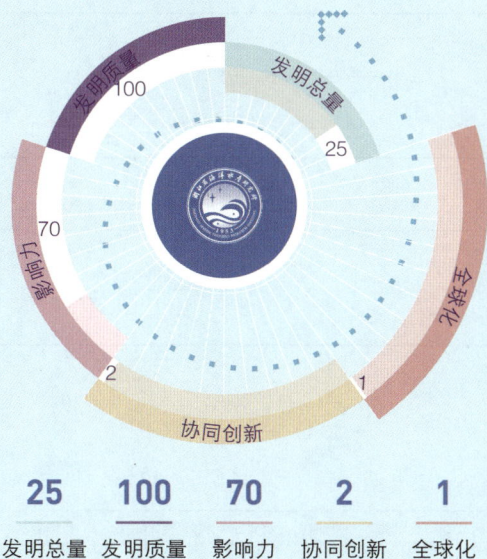

25	100	70	2	1
发明总量	发明质量	影响力	协同创新	全球化

类比画像图

● 浙江省海洋水产研究所　● 百强均值　● 标杆中位值

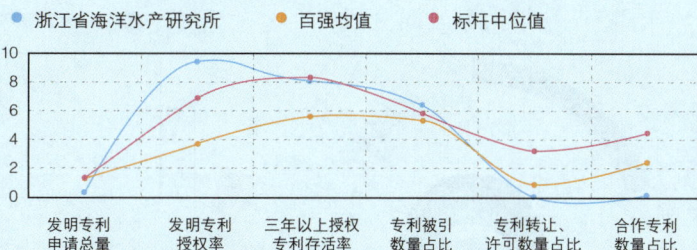

同比画像图

浙江省海洋水产研究所　单位：%

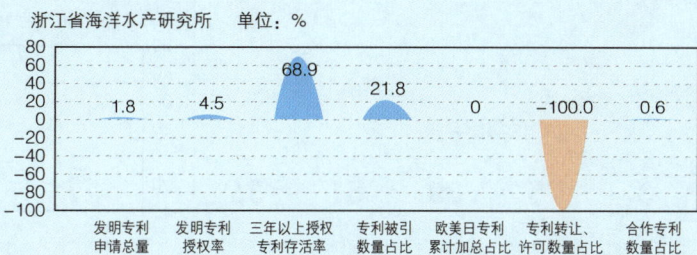

浙江省海洋水产研究所成立于 1953 年，是一个以海洋渔业研究为主的公益类省属科研机构，该研究所以海洋渔业资源与生态、海水增养殖、海洋与渔业环境、水产品加工与质量安全研究和服务为重点，同时开展海水养殖病害防治、海洋捕捞、远洋渔业、船舶工程设计等相关领域的科研与技术服务等社会公益性工作。现有在职职工 137 人，专业技术人员 116 人，其中：具有正高级职称的有 10 人、具有副高级职称的有 31 人，享受国务院政府特殊津贴的有 12 人，有浙江省"151 人才"8 人。建所以来，共获得各种科技成果奖 180 余项次，其中国家级科学技术奖 9 项，省部级科学技术奖 109 项，在海水养殖、海洋渔业资源调查与评估、渔业环境监测、水产品加工与质量安全等方面为海洋渔业科技的进步做出了突出贡献，极大地促进了海洋渔业经济的发展。浙江省海洋水产研究所连续 3 年上榜，在创新百强机构中综合排名位列第二梯级，在发明质量维度表现亮眼。具体为：发明总量排名第 76 位，发明质量排名第 1 位，影响力排名第 31 位，全球化排名第 93 位，协同创新排名第 99 位。2021 年，其在三年以上授权专利存活率和专利被引数量占比方面表现较好，分别比上年榜单测算指标增长 68.9% 和 21.8%。机构网址：http://www.zjhys.cn。

ZHE JIANG.CN

浙江院所群英谱

中国农业科学院茶叶研究所

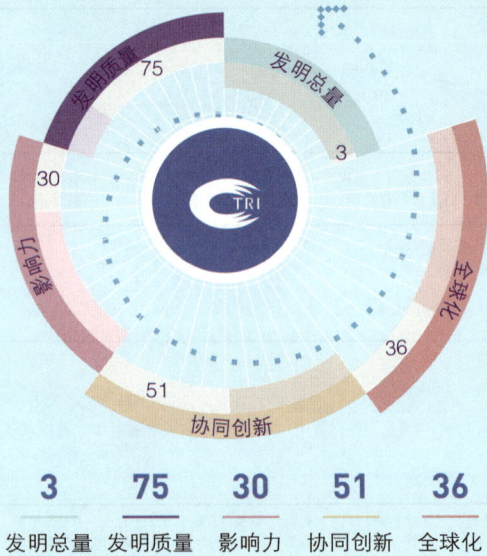

标准画像图

中国农业科学院茶叶研究所

发明质量 75
发明总量 3
全球化 36
协同创新 51
影响力 30

3	75	30	51	36
发明总量	发明质量	影响力	协同创新	全球化

类比画像图

- 中国农业科学院茶叶研究所
- 百强均值
- 标杆中位值

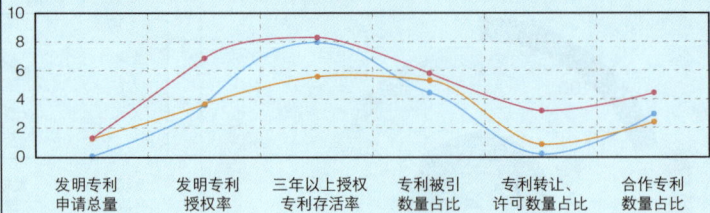

发明专利申请总量　发明专利授权率　三年以上授权专利存活率　专利被引数量占比　专利转让、许可数量占比　合作专利数量占比

同比画像图

中国农业科学院茶叶研究所　单位：%

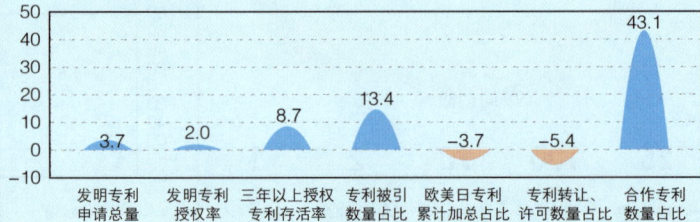

发明专利申请总量 3.7　发明专利授权率 2.0　三年以上授权专利存活率 8.7　专利被引数量占比 13.4　欧美日专利累计加总占比 −3.7　专利转让、许可数量占比 −5.4　合作专利数量占比 43.1

中国农业科学院茶叶研究所是我国唯一的国家级综合性茶叶科研机构。现有在职职工 167 人，其中专业技术人员 145 人。有中国工程院院士 1 人，全国农业科研杰出人才 1 人，省部级专家 4 人，浙江省"151 人才"28人，副高级以上专家 86 人。该研究所建有国家茶产业工程技术研究中心、国家茶树种质资源圃、国家茶树改良中心、农业农村部特种经济动植物生物学与遗传育种重点实验室、农业农村部茶叶质量安全重点实验室、浙江省茶叶加工重点实验室、浙江省茶产业科技创新服务平台等国家级、省部级创新平台。先后承担各类科研项目1100 多项，获奖成果达 121 项，其中国家级科学技术成果奖 15 项；主编各类著作 100 多部，发表论文近 4000篇，其中 SCI 收录近 500 篇。中国农业科学院茶叶研究所连续两年上榜，在创新百强机构中综合排名位列第三梯级，在发明质量维度表现较好。具体为：发明总量排名第 98 位，发明质量排名第 26 位，影响力排名第 71位，全球化排名第 65 位，协同创新排名第 50 位。2021 年，其在合作专利数量占比方面表现较好，较上年榜单测算指标增长 43.1%。机构网址：http://www.tricaas.com.

浙江院所群英谱

浙江省农业科学院

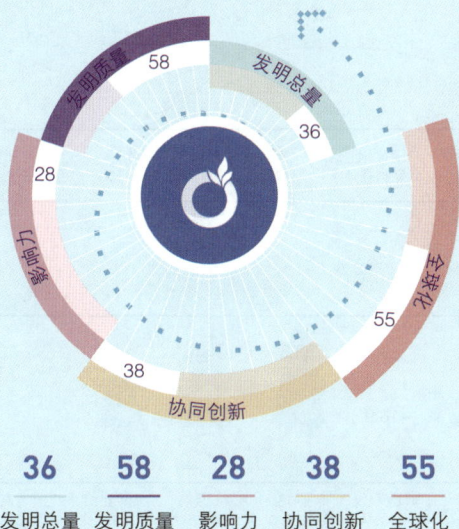

标准画像图

浙江省农业科学院

发明质量 58
发明总量 36
影响力 28
全球化 55
协同创新 38

36	58	28	38	55
发明总量	发明质量	影响力	协同创新	全球化

类比画像图

● 浙江省农业科学院　● 百强均值　● 标杆中位值

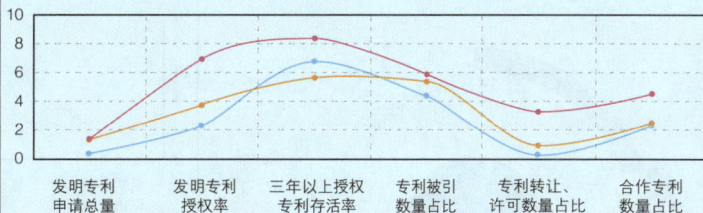

发明专利申请总量　发明专利授权率　三年以上授权专利存活率　专利被引数量占比　专利转让、许可数量占比　合作专利数量占比

同比画像图

浙江省农业科学院　单位：%

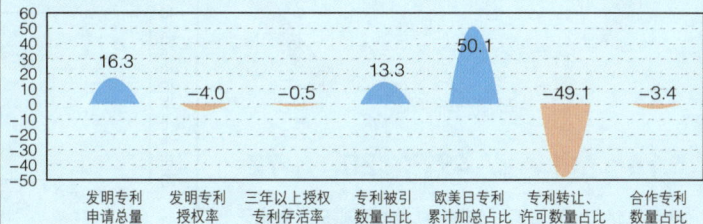

发明专利申请总量	发明专利授权率	三年以上授权专利存活率	专利被引数量占比	欧美日专利累计加总占比	专利转让、许可数量占比	合作专利数量占比
16.3	−4.0	−0.5	13.3	50.1	−49.1	−3.4

浙江省农业科学院由浙江省农业科学研究所、浙江省林业科学研究所、浙江省淡水水产研究所、浙江省海洋水产研究所、中国农业科学院茶叶研究所于 1960 年 2 月合并组成，并和浙江农业大学合二为一。全院在编职工 1068 人，专业技术人员 918 人；其中具有高级职称的有 446 人、博士（后）456 人、共享院士 1 人，浙江省特级专家 3 人。浙江省农业科学院建有 2 个国家级平台，19 个部级平台，14 个省级平台，拥有浙江省重点科技创新团队 8 个。"十三五"以来，获省级以上科学技术奖 67 项，以第一完成单位获省部级以上科技成果奖励 48 项，其中国家科学技术进步奖二等奖 2 项。与 30 多个国家或地区的科研机构、高校建立紧密的科技合作，建有"中澳农作物改良研究中心"等 9 个国际联合创新平台，被科技部认定为示范型国家国际科技合作基地。浙江省农业科学院连续 3 年上榜，在创新百强机构中综合排名位列第四梯级，在发明质量及全球化维度表现较好。具体为：发明总量排名第 65 位，发明质量排名第 43 位，影响力排名第 73 位，全球化排名第 46 位，协同创新排名第 63 位。2021 年，其在欧美日专利累计加总占比方面表现较好，较上年榜单测算指标增长 50.1%。机构网址：http://www.zaas.ac.cn.

浙江院所群英谱

中国水稻研究所

标准画像图

中国水稻研究所

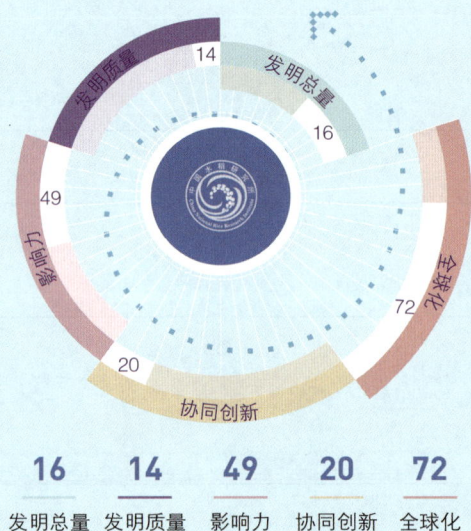

16	14	49	20	72
发明总量	发明质量	影响力	协同创新	全球化

类比画像图

● 中国水稻研究所　● 百强均值　● 标杆中位值

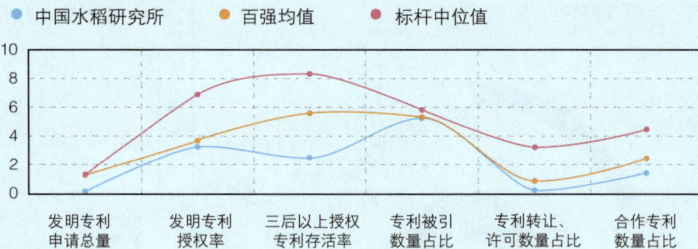

发明专利申请总量　发明专利授权率　三后以上授权专利存活率　专利被引数量占比　专利转让、许可数量占比　合作专利数量占比

同比画像图

中国水稻研究所　单位：%

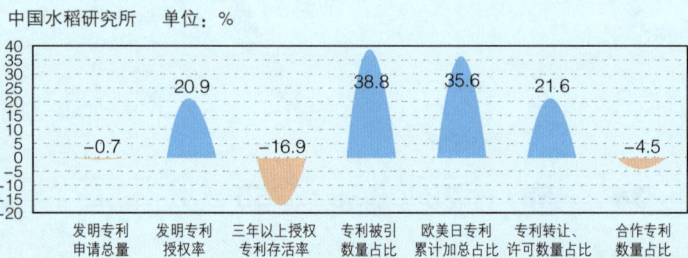

发明专利申请总量　发明专利授权率　三年以上授权专利存活率　专利被引数量占比　欧美日专利累计加总占比　专利转让、许可数量占比　合作专利数量占比

中国水稻研究所是一个以水稻为主要研究对象的多学科综合性国家级研究所。1989年10月落成。该研究所以应用基础研究和应用研究为主，着重解决稻作生产中的重大科技问题。中国水稻研究所现有在职职工335人，其中，中国工程院院士、中国科学院院士各1人，中高级科技人员242人，博士生导师29人，具有博士学位的有143人，具有硕士学位的有53人。截至2021年6月，中国水稻研究所共取得省部级以上获奖成果141项次，国家级获奖成果25项，涵盖了国家自然科学奖、国家技术发明奖、国家科学技术进步奖三大奖项。1997年、1998年、2000年、2003年、2010年和2016年分别有成果入选中国十大科技进展和中国十大科技新闻。

中国水稻研究所连续3年上榜，创新百强机构中综合排名位列第四梯级，在全球化维度表现相对较好。具体为：发明总量排名第85位，发明质量排名第87位，影响力排名第52位，全球化排名第29位，协同创新排名第81位。2021年，其在专利被引数量占比、欧美日专利累计加总占比方面表现较好，分别比上年榜单测算指标增长38.8%和35.6%。机构网址：https://cnrri.caas.cn.

第十一章 百强机构创新图谱：安徽画像

本章对安徽省入选长三角区域创新百强机构的10家创新机构进行图谱分析，对安徽省入选机构的整体表现、维度指标等进行解构。同时，为更好地展现创新机构的示范引领作用，发挥报告研究的导航指引作用，本章通过图文结合的方式，基于机构官网资料及报告采集数据，对安徽省入选机构进行单独画像，绘制高校、院所创新"群英谱"。

11.1 安徽机构综合表现

11.1.1 机构分布

2021年，安徽省共有10家创新机构进入创新百强榜单，较2020年增长2家。在梯级分布方面，安徽处于前三梯级的创新机构各有2家，有4家创新机构处于第四梯级，整体相对均衡。2021年度该省创新机构的极值分布也较2020年度有所延展，在最高排名方面，2021年度为第17名，较2020年度的第18名提升1名；可能受新入榜百强机构排名的影响，在最低排名方面，2021年度为第97名，较2020年度的第94名下降3名。整体显示2021年度创新机构在百强中的排名离散程度有所增加，但是2021年度安徽省头部机构的创新能力较2020年度有所增强（图11-1）。

省份　　数据年份

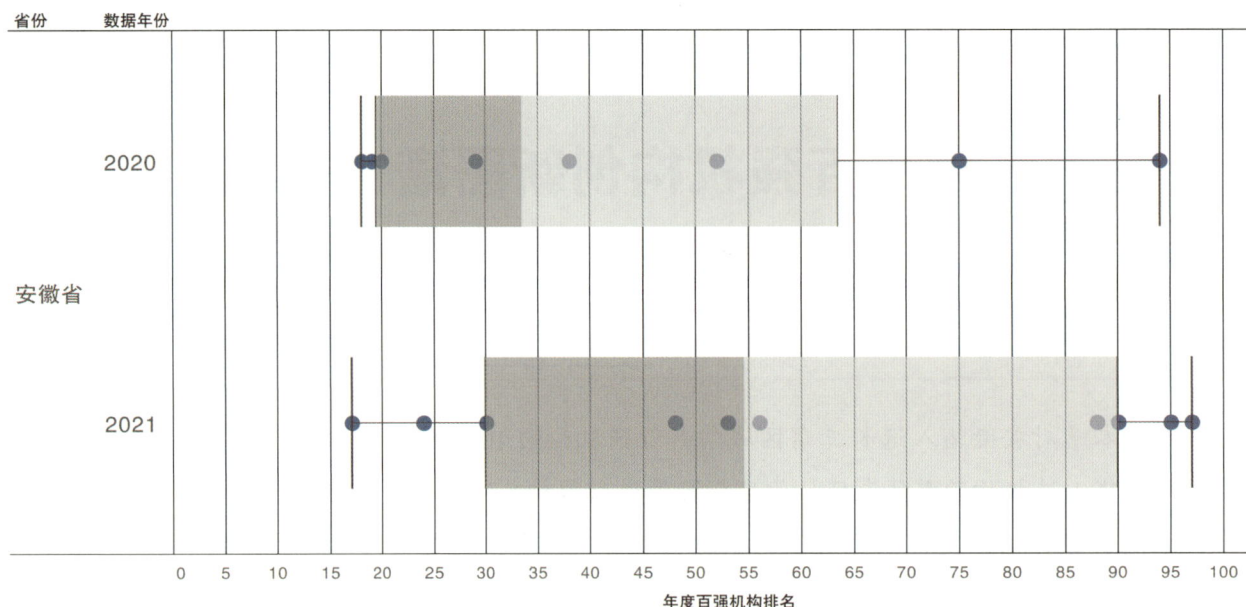

年度百强机构排名

图 11-1　2020—2021 年安徽省入选机构的年度排名对比

从机构类型来看，百强榜单内的创新机构主体主要包括高等院校和科研机构两类，安徽省2021年度上榜高等院校6家、科研机构4家，共计10家。与上年度相比，安徽省新增2家机构，高等院校、科研机构各增加1家，第一梯级减少1家，表现出总体实力有所增强。

11.1.2　特征分析

在创新整体表现方面，安徽省在发明质量维度表现突出，发明专利授权率和三年以上授权专利存活率两个指标整体优于长三角区域平均水平。在发明总量、协同创新、全球化、影响力等4个维度均较长三角区域均值存在一定差距，在全球化方面差距较为明显（图11-2）。

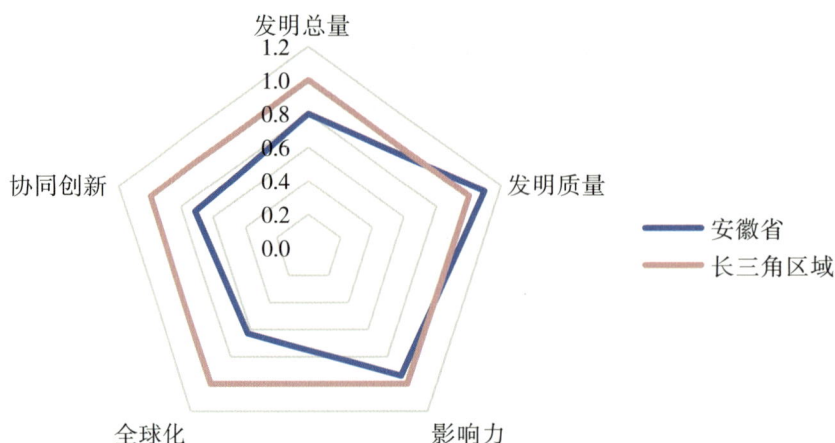

图 11-2　安徽省入选机构的创新表现特征

从发明总量来看，2021年度安徽省创新百强机构的发明专利申请总量整体处于长三角前列，其发明专利申请总量中位数为1873.5件，仅次于江苏省中位值2216件，居长三角第2位。其中，合肥工业大学以6483件的发明专利申请总量居于该省首位，约为均值的3倍。在发明专利授权率方面，该省2021年百强机构发明专利授权率均值为39.8%，居长三角区域三省一市之首，各创新主体在发明专利授权率方面的差异相对较小，中国电子科技集团公司第四十一研究所以55.47%的发明专利授权率居首（图11-3至图11-5）。

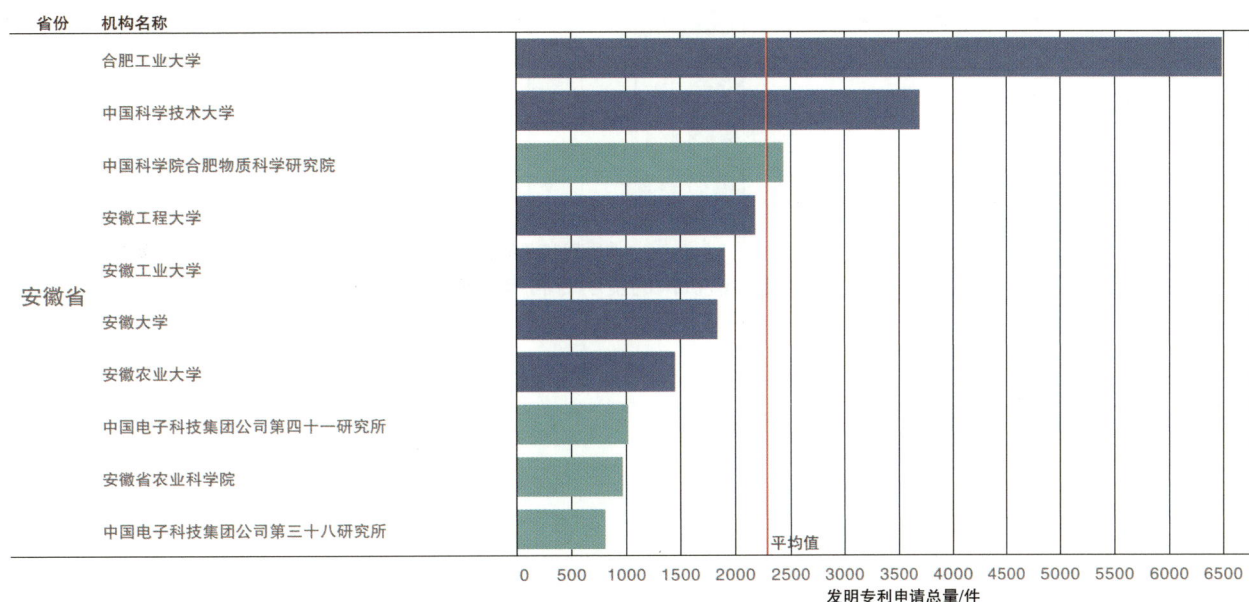

图11-3　安徽省入选机构的发明专利申请总量

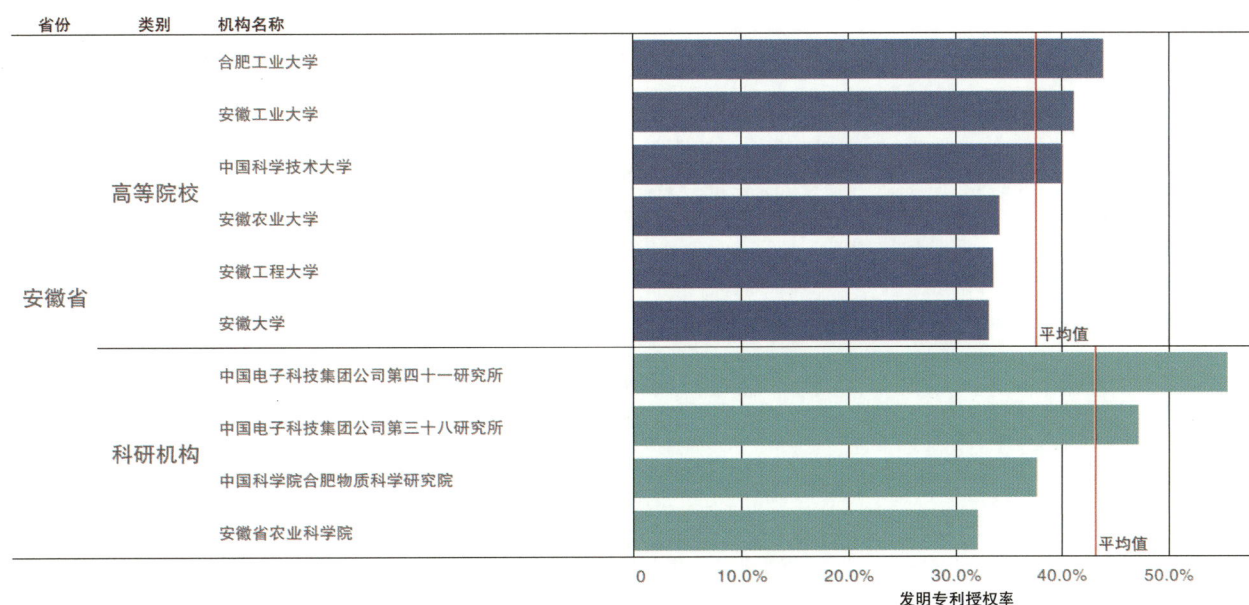

图11-4　安徽省入选机构的发明专利授权率

省份	类别	机构名称		
安徽省	高等院校	合肥工业大学		
		中国科学技术大学		
		安徽工程大学		
		安徽工业大学		
		安徽大学		
		安徽农业大学		
	科研机构	中国科学院合肥物质科学研究院		
		中国电子科技集团公司第四十一研究所		
		安徽省农业科学院		
		中国电子科技集团公司第三十八研究所		

a 发明专利申请总量　　　　b 发明专利授权率

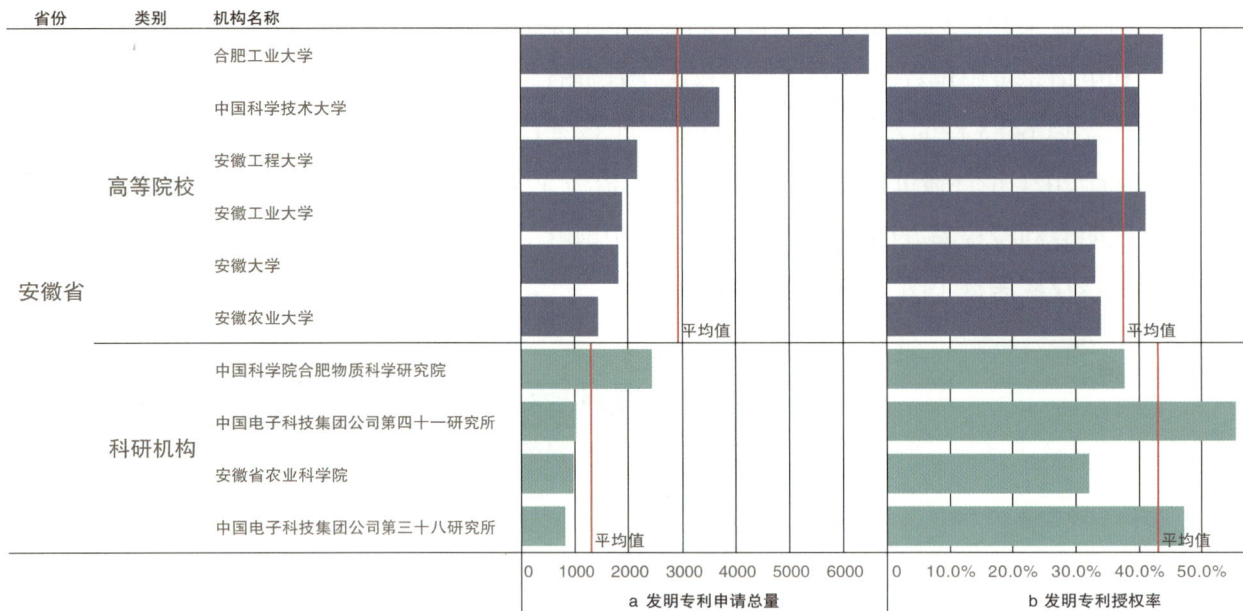

图 11-5　安徽省不同类型入选机构的发明专利申请总量和发明专利授权率

11.2 安徽高校群英谱

AN HUI

合肥工业大学

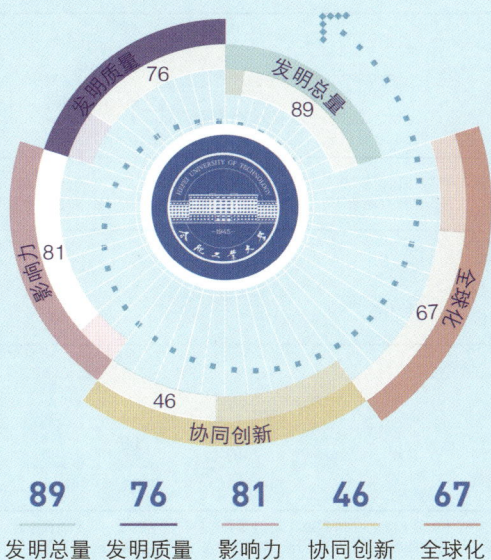

标准画像图
合肥工业大学

专利质量 76
发明总量 89
影响力 81
全球化 67
协同创新 46

89	76	81	46	67
发明总量	发明质量	影响力	协同创新	全球化

类比画像图

● 合肥工业大学　● 百强均值　● 标杆中位值

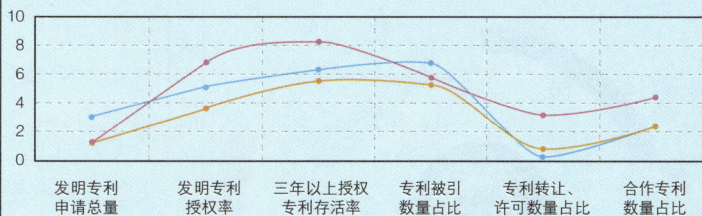

横轴：发明专利申请总量、发明专利授权率、三年以上授权专利存活率、专利被引数量占比、专利转让、许可数量占比、合作专利数量占比

同比画像图

合肥工业大学　单位：%

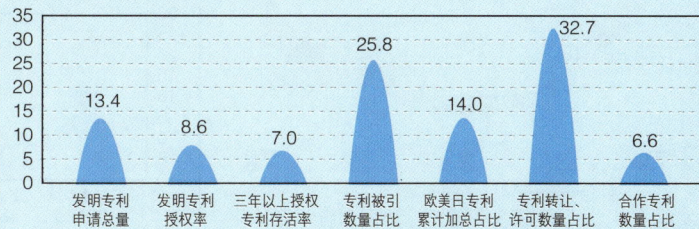

发明专利申请总量	发明专利授权率	三年以上授权专利存活率	专利被引数量占比	欧美日专利累计加总占比	专利转让、许可数量占比	合作专利数量占比
13.4	8.6	7.0	25.8	14.0	32.7	6.6

合肥工业大学创建于 1945 年，1960 年被中共中央批准为全国重点大学。学校 2005 年成为国家"211 工程"重点建设高校，2009 年成为国家"985 工程"优势学科创新平台建设高校，2017 年进入国家"双一流"建设高校行列。现有专任教师 2200 余人，拥有中国工程院院士、中国科学院院士（双聘）、"万人计划"入选者、国家杰出青年科学基金获得者、国家优秀青年科学基金获得者、教育部"新世纪优秀人才支持计划"等各类高层次人才 100 余人。目前，在校全日制本科生 3.23 万余人、硕士研究生和博士研究生 1.3 万余人。合肥工业大学连续两年上榜，在创新百强机构中综合排名位列第一梯级，在 2021 年度创新百强机构中排第 17 名，在 2020 年度创新百强机构中排第 20 名。具体为：发明总量排名第 89 位，发明质量排名第 76 位，影响力排名第 81 位，全球化排名第 67 位，协同创新排名第 46 位。2021 年，其在专利转让、许可数量占比、专利被引数量占比方面表现较好，分别比上年榜单测算指标增长 32.7%、25.8%，这表明机构在协同创新及影响力方面具有较大优势。机构网址：https://www.hfut.edu.cn.

安徽高校群英谱

ANHUI

中国科学技术大学

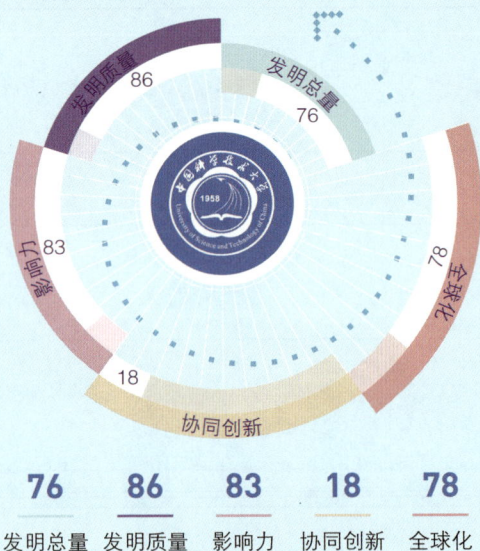

标准画像图

中国科学技术大学

76	86	83	18	78
发明总量	发明质量	影响力	协同创新	全球化

类比画像图

● 中国科学技术大学　● 百强均值　● 标杆中位值

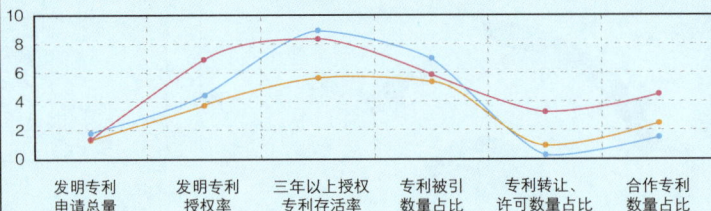

发明专利申请总量　发明专利授权率　三年以上授权专利存活率　专利被引数量占比　专利转让、许可数量占比　合作专利数量占比

同比画像图

中国科学技术大学　单位：%

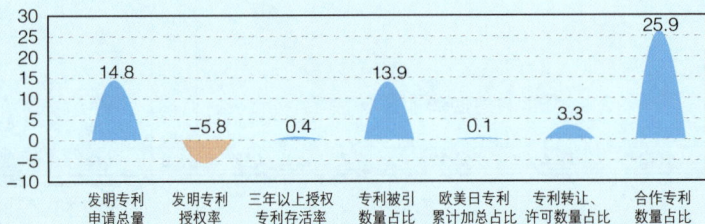

发明专利申请总量 14.8　发明专利授权率 -5.8　三年以上授权专利存活率 0.4　专利被引数量占比 13.9　欧美日专利累计加总占比 0.1　专利转让、许可数量占比 3.3　合作专利数量占比 25.9

中国科学技术大学于 1958 年 9 月在北京创建，是为"两弹一星"事业而建立的大学，是中国科学院所属的一所以前沿科学和高新技术为主、兼有医学和特色文科的综合性全国重点大学。学校现有 30 个学院（学部），含 7 个科教融合学院；设有苏州高等研究院、上海研究院、北京研究院、先进技术研究院、国际金融研究院、附属第一医院（安徽省立医院）。中国科学技术大学是国家首批实施"985 工程"和"211 工程"的大学之一。2017 年 9 月，该校入选全国首批世界一流大学和世界一流学科建设高校，共有 11 个学科入选世界一流学科建设名单。中国科学技术大学连续两年上榜，在创新百强机构中综合排名位列第一梯级，在 2021 年度创新百强机构中排第 24 名，在 2020 年度创新百强机构中排第 18 名。具体为：发明总量排名第 76 位，发明质量排名第 86 位，影响力排名第 83 位，全球化排名第 78 位，协同创新排名第 18 位。2021 年，其在合作专利数量占比、发明专利申请总量方面表现较好，分别比上年榜单测算指标增长 25.9%、14.8%，这表明机构在协同创新及发明总量方面具有较大优势。机构网址：https://www.ustc.edu.cn.

安徽高校群英谱

ANHUI

安徽工业大学

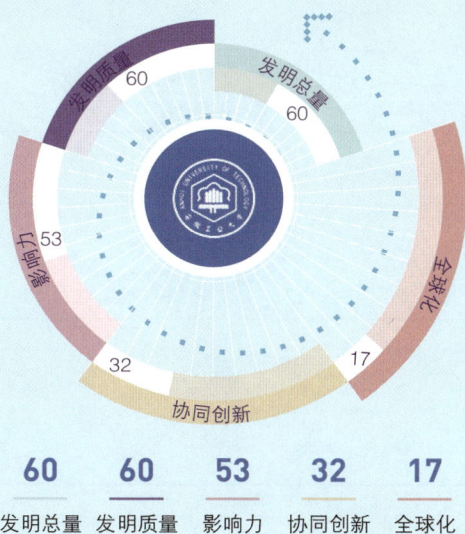

标准画像图

安徽工业大学

60	60	53	32	17
发明总量	发明质量	影响力	协同创新	全球化

类比画像图

● 安徽工业大学　　● 百强均值　　● 标杆中位值

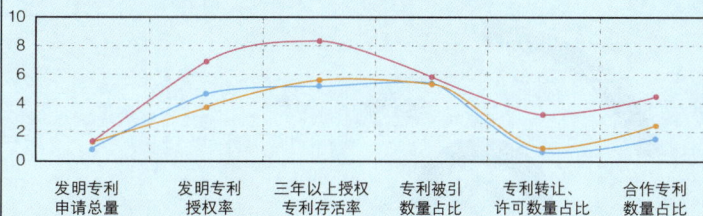

横轴：发明专利申请总量　发明专利授权率　三年以上授权专利存活率　专利被引数量占比　专利转让、许可数量占比　合作专利数量占比

同比画像图

安徽工业大学　单位：%

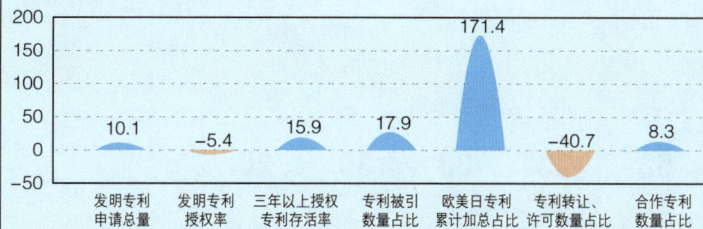

	发明专利申请总量	发明专利授权率	三年以上授权专利存活率	专利被引数量占比	欧美日专利累计加总占比	专利转让、许可数量占比	合作专利数量占比
	10.1	−5.4	15.9	17.9	171.4	−40.7	8.3

安徽工业大学坐落于安徽省马鞍山市，前身是创建于1958年的马鞍山钢铁工业学校，1977年经国务院批准组建马鞍山钢铁学院；1985年更名为华东冶金学院；2000年与安徽商业高等专科学校合并，组建安徽工业大学。现已成为一所以工为主，工、理、经、管、文、法、艺七大学科门类协调发展，具有鲜明行业特色的多科性大学。学校现有教职工2139人，其中具有正高级职称的有238人、具有副高级职称的有508人，具有博士学位的有759人；全日制本科生有24 152人，各类研究生有4044人，留学生有375人，宝钢、中天班学生有419人，各类继续教育在籍生有10 215人。安徽工业大学连续两年上榜，在创新百强机构中综合排名位列第三梯级，在2021年度创新百强机构中排第53名，在2020年度创新百强机构中排第52名。具体为：发明总量排名第60位，发明质量排名第60位，影响力排名第53位，全球化排名第17位，协同创新排名第32位。2021年，其在欧美日专利累计加总占比、专利被引数量占比方面表现较好，分别比上年榜单测算指标增长171.4%、17.9%，这表明机构在全球化布局及影响力方面具有较大优势。机构网址：https://www.ahut.edu.cn.

ANHUI

安徽高校群英谱

安徽农业大学

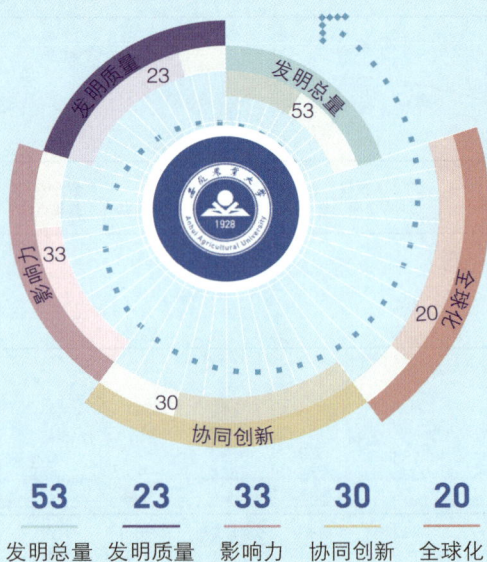

标准画像图

安徽农业大学

发明质量 23
发明总量 53
外转化 20
影响力 33
协同创新 30

53	23	33	30	20
发明总量	发明质量	影响力	协同创新	全球化

类比画像图

● 安徽农业大学　● 百强均值　● 标杆中位值

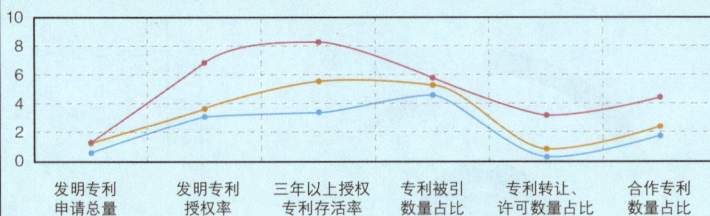

发明专利申请总量 / 发明专利授权率 / 三年以上授权专利存活率 / 专利被引数量占比 / 专利转让、许可数量占比 / 合作专利数量占比

同比画像图

安徽农业大学　单位：%

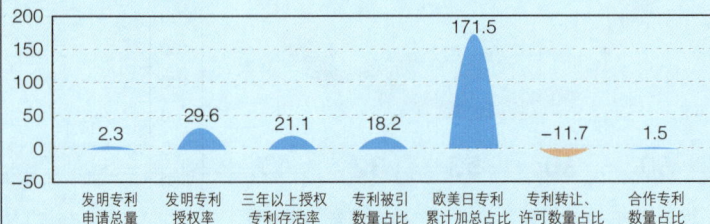

发明专利申请总量	发明专利授权率	三年以上授权专利存活率	专利被引数量占比	欧美日专利累计加总占比	专利转让、许可数量占比	合作专利数量占比
2.3	29.6	21.1	18.2	171.5	−11.7	1.5

安徽农业大学坐落于安徽的省会合肥。1928 年成立省立安徽大学，1935 年成立农学院，1953 年独立办学，1995 年更名为安徽农业大学。现有全日制普通在校生 26 076 人（含国际生 154 人），其中硕士研究生、博士研究生 5581 人。在职教职工 2007 人，其中具有教授、副教授等高级专业技术职称的有 860 人，博士研究生、硕士研究生导师 915 人。现有 5 个一级学科博士后科研流动站、8 个一级学科博士学位授权点、18 个一级学科硕士学位授权点、1 个二级学科硕士学位授权点、11 个硕士学位授权类别、73 个本科专业。安徽农业大学连续两年上榜，在创新百强机构中综合排名位列第四梯级，在 2021 年度创新百强机构中排第 88 名，在 2020 年度创新百强机构中排第 94 名。具体为：发明总量排名第 53 位，发明质量排名第 23 位，影响力排名第 33 位，全球化排名第 20 位，协同创新排名第 30 位。2021 年，其在欧美日专利累计加总占比、发明专利授权率方面表现较好，分别比上年榜单测算指标增长 171.5%、29.6%，这表明机构在全球化布局及发明质量方面具有较大优势。机构网址：https://www.ahau.edu.cn.

安徽高校群英谱

AN HUI

安徽工程大学

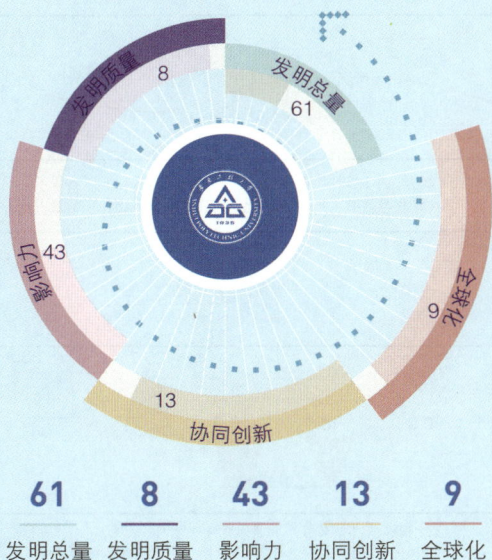

标准画像图

安徽工程大学

61	**8**	**43**	**13**	**9**
发明总量	发明质量	影响力	协同创新	全球化

类比画像图

● 安徽工程大学　● 百强均值　● 标杆中位值

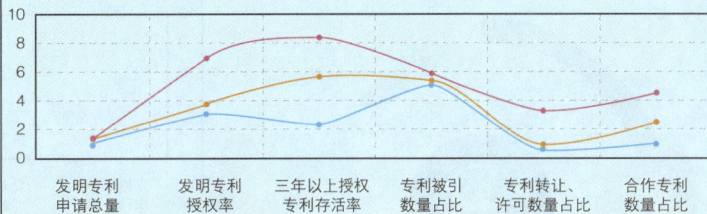

发明专利申请总量　发明专利授权率　三年以上授权专利存活率　专利被引数量占比　专利转让、许可数量占比　合作专利数量占比

同比画像图

安徽工程大学　单位：%

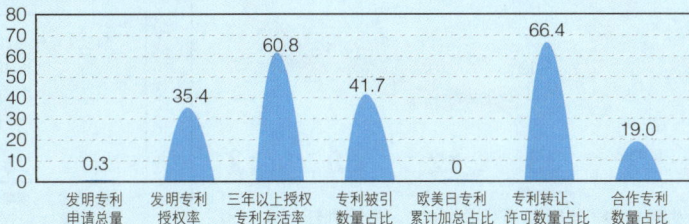

发明专利申请总量	发明专利授权率	三年以上授权专利存活率	专利被引数量占比	欧美日专利累计加总占比	专利转让、许可数量占比	合作专利数量占比
0.3	35.4	60.8	41.7	0	66.4	19.0

安徽工程大学坐落在国家级开放城市芜湖。始于 1935 年创设的安徽私立内思高级职业学校，2010 年更名为安徽工程大学，是一所以工为主的省属多科性高等院校和安徽省重点建设院校，是国家中西部高校基础能力建设工程（二期）项目建设高校，2019 年获批安徽省博士学位授予立项建设单位。学校校舍建筑总面积达 72 万平方米，教学科研仪器设备总值达 3.98 亿元。现有全日制在校本科生 23 000 余人，在校研究生 1700 余人，教职工 1500 余人，其中具有高级专业技术职称的有 520 余人。学校设有机械工程学院等 16 个二级学院和继续教育学院。在本科生培养方面，有 60 余个本科招生专业，涵盖工、理、文、管、经、法、艺等门类；在研究生培养方面，有 17 个一级学科硕士学位授权点、11 个硕士学位授权类别、3 个自主设置交叉学科硕士学位授权点。安徽工程大学在创新百强机构中综合排名位列第四梯级，在 2021 年度创新百强机构中排第 90 名。具体为：发明总量排名第 61 位，发明质量排名第 8 位，影响力排名第 43 位，全球化排名第 9 位，协同创新排名第 13 位。2021 年，其在专利转让、许可数量占比、三年以上授权专利存活率方面表现较好，分别比上年榜单测算指标增长 66.4%、60.8%，这表明机构在协同创新及发明质量方面具有较大优势。机构网址：https://www.ahpu.edu.cn.

安徽高校群英谱

安徽大学

标准画像图
安徽大学

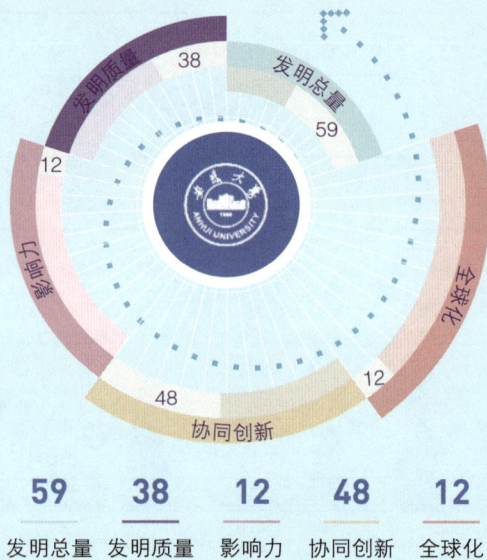

59	38	12	48	12
发明总量	发明质量	影响力	协同创新	全球化

类比画像图

● 安徽大学　　● 百强均值　　● 标杆中位值

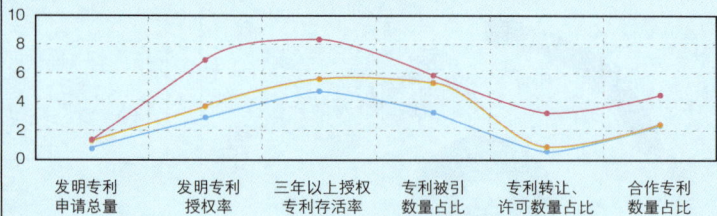

同比画像图

安徽大学　单位：%

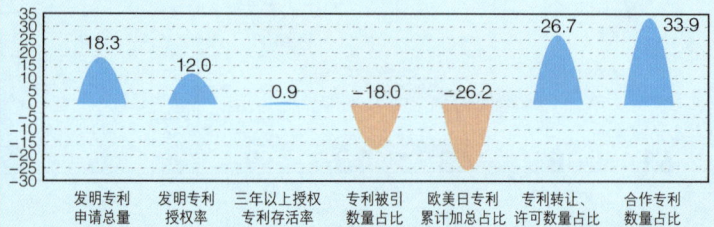

1928 年，安徽大学肇基于安庆市，于 1956 年迁建于现址合肥，为安徽省内毕业生人数最多、分布最广、影响最大的高校。学校现有四区一园面积 3200 余亩、建筑面积 127 万平方米。现有教职工 3100 余人，其中专任教师 2167 人，副高级以上专业技术职称者 1018 人；现有本科生 25 303 人、硕博研究生 10 509 人。科学研究聚焦集成电路先进材料与技术主攻方向。学校自然指数排名位居全国第 59 名，材料科学与工程学科发展指数在一流学科年度发展指数评价中位居全国第 2 名；北京外国语大学发布的中国大学全球影响指数中，该校居第 54 位；软科"双一流"高校教学实力排名中，该校居第 69 位；大学智库指数排名中，该校进入前 50 名。安徽大学连续两年上榜，在创新百强机构中综合排名位列第四梯级，在 2021 年度创新百强机构中排第 97 名，在 2020 年度创新百强机构中排第 75 名。具体为：发明总量排名第 59 位，发明质量排名第 38 位，影响力排名第 12 位，全球化排名第 12 位，协同创新排名第 48 位。2021 年，其在合作专利数量占比、专利转让、许可数量占比方面表现较好，分别比上年榜单测算指标增长 33.9%、26.7%，这表明机构在协同创新方面具有较大优势。机构网址：https://www.ahu.edu.cn.

11.3 安徽院所群英谱

AN HUI

中国科学院合肥物质科学研究院

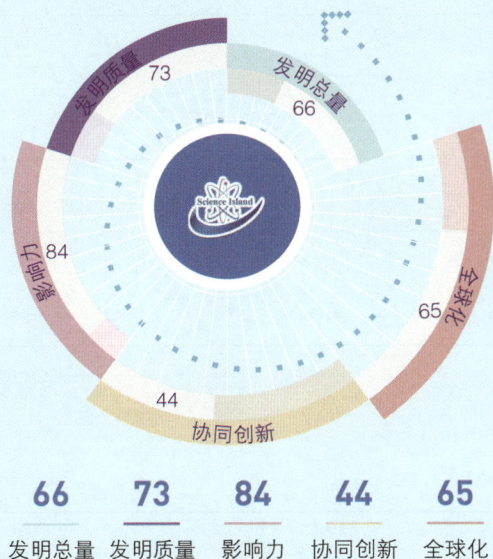

标准画像图

中国科学院合肥物质科学研究院

发明质量 73
发明总量 66
全球化 65
协同创新 44
影响力 84

66	73	84	44	65
发明总量	发明质量	影响力	协同创新	全球化

类比画像图

● 中国科学院合肥物质科学研究院　● 百强均值　● 标杆中位值

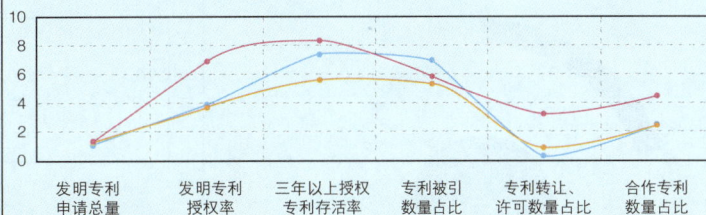

发明专利申请总量 / 发明专利授权率 / 三年以上授权专利存活率 / 专利被引数量占比 / 专利转让、许可数量占比 / 合作专利数量占比

同比画像图

中国科学院合肥物质科学研究院　单位：%

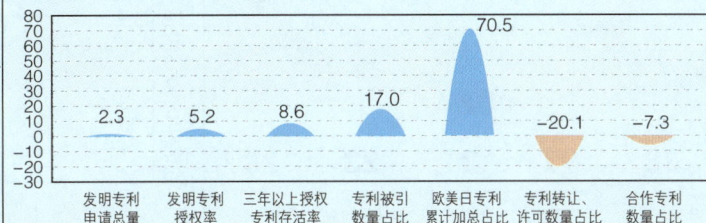

发明专利申请总量 2.3 / 发明专利授权率 5.2 / 三年以上授权专利存活率 8.6 / 专利被引数量占比 17.0 / 欧美日专利累计加总占比 70.5 / 专利转让、许可数量占比 −20.1 / 合作专利数量占比 −7.3

中国科学院合肥物质科学研究院（简称"合肥研究院"）是中国科学院所属较大的综合性科研机构之一，面积达2.65平方千米。由安光所、等离子体所、固体所、智能所、强磁场中心、核能安全所、健康所7个研究单元组成。现有职工约2700人，领军人才如两院院士、海内外高层次人才、国家杰出青年科学基金获得者、国家重点研发计划首席科学家、关键技术人才等300余人。设有5个博士后流动站、19个博士点和21个硕士点，在学研究生约3100人。拥有30多个国家级或省部级重点实验室和研究中心，以及10多个大型实验平台。科研方向包括等离子体物理、磁约束核聚变工程、大气环境光学遥感、激光与光电子科学技术、强磁场科学与技术、环境科学与工程、先进核能、生物物理、转化医学、先进诊疗技术、材料科学与工程、人工智能与机器人、智慧农业技术等。已经建成并运行了2个国家大科学装置，分别为：全超导托卡马克核聚变实验装置、稳态强磁场实验装置。正在建设第3个大科学装置——聚变堆主机关键系统综合研究设施。合肥研究院连续两年上榜，在创新百强机构中综合排名位列第二梯级，在2021年度创新百强机构中排第30名，在2020年度创新百强机构中排第29名。具体为：发明总量排名第66位，发明质量排名第73位，影响力排名第84位，全球化排名第65位，协同创新排名第44位。2021年，其在欧美日专利累计加总占比、专利被引数量占比方面表现较好，分别比上年榜单测算指标增长70.5%、17.0%，这表明机构在全球化布局及影响力方面具有较大优势。机构网址：https://hf.cas.cn.

安徽院所群英谱

ANHUI

中国电子科技集团公司第四十一研究所

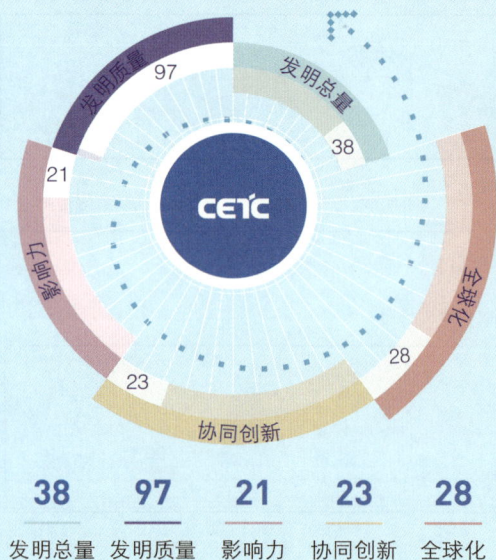

标准画像图

中国电子科技集团公司第四十一研究所

- 发明质量 97
- 发明总量 38
- 全球化 28
- 协同创新 23
- 影响力 21

38	97	21	23	28
发明总量	发明质量	影响力	协同创新	全球化

类比画像图

- 中国电子科技集团公司第四十一研究所
- 百强均值
- 标杆中位值

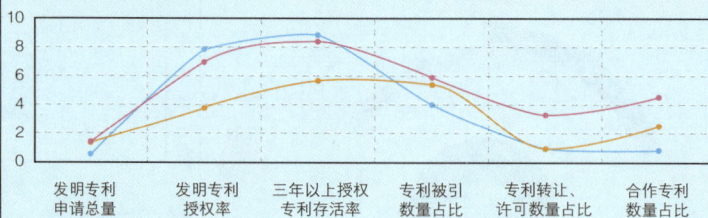

| | 发明专利申请总量 | 发明专利授权率 | 三年以上授权专利存活率 | 专利被引数量占比 | 专利转让、许可数量占比 | 合作专利数量占比 |

同比画像图

中国电子科技集团公司第四十一研究所   单位：%

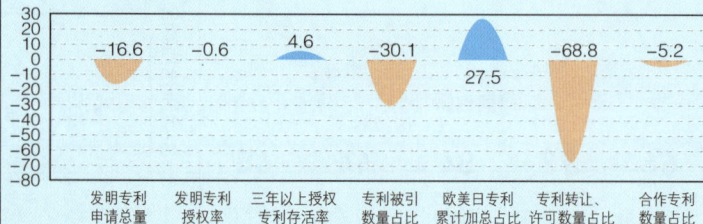

发明专利申请总量	发明专利授权率	三年以上授权专利存活率	专利被引数量占比	欧美日专利累计加总占比	专利转让、许可数量占比	合作专利数量占比
−16.6	−0.6	4.6	−30.1	27.5	−68.8	−5.2

中国电子科技集团公司第四十一研究所（简称"电科41所"）于1968年3月成立，当时的主要任务是负责研制测试超高频电真空和微波半导体器件所需的测试设备、仪器、微波元件等。2013年，电科41所和中国电科第四十研究所一体化运营。该所本部现位于蚌埠高新技术产业开发区，主要从事电子测量基础理论及前沿技术研究，计量测试技术研究与服务，装备及配套产品的研制、供应、售后服务等业务，以及测试测量技术在养殖电子、消防电子、烟草电子、医疗电子等领域的拓展应用。电科41所连续两年上榜，在创新百强机构中综合排名位列第二梯级，在2021年度创新百强机构中排第48名，在2020年度创新百强机构中排第19名。具体为：发明总量排名第38位，发明质量排名第97位，影响力排名第21位，全球化排名第28位，协同创新排名第23位。2021年，其在欧美日专利累计加总占比、三年以上授权专利存活率方面表现较好，分别比上年榜单测算指标增长27.5%、4.6%，这表明机构在全球化布局及发明质量方面具有较大优势。机构网址：http://www.ei41.com/.

安徽院所群英谱

中国电子科技集团公司第三十八研究所

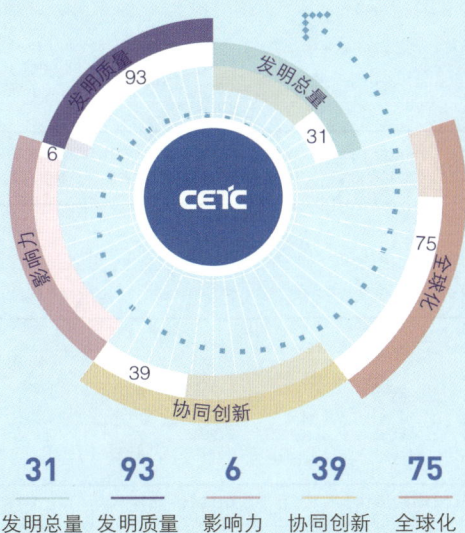

标准画像图

中国电子科技集团公司第三十八研究所

31	93	6	39	75
发明总量	发明质量	影响力	协同创新	全球化

类比画像图

● 中国电子科技集团公司第三十八研究所　● 百强均值　● 标杆中位值

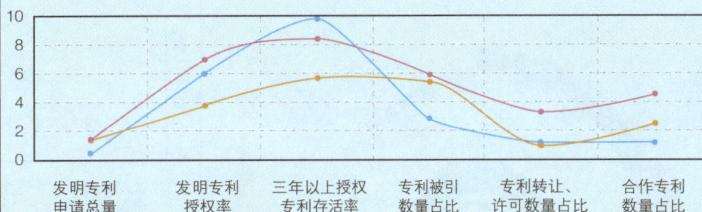

发明专利申请总量　发明专利授权率　三年以上授权专利存活率　专利被引数量占比　专利转让、许可数量占比　合作专利数量占比

同比画像图

中国电子科技集团公司第三十八研究所　单位：%

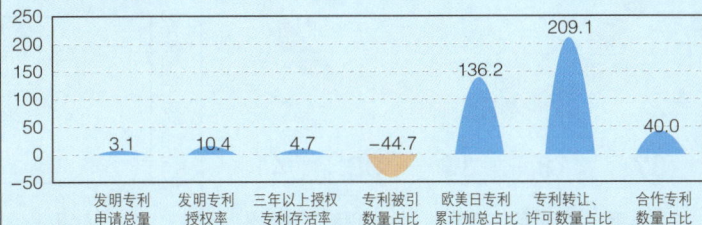

3.1	10.4	4.7	−44.7	136.2	209.1	40.0
发明专利申请总量	发明专利授权率	三年以上授权专利存活率	专利被引数量占比	欧美日专利累计加总占比	专利转让、许可数量占比	合作专利数量占比

中国电子科技集团公司第三十八研究所（简称"中国电科 38 所"）1965 年建于贵州，1988 年年底整体迁建于合肥市，现有员工 3000 多人，是我国国防高科技电子装备骨干研究所，有中国军工电子"国家队"的美誉。中国电科 38 所拥有国家级集成电路设计中心、俄罗斯新技术研发中心、中国电科浮空平台研发中心、安徽省汽车电子工程研究中心、安徽省公共安全信息技术重点实验室、安徽省北斗卫星导航重点实验室、合肥公共安全技术研究院、博士后科研工作站等研发平台。50 多年来，共先后取得 1500 多项科研成果，其中国家级、省部级科学技术进步奖 100 多项，多项成果填补了国内空白，居于国际领先地位。中国电科 38 所连续两年上榜，在创新百强机构中综合排名位列第三梯级，在 2021 年度创新百强机构中排第 56 名，在 2020 年度创新百强机构中排第 38 名。具体为：发明总量排名第 31 位，发明质量排名第 93 位，影响力排名第 6 位，全球化排名第 75 位，协同创新排名第 39 位。2021 年，其在专利转让、许可数量占比、欧美日专利累计加总占比方面表现较好，分别比上年榜单测算指标增长 209.1%、136.2%，这表明机构在协同创新及全球化布局方面具有较大优势。机构网址：http://38.cetc.com.cn/.

安徽院所群英谱

ANHUI

安徽省农业科学院

标准画像图

安徽省农业科学院

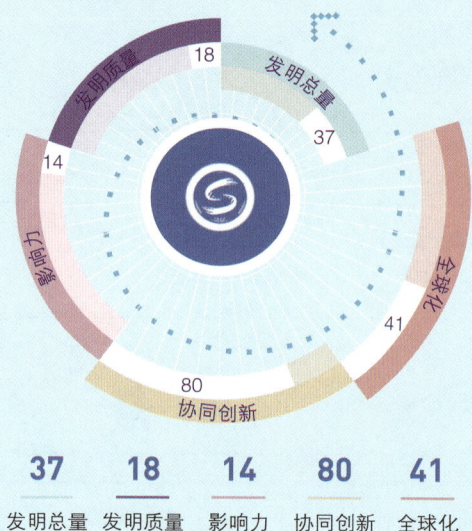

37	18	14	80	41
发明总量	发明质量	影响力	协同创新	全球化

类比画像图

● 安徽省农业科学院　　● 百强均值　　● 标杆中位值

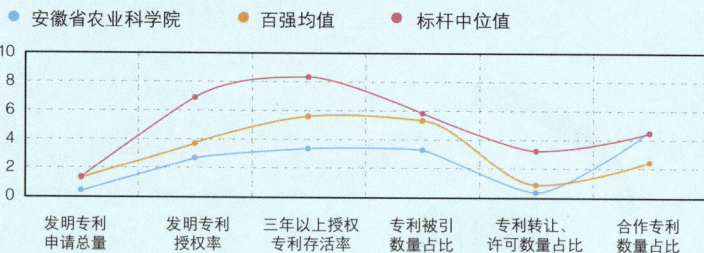

同比画像图

安徽省农业科学院　　单位：%

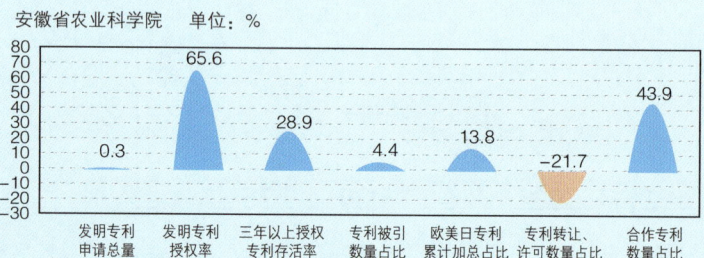

安徽省农业科学院是安徽省政府直属的综合性农业科研事业单位，1960年建院。下设有作物、水稻、植保质安、经信、畜牧、水产、土肥、园艺、蚕桑、烟草、农产品加工、农业工程、茶叶、棉花共14个专业研究所。建有100余支科研团队，水稻两系育种、油菜杂交育种、蔬菜育种、石榴基因组、基因编辑技术等研究已达到国内先进水平。现有在职人员839人，其中各类专业技术人员676人，博士204人，硕士295人。专业技术人员中，具有正高级职称的有122人，具有副高级职称的有221人。安徽省农业科学院在创新百强机构中综合排名位列第四梯级，在2021年度创新百强机构中排第95名。具体为：发明总量排名第37位，发明质量排名第18位，影响力排名第14位，全球化排名第41位，协同创新排名第80位。2021年，其在发明专利授权率、合作专利数量占比方面表现较好，分别比上年榜单测算指标增长65.6%、43.9%，这表明机构在发明质量及协同创新方面具有较大优势。机构网址：www.ahas.org.cn.

参考文献

［1］《长江三角洲区域一体化发展规划纲要》江苏实施方案 [N]. 新华日报，2020-04-01（006）.

［2］2023QS 世界大学排名出炉，71 所中国（大陆）高校上榜 [EB/OL]. [2022-06-10]. https：//view. inews. qq. com/a/20220610A07S0X00.

［3］9+X，上海要新打造一批世界级新兴产业集群 [EB/OL]. [2022-05-04]. https：//www. sohu. com/a/481304792_100303561.

［4］安徽战略性新兴产业"十四五"开局良好 [EB/OL]. [2022-06-08]. http：//dss. ah. gov. cn/yjcg/cyjj/120788411. html.

［5］白春礼. 世界主要国立科研机构概况 [M]. 北京：科学出版社，2013.

［6］产业创新与竞争力研究课题组. 产业创新与竞争地图（第二辑）[M]. 北京：科学技术文献出版社，2015.

［7］陈劲，朱子钦. 加快推进国家战略科技力量建设 [J]. 创新科技，2021，21（1）：1-8.

［8］陈煜波，马晔风. 数字化转型：数字人才与中国数字经济发展 [M]. 北京：中国社会科学出版社，2020.

［9］陈悦，刘则渊. 悄然兴起的科学知识图谱 [J]. 科学学研究，2005，23（2）：149-154.

［10］程文银，李兆辰，刘生龙，等. 中国专利质量的三维评价方法及实证分析 [J]. 情报理论与实践，2022，45（7）：95-101.

［11］戴国强，赵志耘. 科技大数据：因你而改变 [M]. 北京：科学技术文献出版社，2018.

［12］樊春良，李哲. 国家科研机构在国家战略科技力量中的定位和作用 [J]. 中国科学院院刊，2022，37（5）：642-651.

［13］樊春良. 国家战略科技力量的演进：世界与中国 [J]. 中国科学院院刊，2021，36（5）：533-543.

［14］高佳. 战略性新兴产业专利统计分析报告 [J]. 科学观察，2018，13（4）：1-16.

［15］胡智慧，王建芳，张秋菊，等. 世界主要国立科研机构管理模式研究 [M]. 北京：科学出版社，2016.

［16］花之蕾. 高校专利成果转化评估指标体系研究 [J]. 华北电力大学学报（社会科学版），2021（6）：133-140.

［17］黄崇江，刘霞. 科研院所科技评估体系的实证分析探讨 [J]. 科研管理，2018，39（S1）：57-60.

［18］黄恒琪，于娟，廖晓，等. 知识图谱研究综述 [J]. 计算机系统应用，2019，28（6）：1-12.

［19］加快建设全球先进制造业基地 [EB/OL]. [2022-05-08]. http：//jrzj. cn/art/2022/4/30/art_7_17702. html.

［20］贾宝余，陈套.强化国家战略科技力量的五个着力点[J].科技中国，2021（5）：9–11.

［21］经济合作与发展组织.知识三角：加强高等教育与研究机构对创新的贡献[M].上海：上海交通大学出版社，2019.

［22］景刘颖，柳瑞，叶田田，等.基于一市三省的长三角科技创新共同体构建现状分析[J].长江技术经济，2021，5（4）：45–49.

［23］科技部.科技评估中心标准：《科技评估报告基本规范》[EB/OL].[2020–10–20].https：//ncste.org/standard/2824.html.

［24］刘凡丰，李晓强.荷兰标准评价协议的指标变革及其启示[J].中国高校科技，2019（11）：45–48.

［25］刘娅.英国公立科研机构科研绩效评估制度研究[J].全球科技经济瞭望，2017，32（Z1）：51–60.

［26］刘永子.国外科研机构评估现状及其对广东的启示[J].广东科技，2020（9）：65–67.

［27］卢全梅，周贞云，邱均平.长三角区域高校科技创新能力评价：基于熵权灰色模糊评价的实证研究[J].评价与管理，2021，19（4）：47–53.

［28］马树才，刘小琴.中国战略性新兴产业创新：现状、特征及提升路径——基于专利视角[J].贵州师范大学学报（社会科学版），2017（2）：83–94.

［29］乔增伟，李锦春.新时代我国世界一流大学建设目标、问题与策略研究[J].湖北社会科学，2020，（10）：132–139.

［30］人民网.中科院发布科研机构分类改革标准和程序[EB/OL].（2014–11–13）[2022–10–11].http：//scitech.people.com.cn/n/2014/1113/c1007–26015696.html.

［31］任树刚，金燕.宁波市战略性新兴产业发明专利质量提升研究[J].中国市场监管研究，2022（2）：74–77.

［32］省财政下达专项资金6.88亿元，支持全省战略性新兴产业发展[EB/OL].[2022–06–05].http：//czt.jiangsu.gov.cn/art/2020/7/22/art_8064_9318770.html.

［33］孙晨霞，施羽暇.近年来大数据技术前沿与热点研究：基于2015—2021年VOSviewer相关文献的高频术语可视化分析[J].中国科技术语，2023，25（1）：88–96.

［34］探索区域协同创新的新机制打造长三角高质量发展动力源的主引擎[J].宏观经济管理，2021（12）：3–5.

［35］新华社.关于深化项目评审、人才评价、机构评估改革的意见[EB/OL].（2018–07–03）[2022–10–11].http：//www.gov.cn/zhengce/2018–07/03/content_5303251.htm.

［36］雅各布·坎德勒，保罗·坎宁安，阿卜杜拉·葛克.创新政策影响评估手册[M].邢怀滨，杨云，田德录，译.北京：北京理工大学出版社，2008.

［37］杨华，陈百平.我国高校专利转化的现状及对策研究[J].技术与市场，2022，29（6）：68–69.

［38］杨露，王琦，孙冬冬.公益类科研机构创新绩效评估指标体系建构[J].经营与管理，2021（8）：140–144.

［39］杨岩，刘志辉，张兆锋.基于循证决策理念的长三角科技创新图谱构建[J].中国科技资源导刊，2022，54（4）：90–101.

［40］杨耀武.技术预见学概要[M].上海：上海科学普及出版社，2006.

［41］杨耀武.中国区域创新发展前沿热点研究［M］.上海：上海交通大学出版社，2021.

［42］余然.世界一流科研机构评价指标体系探析［J］.经济研究导刊，2018（22）：190-194.

［43］张天培.实施十大新兴产业高质量发展行动打造具有重要影响力的新兴产业聚集地［J］.清华金融评论，2021（11）：22-24.

［44］张欣慧.长三角一体化背景下的区域高校科技创新协同发展研究［J］.教育探索，2021（7）：41-44.

［45］张彦.长三角一体化协同创新的体制机制障碍与对策建议［J］.经济界，2021（5）：42-46.

［46］张毅.世界大学排名对比分析及其对"双一流"建设的启示［J］.北京科技大学学报（社会科学版），2022，38（2）：138-145.

［47］长三角国家技术创新中心成立［EB/OL］.［2022-06-05］. https：//www. shkjdw. gov. cn/c/2021-06-04/527501. shtml.

［48］赵晏强，马廷灿，周伯柱.基于机构画像的学科服务模式研究［J］.图书馆学研究，2021（11）：86-90.

［49］中国教育在线.重磅！2022 年最新自然指数排名公布［EB/OL］.［2022-06-17］. https：//baijiahao. baidu. com/s？id=1735809412282233050&wfr=spider&for=pc.

［50］中国科技评估与成果管理研究会，国家科技评估中心，中国科学技术信息研究所.中国科技成果转化年度报告 2021（高等院校与科研院所篇）［M］.北京：科学技术文献出版社，2022：470-495.

后 记

创新主体是推动区域创新发展的决定因素，是高质量一体化发展的关键力量。提升区域科技创新策源功能，打造区域协同创新共同体，强化硬核科技实力供给，推进科创产业融合发展——高等院校和科研机构肩负着开路先锋的重要使命。长三角地区是我国科技创新资源最密集的区域，集聚了国内众多一流高等院校和科研机构，已经成为中国创新型区域示范引领发展的硬核力量。在新形势下，进一步聚焦科技强国建设目标，加快实施创新驱动发展战略，奋力迈上中国式现代化新道路——长三角区域将大有可为，高等院校和科研机构将大有作为。

上海科学技术政策研究所（简称"'上策'智库"）1987年经上海市科学技术委员会批准成立，隶属于上海科技管理干部学院，主要从事科技人才、区域创新、科技管理等软科学研究工作，致力于建成全国知名地方科技智库，为政府决策提供科学依据，为干部培训提供智力支撑，为科技发展提供思想智慧。"上策"智库坐落于上海，秉承地方科技智库责任使命，多年来一直致力于上海、长三角，乃至全国区域创新发展研究及相关学科载体平台建设工作。先后完成了一系列科技部、上海市科学技术委员会及国内省市委托的区域创新战略、政策及管理研究课题，联合发起了"长三角区域创新政策论坛"并共同推动了"长三角科技发展战略研究联盟"的探索发展。自2016年起又正式成为"中国科学学与科技政策研究会区域创新专业委员会"依托单位，在区域创新学科建设、地方科技智库共同体发展、区域创新载体平台的交流合作上，发挥日益重要的作用。长三角区域创新发展研究一直是"上策"智库的聚焦重点。

2018年长三角区域一体化发展成为国家战略，地方科技智库面临重大机遇与挑战。围绕如何支撑服务长三角区域科技创新发展，2019年以后"上策"智库与上海技术交易所、科睿唯安、上海市高校科技发展中心经多次研究商议，决定联合开展《长三角区域创新机构发展研究报告》工作，并将其作为年度报告持续探索，目前已进入第4年。《长三角区域创新机构发展研究报告》发布后，获得了国内数十家主流媒体的积极报道，并得到了高等院校、科研机构、产业部门、成果转化服务机构及政府管理部门等的广泛关注。

实践探索需要理论支撑。我们认为，如何进一步秉承"以评估促发展"的理念，坚持"破旧维立新标"的导向，建构更加科学的指标体系，挖掘数据背后的规律，分析现象背后的本质，应用新的大数据画像方法，凸显数据产品的专业特色，建设机构创新服务的载体平台等，仍是重要的实践课题。基于此，我们组织启动了本书的编写工作。期望达到实践上的系统总结和理论思考，学科上的前沿观察和集成创新，指标数据方法上的综合比较优化，成果开发服务上的体系拓展升级。

本书主题是数据分析，基于专利大数据画像，重点关注高等院校与科研机构，绘制长三角区域创新百强机构发展图谱，宗旨是为区域创新者画像，为示范引领者导航，凸显全球资源配置、科技创新策源、高端产业引领、开放枢纽门户"四大功能"。本书重点研究任务：一是围绕长三角区域创新战略政策部署，找准长三角区域创新百强机构发展导向；二是聚焦长三角区域创新百强机构监测评估，建构专利大数据画像，进行长三角区域创新百强机构创新图谱分析；三是通过长三角区域创新百强机构创新数据总体表现，综合展现长三角区域高校院所创新群英谱；四是通过创新百强机构创新数据的梯度、维度、行业、地域等差异分析，专题展现长三角区域高校院所的优势特征；五是通过大数据可视化等方法，单独展现长三角区域高校院所 Top 100 数据画像等。本书凸显数据画像、创新图谱、实践参考等编写特征。

本书的编写工作历时一年。2022 年 3 月，经过前期多次酝酿讨论，初步确定了书稿框架和工作方案。2022 年 5 月，正式组织分工对接，集中开展内容撰写。2022 年 9 月，逐步开始主编统稿工作，全书统一调整补充、修改完善。2022 年 11 月，根据公开出版要求，完成稿件最终稿，并正式交付科学技术文献出版社出版。

本书的主编为上海科学技术政策研究所杨耀武所长、研究员，郝莹莹博士、副研究员。各章的作者分别是：第 1 章，郝莹莹、杨耀武；第 2 章，高显扬（上海科学技术政策研究所）；第 3 章，高显扬、郝莹莹；第 4 章，郝莹莹；第 5 章、第 6 章，李宁（上海科学技术政策研究所）；第 7 章，龚晨（上海科技管理干部学院）；第 8 章，李宁；第 9 章，张鲁宁（上海科学技术政策研究所）；第 10 章，王慧（上海科学技术政策研究所）；第 11 章，黄卓（上海科技管理干部学院）。

本书的顺利完成，得到了多位领导、专家的大力支持；得到了上海科技管理干部学院院长曾方、副书记李敏、科研处处长张晓青的亲自指导；还得到了上海科学院原院长孙正心，上海技术交易所总裁颜明峰、副总裁陆继军、副总裁徐荣、总裁助理王晗，科睿唯安副总裁王利、中国区学术与政府市场业务总监宁笔，澳门科技大学科研管理处处长郭利，上海市高校科技发展中心主任陆震、副主任蒋皓，中国科学院上海科技查新咨询中心陆娇老师，中国科学学与科技政策研究会区域创新专业委员会主任王建平研究员、区域创新专业委员会秘书处薛霞博士、魏喜武博士的帮助和支持。本书得到了江苏省科技发展战略研究院、浙江省科技发展战略研究院、安徽省科学技术情报研究所的帮助。科学技术文献出版社的编辑们也为本书的修改、完善提供了宝贵意见，付出了辛勤劳动。在此，一并表示衷心感谢！

守正笃实，久久为功。本书研究的百强机构仅是从创新专利产出的指标维度进行的初步探索，并不代表高校院所的整体创新实力，更不代表对其创新综合情况的全部评析。另外，囿于时间紧迫、经验有限、数据和方法的一些局限，特别是本书机构信息采集主要依赖于该机构官方网站，受官方网站信息完整性和更新时间所限，虽经几轮修改校验，数易其稿，但仍存有诸多不满意之处。区域创新发展日益需要智库支撑服务，我们将持续关注长三角区域高等院校、科研机构的协同创新，并在未来的研究中不断改进和完善，欢迎大家批评指正。

杨耀武　　郝莹莹

2022 年 10 月 16 日